# 麻醉纠纷案例的 司法判决及医学思考

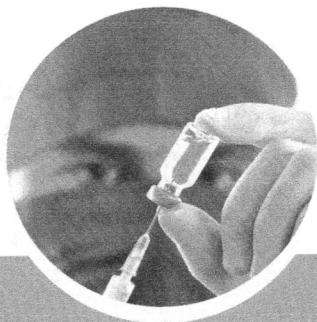

主　编　曹云飞　黄长顺　严海雅
副主编　陈骏萍　夏贵华　吴　祥

上海交通大学出版社
SHANGHAI JIAO TONG UNIVERSITY PRESS

## 内容提要

本书精选了近年来具有典型意义的 18 例麻醉纠纷司法判决案例,内容基本覆盖了临床麻醉过程中容易出现安全隐患和医疗纠纷的各个方面和环节,通过对基本案情、诉讼过程、司法判决的梳理,引申出案例背后相关医学问题的思考,主要目的是引导麻醉医生换位思考,从法院的判决及其法律依据角度来看待医疗事故和纠纷,并从中进行反思和吸取教训。本书旨在让处于相对封闭环境里的麻醉医生得到警示和启发,提高其法制观念,督促其在今后的职业生涯中,做好麻醉安全和质量控制,在实践中更好地规避风险、保护自己、服务患者。

本书适合所有麻醉医师阅读,同时亦可供其他临床专业医务人员、医疗或司法鉴定专家、医疗纠纷调解员以及法律工作者参考。

## 图书在版编目(CIP)数据

麻醉纠纷案例的司法判决及医学思考/曹云飞,黄长顺,严海雅主编.
—上海:上海交通大学出版社,2019(2021 重印)
ISBN 978 - 7 - 313 - 21063 - 0

Ⅰ.①麻…  Ⅱ.①曹…②黄…③严…  Ⅲ.①麻醉—医疗纠纷—审判—案例—中国  Ⅳ.①D922.165

中国版本图书馆 CIP 数据核字(2019)第 048260 号

**麻醉纠纷案例的司法判决及医学思考**

主　　编:曹云飞　黄长顺　严海雅
出版发行:上海交通大学出版社
邮政编码:200030
印　　制:当纳利(上海)信息技术有限公司
开　　本:710mm×1000mm　1/16
字　　数:252 千字
版　　次:2019 年 4 月第 1 版
书　　号:ISBN 978 - 7 - 313 - 21063 - 0
定　　价:68.00 元

地　　址:上海市番禺路 951 号
电　　话:021 - 64071208
经　　销:全国新华书店
印　　张:14.25
印　　次:2021 年 7 月第 3 次印刷

# 编委会名单

**主　编**　曹云飞　黄长顺　严海雅
**副主编**　陈骏萍　夏贵华　吴　祥
**编　者**（按姓名拼音排序，不分先后）

曹　伟　宁波市北仑区人民医院
曹云飞　宁波市北仑区人民医院
陈骏萍　中国科学院大学宁波华美医院（宁波第二医院）
丁　淼　宁波市北仑区人民医院
黄长顺　宁波市第一医院
裴晴晴　宁波市北仑区人民医院
裘伟琪　宁波市北仑区人民医院
盛　诚　宁波市北仑区人民医院
吴　蕾　宁波市北仑区人民医院
吴　祥　宁波大学医学院附属医院
吴友华　宁波市北仑区人民医院
夏贵华　宁波市北仑区人民医院
徐　蓉　宁波市北仑区人民医院
徐小亮　宁波市北仑区人民医院
严海雅　宁波市妇女儿童医院
周雪飞　宁波市北仑区人民医院

# 前　言

　　"每一天的麻醉科人员,不停地超时超量工作,麻醉科医师就像在风暴里,拉着一条生与死的风筝线,我不断提醒自己,再累也要清醒",这是金钟奖获奖台剧《麻醉风暴》里的独白台词,也是现实社会里麻醉医生的真实写照。

　　相对于当前中国的医疗环境而言,国内的麻醉科医生更是要保持格外的清醒。紧缺的医疗资源、超负荷的工作强度、医患间久存的失信关系、无良媒体的推波助澜、外界黑恶势力的介入等,都会让陷入医患纠纷漩涡中的医务人员身心疲惫。即便是对于相对封闭的麻醉学科来说,也同样不能独善其身,麻醉事故一旦发生,非死即残,不仅会给患者及家属带来严重伤害,而且在当今医患关系大环境下,当事医生、科室、医院都可能卷入无尽的纠纷和无穷的麻烦。

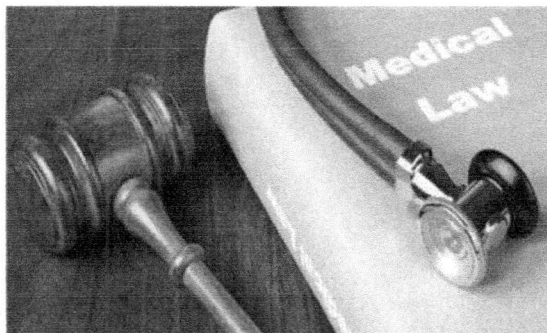

　　尽管国家自2015年出台了严厉打击医闹的相关文件,但全国各地仍时有医闹发生。并且随着法制的进步,民众的维权意识也越来越强。从中国裁决文书网上通过检索也可以获知,国内光是近几年来,通过司法裁决的麻醉纠纷案例就多达上千例之多,并呈现出"雨后春笋般"的发展态势。同时麻醉纠纷的概念、医学鉴定、司法鉴定以及赔偿数额都在不断地演变和刷新。既往所谓的"麻醉并发症"或"麻醉意外"等概念,在司法层面已统一被"医疗损害"所替代,而许多既往不可能引起麻醉纠纷的案例,如今却频频遭到患方的起诉和巨额索赔,这既令老一代的麻醉医

生倍感疑虑和困惑,也让新生代的麻醉医生感到彷徨和不安。

但我们也不用那么悲观,法制进步的最终目的并不是同情弱者和偏袒患者。在法治背景下,发出理性的声音,让医患双方平等地对话沟通,在法律的框架内解决纷争,维护双方的正当权益,肯定是我国今后医疗发展的大方向和总趋势。尽管当前的许多麻醉纠纷还是通过医患双方的协商或第三方(如医调会或法院)的调解得以了结,但司法裁定必将是今后的主要解决途径。鉴于协商了结的案例可能会受到政治、经济、民俗、地方势力、媒体舆论等诸多因素的干扰,并且难以还原事实的真相。而通过司法裁决的案例,则注重证据、事实和法律依据,并有助于进行理性地剖析。为此,本书精选了国内近十年来的18例麻醉纠纷司法判决案例,试图从法律和医学两个角度进行剖析和思考,让处于相对封闭环境里的麻醉医生得到警示和启发,督促其在今后的职业生涯中,不断地用技术武装自己、用理论完善自己、用法律保护自己,做好麻醉安全,规避麻醉风险。

本书的所有案例均来自中国裁判文书网(http://wenshu.court.gov.cn/),内容真实可信,临床借鉴意义明显,社会舆论导向正确。

曹云飞　黄长顺　严海雅

2018 年 10 月 18 日

# 目 录

# 罕见凶险麻醉病　恶意诉讼终徒劳

恶性高热（malignant hyperthermia，MH）是目前所知的唯一可由常规麻醉用药引起围术期死亡的遗传性疾病，堪称"麻醉医生第一杀手"。金钟奖获奖台剧《麻醉风暴》里，就展示了令人震撼的手术室内发生恶性高热时的救治场景，剧中情节与真实世界颇为相似。而在中国大陆，由于绝大多数医院尚缺乏特效药物丹曲洛林（Dantrolene），因而其手术室内的救治场面要显得更为惊心动魄，也更为"壮观"和"惨烈"。许多情况下，即便是投入了麻醉科全科或全院多学科的救治力量，即便是现场参与抢救的医务人员体内肾上腺素分泌到了"爆表"的程度，多数的恶性高热病例还是以救治失败而告终。此情此景，用《麻醉风暴》这个剧名来形容那真是再贴切不过了。

金钟奖获奖台剧《麻醉风暴》

对于这种十分罕见且目前国内缺乏特效救治手段的凶险疾病，一旦发生，无论对于患者本身、家属、医院及医生都是灾难性的。但患者家属考虑更多的只是失去自己亲人的痛苦，不会也不可能想象得到手术室内"猛"如战场的救治场景，并且很容易地把自己的悲痛发泄到一再被国内舆论和无良媒体所丑化和抹黑的医务人员身上。以至于"麻醉风暴"过后，身心疲惫的医务人员换来的不是患方的理解或感谢，反而可能是其毫不留情、不依不饶的追诉和索赔。从以下的诉讼案例中就可以见到这种残酷的现实。

## 一、基本案情

2014 年 3 月 9 日，年轻女性患者徐某因"**右小腿外伤后疼痛 5 小时**"而被送至上海市第六人民医院（以下简称上海六院）急诊，诊断为右胫腓骨骨折。收治入院后予完善相关检查，并于 2014 年 3 月 11 日择期行"**右胫腓骨骨折切复内固定术**"，麻醉方式为喉罩七氟醚吸入全麻复合神经阻滞麻醉，患者于当日 10 时许进入手术室，开放一路外周静脉，常规监护下实施坐骨神经联合股神经阻滞麻醉，丙泊酚诱导喉罩全麻，术中予七氟醚吸入维持。10 时 20 分开始手术，术中在手法复位骨折端后插入髓内钉，并行远端锁钉固定。11 时 10 分麻醉医生发现患者心率增快至 $120 \sim 130$ 次/min，血压下降至 70/45 mmHg，潮气量大于 500 ml，$ETCO_2$ 50 mmHg。即刻减小七氟醚浓度至 1.0%，降低麻醉深度，触诊皮温高烫，测体温 $40 \sim 42.2℃$，肌肉强直，诊断为恶性高热，即刻暂停手术，关停吸入麻醉，予现场抢救，气管插管；予快速输注低温平衡液，冰帽和冰袋降温，5% 碳酸氢钠 250 ml 纠酸，静注葡萄糖酸钙 1 g，其间患者反复出现心律失常，予电除颤 360 J 共计 4 次，肾上腺素维持量 2 mg/h 分次推注维持心功能，室速时予利多卡因控制，分次推入速尿（呋塞米）共 80 mg，患者体温逐渐降至 37.1℃；肌紧张缓解，血压维持在 100/60 mmHg 以上，出现少量红色尿液，予甘油果糖 250 ml 利尿，尿量逐渐增多至 1 400 ml，急诊化验报告提示：血 CKMB 132 $\mu g/L$（参考值 $0.6 \sim 6.3$ $\mu g/L$），肌红蛋白 4 009 $\mu g/L$（参考值 $14.3 \sim 65.8$ $\mu g/L$）。以"恶性高热，心肺脑复苏后，右胫腓骨骨折术后"为诊断，于当日 15 时 30 分带管转入上海六院 ICU 继续治疗。3 月 12 日术后第一天，患者呼吸机支持，告病危，昏迷，对光反射（＋）；血压 121/63 mmHg，$SpO_2$ 100%，体温 34.5℃。右小腿敷料包扎中，切口红肿，伤口中等量渗血，双下肢肌肉强直，皮温较低，双足背动脉搏动可及。胃管内引流咖啡样液体，排黑便，小便呈洗肉水色，尿量 620 ml。血常规：白细胞 $8.1 \times 10^9/L$，血红蛋白 109 g/L，血小板 $41 \times 10^9/L$，中性粒细胞百分比 94.5%（参考值 $42\% \sim 75\%$）；凝血功能、心肌酶谱、肝肾功能异常。肾内科会诊后行 CRRT（连续性肾脏替代疗法）治疗。3 月 13 日 19 时 41 分许，上海六院为患者急诊行右小腿深筋膜切开减压术，术后患者右足趾血运由暗紫转为红润，毛细血管反应较术前好转，予右小腿抬高，烤灯照射。23 时 55 分许，患者血压降至 60/73 mmHg，心率 123 次/min，右下肢伤口渗出明显，尿量 144 ml；凝血功能明显异常，考虑为弥散性血管内凝血（DIC），继续予输注新鲜冰冻血浆、悬浮红细胞、冷沉淀，并予行股静脉穿刺增加静脉补液支持。

3月14日,患者昏迷,体温36℃,血压90/35 mmHg,无尿,右下肢伤口渗血量大,右足趾呈暗紫色,双足足背动脉搏动弱。当日16时血液科会诊诊断:血三系下降,DIC可能大。2014年3月15日晨,患者徐某经持续抢救无效于6时51分宣告临床死亡。

## 二、诉讼及司法判决

事发后,患者徐某家属及代理律师向上海市徐汇区人民法院**提起诉讼**,认为上海六院在为患者实施诊疗过程中,违反诊疗常规,包括存在术前准备不足且选择全身麻醉错误(选择硬膜外麻醉等局麻方式即可满足手术需要),术中、术后对患者抢救不当,患者出现恶性高热后始终未给予特效药(丹曲洛林 Dantrolene)治疗,且病情告知不全,未告知手术会出现恶性高热等。因而患者的死亡与上海六院的上述诊疗过错存在因果关系,上海六院应承担医疗损害侵权赔偿责任,请求法院判令上海六院赔偿丧葬费32 706元,交通费、通信费、住宿费、餐饮费、误工费各1元,精神损害抚慰金7 967 288元,鉴定费3 500元;要求上海六院返还住院已预付的医疗费45 000元,本案诉讼费由上海六院负担。

上海市徐汇区人民法院委托上海市长宁区医学会进行了**医疗损害鉴定**,上海市长宁区医学会于2014年10月29日出具的医疗损害鉴定意见书分析认为:①患者入院诊断"右胫腓骨骨折",诊断明确,选择手术及麻醉方式适当。医方根据专科检查、CT摄片,诊断右胫腓骨骨折伴移位,手术复位指征明确,符合诊疗规范。②患者因手术使用麻醉药后发病,医方诊断正确,抢救治疗符合诊疗规范。患者在手术过程中(实施麻醉后约1 h)突发心率增快、血压下降、体温上升达42.2℃、肌肉强直等症状,医方诊断恶性高热及时、正确。同时,立即停止手术,现场采取紧急救治措施,包括:终止现行麻醉,建立气管插管、大流量吸氧,快速物理降温(冰袋、静脉输注低温平衡液),予利尿、纠正酸中毒等治疗,紧急处理后患者送至重症监护室监测和后续治疗,医方的抢救及时,措施得当,符合医疗常规。③医方已履行告知义务,在术前已就麻醉及手术方式进行告知,患方知情并签字。④恶性高热为罕见的、病死率极高的肌肉代谢异常遗传性疾病,该疾病易被吸入麻醉药诱发,临床难以预测。由于发病迅速且恶性程度高,在国内尚无特异性治疗药物(丹曲洛林)的情况下,抢救成功率极低,为现有医学科技条件下无法预料和不能预防的不良后果。⑤根据尸检报告内容,患者最终的死亡原因符合恶性高热引发的多脏器功能衰竭死亡。上海市长宁区医学会鉴定意见为:本例不属于对患者徐某人身的医疗损害。

上海市徐汇区人民法院一**审**认为：本案患者系因腿部骨折而在上海六院接受内固定手术治疗，却在手术中发生罕见且病死率极高的恶性高热疾病，最终抢救无效死亡，对此作为缺乏医学知识的患者家属难以接受，法院可予理解。但这一结果毕竟是现有医学条件下难以预防和控制的，故上海六院在不存在与患者死亡相关的医疗过错的情况下无须承担侵权责任，符合法律规定。据此于 2015 年 9 月 21 日作出判决〔(2015)徐民一(民)初字第 2099 号〕：驳回徐某家属要求上海六院承担侵权责任的诉讼请求。案件受理费 68 115 元，减半收取计 34 057.50 元，由患方负担。司法鉴定费 3 500 元，由上海六院负担(鉴定费用属诉讼费用支出，法院考虑到本案中上海六院存在的病历瑕疵问题而酌情确认由上海六院负担，并在诉讼费用项下予以处理)。

患者徐某家属及代理律师不服一审判决，上诉至上海市第一中级人民法院，上海市第一中级人民法院二**审**认为：本案属医疗损害侵权责任纠纷案件，侵权责任的构成要件包括行为违法、侵害人存在过错、受害人有损害后果、侵害人的过错行为与受害人的损害后果之间存在因果关系。凡医疗机构在对患者实施诊疗过程中存在过错，且其过错与患者的损害后果之间存在因果关系的，医方应承担医疗损害侵权赔偿责任。在医疗损害争议案件中，涉及医疗机构是否存在过错以及与患者的损害之间是否存在因果关系等问题，专业性均较强，而医学会的鉴定意见是具有医学专业知识及临床实践经验的专家依照法定程序所做出，具有较强的证明力，故在无其他证据足以证明其鉴定意见存在错误的情况下，法院应依此作为认定医疗损害责任相应事实的主要依据。涉案医疗争议，业经上海市长宁区医学会进行了医疗损害鉴定，认为本例不属于对患者人身的医疗损害。上述鉴定意见综合分析了患者的诊疗过程、症状体征及尸检情况后，从医学科学角度明确认定患者是因手术吸入麻醉药诱发罕见的、病死率极高的恶性高热疾病，经抢救无效而死亡，属现有医疗技术水平难以预料和不能防范的结果，上海六院在患者出现恶性高热后采取了积极的抢救措施，其相应诊疗行为符合诊疗规范，不存在过错。由此驳回上诉，维持原判〔(2015)沪一中民一(民)终字第 3427 号〕。二审案件受理费人民币 68 115 元，由上诉人患方负担。

## 三、司法判决的医学思考

### 1. 医学与法律的共识

恶性高热是目前所知的使用常规麻醉药物即可诱发的疾病，且致死率极高，是唯一的一种真正意义上"十分罕见"的麻醉病。由于患者平时无异常表现，术前的常规检查根本无法发现其特殊之处。而在临床全麻实施过程中通过接触吸入性麻醉药、肌松药、或其他临床麻醉中常规使用的麻醉药物后，即可诱发出骨骼肌强直收缩和临床难以控制的体温急剧增高等症状。在没有特异性治疗药物的前提下，一般的临床降温措施难以控制体温的增高，患者多可在短时间内因抢救无效而死亡。据国内文献报道，我国恶性高热病死率仍高达 70％左右，明显高于欧美发达国家报道的 5％～10％的病死率。

对于该例麻醉纠纷案例来说，因为无论是临床症状还是尸检结果，都已明确诊断为比较罕见和凶险的恶性高热，很多麻醉医生也自然会认为医方已竭尽全力，根本无须担责。鉴于现有医学科学水平的局限性，当我们遭遇到目前尚无法解释或者解决的疾病时，确实需要这样一份公平正义的判决，来抚慰医者的疲惫身心。

"有时是治愈，常常是帮助，总是去安慰"。相信每一位医护人员都知道特鲁多医生的这句名言。"有时是治愈"坦言了医学的局限性。这种局限性既来自每个生命现象个体的复杂性和不确定性，也来自医生作为一个普通人而并非神的特性，还袒露了医学作为科学的发展性、延伸性和非万能性。因此，对于恶性高热这类毫无征兆、令人猝不及防的凶

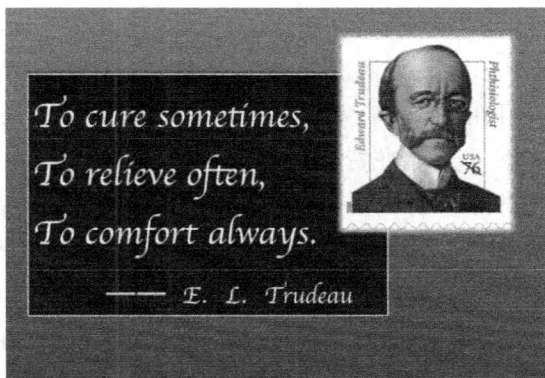

特鲁多医生的墓志铭

险疾病，一味地去苛求医务人员的成功救治，本身就是一种不科学、不人道的做法。

而事实上，法律条文的制定也充分考虑到了这一点，我国的《医疗事故处理条例》第 33 条第 2 项规定，在医疗活动中由于患者病情异常或者患者体质特殊而发生医疗意外的，不属于医疗事故。所谓医疗意外，是指医务人员无法预料的原因造成的，或者根据实际情况无法避免的医疗损害后果。在医疗活动中，许多医疗意外是由于患者病情异常或者患者体质特殊而发生的。医疗意外有两个主要特征：一是医务人员或医疗机构对损害的发生没有医疗过失，通常是由于患者病情特殊或者体质特殊引起的；二是损害后果的发生属于医疗机构或医务人员难以防范的。具备这两个特征造成的医疗损害后果，构成医疗意外。这也等同于 2010 年出台的《侵权责任法》第 60 条第 1 款第 3 项规定的"限于当时的医疗水平难以诊疗"的一种免责的具体情形。

2. 现实的困境和残酷

虽说本案例的判决结果还是比较符合业界的预期,但这仍是一个不良的预兆或苗头。民众对医务人员的不信任,再加上无良媒体的推波助澜,使得医务人员即便是付出了全部的努力,最终也换不来患方的理解和谅解! 本案例即已充分凸显出现实医疗环境的困惑和残酷。如今,医患冲突日益加剧已是不争的事实,医患双方都对现行的医疗环境和体制感到不满意。在患方,尤其是那些遭遇医疗损害的患方眼里,医务人员往往被看作是唯利是图、不顾患者死活、出了问题就百般推诿抵赖的责任心差、道德水准低下的一个群体。作为医务人员,被患者尊重的日子已是一去不复返了,有时甚至连最基本的人格尊严都得不到保障,陷入医患纠纷漩涡中的医务人员常会遭遇指责、辱骂、推搡,甚至是殴打。在现行的医疗体制和环境下,医务人员不仅超负荷工作,还背负了道德骂名,这让多数医务人员感觉身心俱疲,并产生不同程度的职业厌倦感。本案的家属及其法律代理人,就没有顾及麻醉医生在发现患者出现恶性高热后竭尽全力进行救治过程中所付出的努力和艰辛,并且在医疗损害鉴定已明确其属现有医疗技术水平难以预料和不能防范的结论情况下,仍不惜花费 10 余万元的诉讼费提起诉讼和执意上诉。其提起诉讼的手法也比较奇特,主张的正当权利如交通费、通信费、住宿费、餐饮费、误工费均只是象征性地索赔 1 元,而主张的精神损害抚慰金则高达近 800 万元。有人质疑这种诡异的天价索赔涉嫌恶意诉讼和炒作。因为在医疗损害鉴定对患方不利的情况下,这种夸大的索赔诉求,无疑会吸引社会舆论的关注,进而对医方造成舆论上的压力。

3. 麻醉纠纷牵一发而动全身

从本案例的诉讼也可以看出,在麻醉纠纷的诉讼过程中,作为造成医疗损害的最重要环节——麻醉,并非是医方和患方控辩的唯一焦点。患方为了达到胜诉的目的,不遗余力地寻找了整个医疗过程中的所有医疗缺陷和问题,并加以逐一攻击。注意,这里所说的是整个医疗过程中的所有诊疗环节,而并非只是限于麻醉相关的部分。有时候,整个医疗过程中的某些缺陷或过错其实与医疗损害后果之间根本没有直接或间接的因果关系,但残酷的现实是,尽管没有内在的联系,医方仍需承担相应责任。如本案例中的司法鉴定费 3 500 元最终由上海六院负担(鉴定费用属诉讼费用支出,法院考虑到本案中上海六院存在的病历瑕疵问题而酌情确认由上海六院负担,并在诉讼费用项下予以处理)。所谓的病历瑕疵问题,是指上海六院在骨折手术中为患者植入的医疗器械,其唯一性标识未被归档入病历中,违反了相关规定,存在瑕疵。

由此可见,麻醉纠纷实则是牵一发而动全身。因而,无论是在麻醉纠纷或是其他的医疗损害案例中,整个医疗过程中涉及的医务人员均应做好自己的诊疗环节,确保不出现缺陷或漏洞。对于麻醉医生而言,从术前探视、知情同意书签署、麻醉实施,到术后镇痛、术后随访等每一步,都必须认真严格按医疗常规实施诊疗,同时不断提高自己的专业技术水平,丰富麻醉实践经验,则是避免医疗风险或增强承受力的技术保证。

**4. 未来的忧虑和隐患**

恶性高热是已知且有机会挽回的麻醉危象,自1982年特效药丹曲洛林首度成功治疗人类恶性高热以来,直到今天仍是临床治疗恶性高热的唯一特效用药。20世纪70年代恶性高热的病死率超过七成,不过由于麻醉科医师的警觉性提高,且有丹曲洛林的帮忙,只要能在出现恶性高热时立刻注射丹曲洛林,便有机会阻止一场灾难。如今欧美发达国家恶性高热的病死率已经降到了5%～10%。为了应付随时可能出现的恶性高热,美国恶性高热协会认为,只要会用到触发恶性高热药物的医疗院所皆须备有丹曲洛林,建议存量为

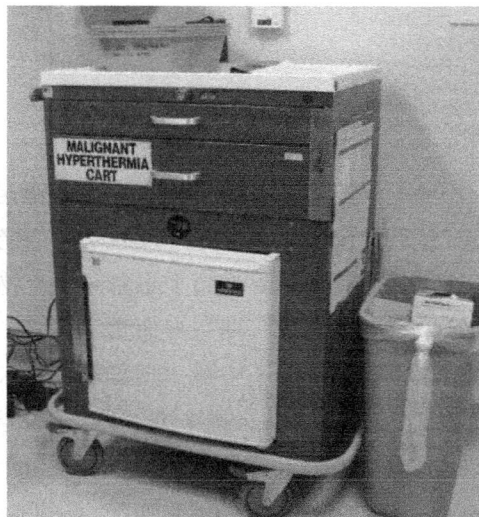

美国医院常备的恶性高热急救车

36支。但中国的绝大多数医院连1支丹曲洛林储备都没有。小型医院也就罢了,可是规模大、手术量多的大型医院中备有丹曲洛林的医院竟然也为数不多。没有储备的主要原因当然是出于成本效益考虑,因为丹曲洛林不仅贵(20 mg×36/盒,每盒约2万元人民币),而且保存期限又短(仅1年左右)。所以大多数医院都是抱侥幸心理,只期望这种比较罕见的疾病不会发生在自己的医院。这种过于考虑成本效益而枉顾患者安全的做法,虽然是受体制所迫,但医院和医生必然会成为民众谴责和诟病的直接目标。国人的恶性高热发病率约1/150 000,按每年全麻手术量2 000万的保守估计,若没有丹曲洛林的及时治疗,就会有上百名患者死于恶性高热。因此今后还会有很多医院因为没有丹曲洛林的储备,而面临抢救失败后被提起诉讼和索赔的危险,并陷麻醉科医师于潜在的医疗纠纷之中。

(吴　祥　曹云飞)

# 第二回

# 老年麻醉出意外　文书不详难辩解

"七十不留宿,八十不留座"这句话足以反映古人对于高龄老人风险的深刻认识,然而这仅仅是对于基本没有疾患的老人而言,而对于需要接受手术治疗的老年患者来说,其风险更是超乎想象。随着物质文明的提高和现代医学的进步,人类的健康水平不断提高,期望寿命大大增加,老年人口比率迅速增长。"人生七十古来稀"现象已被推后了整整 30 年,现在为八九十岁,甚至一百多岁的老年患者进行手术治疗已经不是什么稀罕事了,更多的老人出于"维护生命尊严、改善生活质量"的理念,而坚决要求选择手术治疗。但与年轻患者相比,老年患者的各重要器官相继衰老,并常合并有糖尿病、高血压、心肺疾病、脑血管病等全身性问题,其承受手术麻醉打击的能力极其有限。并且一旦不能承受,机体状况将急剧恶化,留给医务人员的抢救时间将非常短暂,抢救成功的可能性也比较渺茫。因此,整个社会的老龄化和老年患者手术麻醉的巨大风险,使得外科医生和麻醉医生都将面临新的考验和挑战。

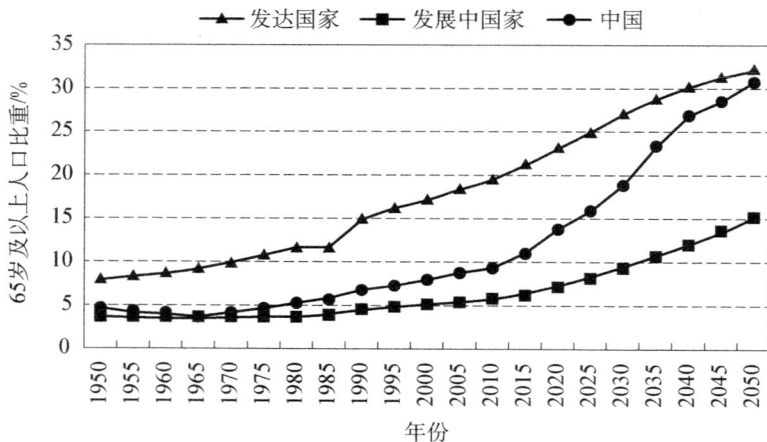

世界人口老龄化发展趋势

而对于掌控手术患者全身情况和生命安全的麻醉医生而言,其承担的责任和风险更大。每次接到高龄患者的麻醉任务,当事麻醉医生都会有如临大敌、如履薄冰的感受！但既然是避无可避,也只得是迎难而上。术前反复评估、术中谨小慎微、术后细心访视,每个麻醉环节都倍加小心,相信这是多数麻醉医生的普遍心态。但即便如此,有时候麻醉意外和风险仍难以避免。因此,对高龄患者的麻醉,更要注重风险控制的问题,无论是从医学专业角度还是从法律、法规角度来看,都应该在围术期提供规范的麻醉管理,以有效避免被追责的风险。以下就是一例老年患者行臂丛麻醉时出现心搏骤停而引发医疗纠纷的案例。

## 一、基本案情

夏某某,男,83 岁。因"**右上臂伤后疼痛、活动受限 2 小时**",于 2011 年 6 月 22 日入住南京某某医院骨科。既往有甲状腺功能减退病史,双耳患有听力障碍,常年使用助听器(医师未注意询问、检查患者,入院记录记载"耳听力正常")。入院查体:体温 37.0℃,脉搏 80 次/min,呼吸 16 次/min,血压 120/80 mmHg;右上臂肿胀,中段压痛,有骨擦音、骨擦感,右上臂活动受限,右腕垂腕,右指垂指,拇指不能背伸,感觉迟钝。X 线片示:右肱骨干骨折,右桡神经损伤,甲状腺功能减退。入院后予患肢制动、活血消肿等治疗。查心电图示:快速房颤。6 月 25 日(入院第 4 天)请心内科会诊,予地高辛治疗。经术前检查和治疗后拟于 6 月 28 日(入院第 7 天)进行手术治疗。6 月 27 日术前讨论记录及术前小结均选"臂丛麻醉",6 月 28 日的麻醉同意书勾了"全麻"和"臂丛麻醉"两项,手术部位确认书上的麻醉方式为"全麻"。

6 月 28 日 8:30,患者被推进手术室,据手术护理记录单记录"患者于 8:55 出现呼吸、心搏骤停",抢救记录"患者行臂丛麻醉时出现突然心跳停止,无自主呼吸,意识丧失"。即予静推肾上腺素、胸外心脏按压、气管插管、电除颤等抢救,患者恢复自主心律,转入 ICU,予机械通气、抗炎、抑酸、促醒等治疗。患者自主呼吸恢复,生命体征基本平稳。6 月 29 日拔除气管插管,转入骨科继续治疗,右上肢骨折予外固定治疗。但发现患者左上肢活动无力、活动不能,双下肢活动正常,7 月 3 日 MRI 报告"双侧额及基底节慢性脑梗死,双侧额、顶、枕叶缺血性改变"。7 月 5 日神经内科会诊意见"MRI 未见急性梗死,考虑缺氧性脑病造成脑细胞缺血缺氧。予营养神经、改善脑循环、康复功能训练等治疗"。9 月底患者可在家人搀扶下下床行走,但拒绝出院,仍继续住院治疗。此后患者活动能力逐渐下降,最终丧失下床行走能力,并一直在该院住院治疗至今。

患方认为,医方的麻醉操作存在过错,导致了患者心搏骤停、无自主呼吸,继而发生缺血缺氧性脑病,由此认定医方的医疗过错与患方的医疗损害存在因果关系,遂于 2012 年 10 月起诉至南京市鼓楼区人民法院,请求判令医方赔偿患者医疗费 1 000 元、护理费 265 500 元、住院伙食补助费 14 940 元、残疾赔偿金 105 364 元、交通费 8 347 元、住宿费 208 元、精神损害抚慰金 5 万元,共计 445 359 元。

## 二、诉讼及司法判决

诉讼期间,南京市鼓楼区人民法院就本案的南京某某医院其医疗行为是否构成医疗事故,是否存在过错;如果存在过错,其与患者损害后果之间有无因果关系以及原因力大小,委托南京市医学会作出鉴定。

南京医学会接受委托后组成**鉴定组**,根据临床资料及现场调查做出如下**分析**:患者无麻醉禁忌证,医方麻醉方式选择符合常规,但麻醉记录不详,不能确定麻醉过程中使用局部麻醉药的种类和剂量,因而无法判定是否符合规范。同时根据患者病情变化的过程、抢救经过以及后期恢复情况,考虑患者目前的状况为其在高龄和房颤的基础上发生麻醉并发症所致。鉴于不能判定医方麻醉是否符合规范,故本例不能确定是否构成医疗事故及医方责任大小。**最终结论:本例不能确定是否构成医疗事故。**

经患者夏某某申请,2012 年 9 月 6 日,南京金陵司法鉴定所出具法医临床司法鉴定意见书,**鉴定意见**认为被鉴定人夏某某四肢肌力减弱(四肢肌力 2～3 级)构成三级伤残;被鉴定人夏某某构成一级护理依赖,需长期护理。

患方认为,医院应当就医疗行为是否存在过错及与损害后果是否存在因果关系承担举证责任。由于医方病历记载不详,导致举证不能,应当依法推定其存在医疗过错,与患者损害后果之间存在因果关系,并承担全部责任。

医方南京某某医院辩称,患者在其院的住院病历中麻醉记录不详确实是事实,但是医方有充分的证据证明手术中麻醉用药的名称及剂量,患者在麻醉中出现意外完全是难以预料和难以防范的并发症,依据法律规定,不应该由医疗机构对其意外承担赔偿责任。因此对南京医学会的鉴定报告表示异议,并提出重新鉴定申请。

但患方对南京某某医院提出的重新鉴定申请明确表示拒绝。法院认为,医方提出重新鉴定,而患方不予认可,并且由于鉴定结论并无缺陷也无符合法律规定的重新鉴定情形,故法院对医方提出的此项请求不予准许。同时**法院认为**,医疗活动是一种高度风险的活动,医方在诊疗过程中具体诊疗行为是否规范可能会危及患者的生命健康安全,故医疗机构及其医务人员在医疗活动中,应严格遵守医疗卫生管理法律、行政法规、部门规章和诊疗护理规范、常规。患者疾病经诊治能否好转除了患者病因本身危险程度原因外,还需依赖医师严格遵守诊疗规范和常规,以最大限度地减少危及患者生命健康安全的可能性,达到治病救人的医疗目的。因医疗行为引起的侵权诉讼,由医疗机构就医疗行为与损害结果之间不存在因果关系承担举证责任。由于医方麻醉记录不详,导致本案不能判定医方麻醉是否符合规范,进而导致不能确定是否构成医疗事故及医方责任大小,应当认定医方未能就其医疗行为与患者的损害后果之间不存在因果关系完成举证责任。但根据鉴定报告,患者目前状况考虑为其在高龄和房颤的基础上发生麻醉并发症所致,因此,患者的现状与其自身高龄和房颤的自身体质也存在一定的因果关系,法院酌定医方应承担80%的赔偿责任。

对于患方主张的赔偿项目,经法院核定审查,包括医疗费、住院伙食补助费、残疾赔偿金、精神抚慰金、交通费、住宿费、护理费(包括后续5年的护理费),各项费用总额为243 402元。依据上述责任比例,医方南京某某医院应给付患方243 402元的80%,即194 721.6元。

综上,南京市鼓楼区人民法院于2012年11月27日作出**如下判决**[(2012)下民初字第3116号]:医方南京某某医院于本判决生效之日起10日内赔偿患者夏某某194 721.6元。案件受理费、南京市医学会和金陵司法鉴定所鉴定费合计6 024元,由患者夏某某承担1 200元,医方南京某某医院承担4 824元。

## 三、司法判决的医学思考

### 1. 老年麻醉之风险莫测

随着麻醉理念和技术的进步,现代麻醉几乎可以做到"麻醉无绝对禁忌证"的境界,从新生儿到百岁老人,基本没有"不敢麻"或"不能麻"的问题了,只是风险高低不同而已。老年人本身就是一个危险因素,因为其重要器官功能减退,储备代偿能力降低,并存基础疾病多。其中与手术麻醉关系最大的是心脑血管疾病和呼吸系统疾病,比如心肌病、冠心病、严重心律失常、脑血管疾病后遗症、严重肺炎、慢性阻塞性肺疾病等,都会使麻醉和手术的风险明显增高,并随年龄的递增而进一步加大。所以,患者年龄越大,身体状况越差,麻醉与手术的危险也越大,出现并发症或事故的概率也会相对增加。对此,麻醉医生要付出的精力、经验、知识、识别力、集中力、敏锐度都会明显放大,并对麻醉医生的身心提出挑战。

就本案而言,83岁老年患者,既往有甲状腺功能减退病史,双耳患有听力障碍,查心电图示快速房颤。甲状腺功能减退病史可使其对手术麻醉的应激能力下降,双耳听力障碍则不利于臂丛麻醉的操作和沟通,而快速房颤带来的麻醉风险更大。国内普通民众的房颤患病率约为0.77%,而80岁以上人群的患病率可高达7.5%。老年患者由于心脏舒张功能减退,合并房颤后更容易发展为充血性心力衰竭,房颤患者可能伴有的心房附壁血栓也像定时炸弹一样随时都有脱落和引爆的危险,所以老年患者手术的危险性远高于普通人群。显然,本案的当事骨科医生也是充分考虑到了这些危险性,没有贸然进行急诊手术,而是经过6天的术前检查和准备,包括术前会诊、行地高辛治疗抗心律失常、控制心室率等,应该也算是做了比较充分的准备,但在入手术室行臂丛麻醉时还是出现了心搏骤停的意外情况。实际上本案的具体原因并不是很清楚,包括局麻药中毒、药液误入蛛网膜下隙或硬膜外腔引起全脊髓麻醉或高位硬膜外阻滞、颈交感神经和膈神经阻滞以及房颤心房血栓脱落等诸多因素,都可以诱发该老年患者的心搏骤停。但由于术前没有行心脏彩超排查左心房血栓,麻醉意外后也没有及时抽血查局麻药浓度,因而难以明确其具体原因。但就术前准备及术前讨论来看,无论是外科医生,还是麻醉医生,都对该手术患者比较重视,只是意外还是发生了。万幸的是,因抢救及时有效,老人的复苏十分成功,第二天即拔除了气管插管,并转回了普通病房,除了遗留左上肢活动无力、活动不能外,双下肢活动均恢复正常。MRI报告也只提示有双侧额叶及基底节慢性脑梗死,双侧额、顶、枕叶缺血性改变,而未见急性梗死病灶。这么高龄的患者,心搏骤停后能在短时间内恢复到这个程度,实属不易。从整个过程来看,医务人员确实付出了很大努力,但最后还是被判承担主要责任,并且其后患者一直在医方住院治疗、拒绝出院。所以除了判决书上的赔偿金额外,医院实际上还承担了所有的住院医疗费用,只是由于患者的医疗费用尚未最终结算,医疗费用的承担只能待具体数额确定后再另行主张。不难看出,患方一直拒绝出院,其实是将其因年老而自然衰竭的医疗护理费用也一并顺理成章地让医方承担了。

这个案例的判决会让很多的医务人员难以接受,特别是其中的麻醉医生,可能更为沮丧。作为一项盲探性操作技术,臂丛麻醉过程

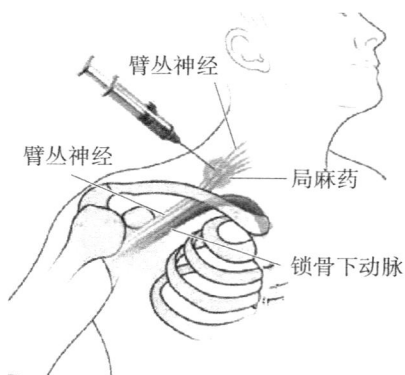

**臂丛麻醉肌间沟入路操作示意图**

中难免会出现一些不可预见的意外情况,这是该麻醉技术本身就存在的不确定因素或缺陷问题。而老人自身的基础疾病也存在诱发心搏骤停等严重后果的风险。麻醉医生要在这种双重的压力和风险下生存,一定要学会保护自己,做好避责的准备。

### 2. 老年麻醉之避责要点

本案例就因为麻醉记录单中没有注明所用局部麻醉药的种类和剂量,因而被判定麻醉记录不详。由此使得医方在诉讼过程中显得处处被动,医方麻醉是否符合规范不能判定,是否构成医疗事故及医方责任大小不能确定,医方也未能就其医疗行为与患者损害后果之间是否存在因果关系完成举证责任,甚至连医方提出的重新鉴定申请也不予准许。好在法院还是根据患者的实际病情、抢救经过以及后期恢复情况,考虑为在其高龄和房颤的基础上发生麻醉并发症所致,并让医方承担80%的赔偿责任,而并未支持患方提出的医方承担全部责任的主张。

这个案例应该给我们有所启发,**法律尊重的是事实,而不是常识推断或专业判断**。虽然医方一再强调有充分的证据证明手术中麻醉用药的名称及剂量,但都是间接或主观证据。医方也可以强调因突发意外,当事麻醉医生都忙于复苏救治,而遗漏了所用局麻药物的记载,但这些理由都是没有说服力的,也根本不为法院所承认。正如法院所指出的那样,医疗活动是一种高度风险的活动,医方应严格遵守医疗卫生管理法律法规和诊疗护理规范,这一点很值得引起所有麻醉医生的重视。在临床实践中,除了要严格遵守医疗操作常规外,还要按规定进行客观真实的记录。本案例术前没有对患者进行听力测试,只能说是医疗活动存在瑕疵,不影响最终结果。而没有对快速房颤进行彩超检查以确定有无心房血栓存在,应该说是医疗活动存在缺陷。对麻醉医生来说,需要非常了解患者的身体状况和疾病可能对麻醉的影响,处理起来也比较容易和具有针对性,也会及早采取措施进行防范。当然,没有记录麻醉用药的名称及剂量自然是本案最大的缺陷所在,以至于再多的辩解都显得苍白无力。因此,踏踏实实的工作作风可能是我们避险避责的重要手段,不能因为是常规的用法和做法而疏于记录,也不能因出于专业的思维而认为是理所当然。针对当前麻醉医生还普遍存在的重技术轻管理、重操作轻文书等现象,加大麻醉质控的管理、进一步督查麻醉规范的执行,将有利于改变这种现状,并提高麻醉医生的抗风险意识和能力。

当然,新技术的应用也有助于降低老年患者的麻醉风险。本案例患者存在的听力障碍,就明显增大了臂丛麻醉的操作难度。近年来超声引导的可视化技术已被广泛应用于各种神经阻滞,一改过去由麻醉医师凭经验通过手感和解剖定位的穿刺方法,转为直视下定位穿刺,从而显著提高了神经阻滞的精度和效果,避免了穿刺操作对外周神经及周围血管或组织的损伤,降低了相关并发症。在采用解剖定位施行外周神经丛阻滞时,麻醉医师为保证神经阻滞效果,常常会增加局麻药浓度或药液容量,使得局麻药中毒的风险也同步增加,而超声引导下穿刺给药则可直接观察局部阻滞和药液的扩散情况,从而达到降低局麻药浓度和减少局麻药用量的目的。尤其对于不易配合麻醉操作的老人和小儿患者,超声引导下的神经阻滞技术更凸显出其明显的优势。

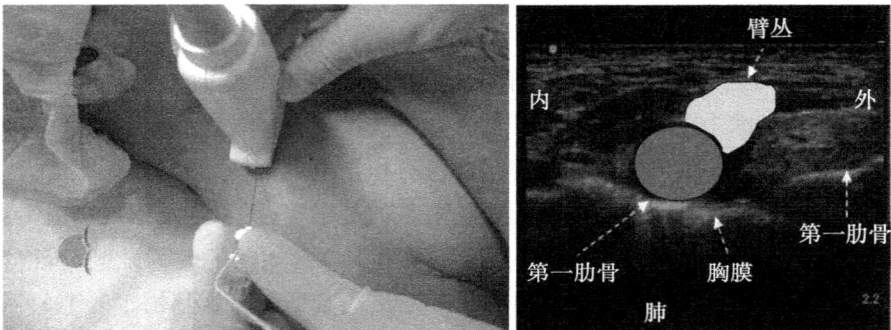

超声引导下臂丛神经阻滞操作示意图

麻醉安全与质量是临床麻醉的永恒主题。麻醉医生一方面要不断提高自身技术和理念,降低技术风险;另一方面也要不断规范自己的医疗行为,提高避责能力,两手都要抓,两手都要硬。

(裴晴晴　黄长顺)

# 全麻苏醒拔管早　呼吸抑制抢救迟

如果说一台手术是外科医生和麻醉医生的联合作战,那么手术结束后患者的复苏阶段,就只剩麻醉医生孤军奋战了,大多数患者需要待在术后麻醉复苏室等待苏醒。于是,术后麻醉复苏室就成了麻醉医生的另一个战场。麻醉后复苏(postanesthesia care)是指患者从麻醉状态恢复至正常生理状态的逆转过程,也是麻醉后期处理的关键环节和危险时点。有人形象地把麻醉过程比喻成飞机的起飞、平飞和降落。飞机起飞时会经历从起步到升空的重要转换,这就如麻醉诱导,患者从清醒状态至意识、痛觉都完全消失。平飞过程就如麻醉维持的过程。飞机要降落,这又如我们麻醉苏醒的逆转过程,精确、无误、安全的苏醒才是良好麻醉的结

麻醉苏醒过程相当于飞机的降落

束。与飞机起飞和降落一样,麻醉诱导和苏醒也是最危险的时刻。

麻醉手术后的患者,因个体用药、手术创伤及自身疾病等差异,可在术后早期处于各种不同的恢复状态。多数患者会出现程度不等的苏醒不全、无力、烦躁、疼痛等情况,并易于发生体温降低、血压升高或降低、呼吸道阻塞、呼吸抑制、低氧血症及恶心呕吐等并发症,从而对患者的恢复和手术效果等产生不良影响,甚至威胁患者的生命安全。据统计,术后24小时内死亡病例中,若通过严密监测,有一半是可以避免的,其中三分之一只需加强术后管理即可改善。麻醉复苏室即专门为此而设,里面有专业的麻醉医师以及护士监护患者的生命体征以保障清醒全程的安全性,减少并发症。以下就是一例因术后复苏阶段拔管过早而又不注意观察而致

死亡的纠纷案例。

## 一、基本案情

刘某,女,58 岁,因吞咽不适一年多,于 2012 年 3 月 5 日入住粤北某某医院口腔科,经**诊断为:双侧茎突综合征,双侧翼突综合征**。并于 2012 年 3 月 9 日 12:30 至 13:30 在**全麻插管下行双侧翼突及右侧茎突截除术**,术毕全麻未醒并送复苏室复苏。入室后监测生命体征平稳,血氧 100%,患者意识清楚,但烦躁不安,自行吐管,指令能点头,睁眼,握手有力,遂由值班护士吸痰拔管。拔管约 10 min 后患者出现意识不清、呼吸抑制,立即给予手控呼吸,紧急气管插管并机控呼吸,按心肺脑复苏抢救后仍神志不清,至今一直呈持续植物生存状态。住院期间,患方向该医院支付医疗费 3 000 元,剩余的医疗费未实际支付。患者术后早期由其家属在院护理,自 2013 年 6 月 29 日从 ICU 转出后,粤北某某医院为其聘请一位护工,护工费用由该医院支付。术后至今已近 5 个月,患者刘某一直处于昏迷状态。

事故的发生给患者的身心及家庭造成严重伤害,2012 年 8 月 7 日,刘某家属向韶关市武江区人民法院提起诉讼,请求法院判令粤北某某医院赔偿刘某住院期间的护理费、住院伙食补助费、误工费、交通费、住宿费等各项损失,暂计至 2012 年 8 月 6 日止共计 63 904 元,之后另计。

## 二、诉讼及司法判决

### 1. 一审经过及判决的主要依据

一审法院审理期间,患方家属及律师申请对粤北某某医院在刘某的诊疗过程中是否存在医疗过错,如存在过错,其过错与患者长期处于昏迷状态之间是否有因果关系,过错参与度及伤残等级、护理等级进行鉴定,经依法摇珠确定广东南天司法鉴定所进行鉴定。该所于 2014 年 11 月 10 日作出粤南韶(2014)临鉴字第 238 号《法医学司法鉴定意见书》,**鉴定意见**:①被鉴定人刘某目前的"持续植物生存"状态,与麻醉拔管后出现的"呼吸抑制"有关,是导致患者目前持续植物生存状态的主要原因。②粤北某某医院在对患者术后拔管的观察、抢救等环节,未尽到充分注意义务;病情记录及抢救记录欠规范、完整;当患者发生危急状态时,未实行及时告知患方的义务等环节存在过错。其诊疗过错行为与刘某目前的"植物生存"状态间存在因果关系。但考虑到医学领域尚有许多未知事实,并根据呼吸抑制的抢救成功概率,认为粤北某某医院应对刘某的损害后果(植物生存状态)承担主要的责任;其过错的参与度为61%~90%。③被鉴定人刘某的颅脑损伤(参照"道标"评定)构成一级伤残。④被鉴定人刘某的护理等级评定为完全护理依赖。刘某家属为此向广东南天司法鉴定所支付鉴定费13 120元。同时,经事故医院申请,广东南天司法鉴定所派出鉴定人员到庭接受质询。

随后患方变更诉讼请求为:粤北某某医院赔偿患者刘某各项损失的90%,包括:①医疗费暂计至2014年12月31日为1 036 464元×90%=932 818.33元;②残疾赔偿金为651 974元×90%=586 776.6元;③住院期间的伙食补助费暂计至2015年1月5日为1 027天×100元×90%=92 430元;④2015年1月5日之前的护理费为59 345元÷365×1 027天×90%=150 281元;⑤2015年1月5日之前的误工费为59 345元÷365天×1 027天×90%=l50 281元;⑥2015年1月5日之前的交通费、住宿费为20 000元×90%=18 000元;⑦2015年1月5日之前的营养费为100 000元×90%=90 000元;⑧2015年1月5日之后的护理费为59 345元×20年×90%=1 068 210元;⑨精神抚慰金为300 000元。以上8项合计为3 388 796.93元。

一审韶关市武江区人民法院审理后认为:本案是医疗损害责任纠纷。事故医院在对刘某的诊疗过程中致其损害结果的发生,有广东南天司法鉴定所作出的《法医学司法鉴定意见书》为证,该医院虽对广东南天司法鉴定所做出的伤残鉴定结论提出异议,但未提交证据足以反驳鉴定结论,并且鉴定机构鉴定人员到庭接受了该医院的质询,认为其作出的鉴定结论未违反相关规定,对依法摇珠确定的广东南天司法鉴定所做出的鉴定结论,法院予以采信。

经法院核实裁定的刘某损害赔偿金额共计1 130 994元。至于赔偿责任的承担问题,根据鉴定机构作出的粤南韶(2 014)临鉴字第238号《法医学司法鉴定意见书》,粤北某某医院过错的参与度为61%~90%,法院确定粤北某某医院的过错参与度为75%,粤北某某医院应承担赔偿刘某各项损失共计848 245.5元(1 130 994元×75%)。至于患方主张2014年12月31日之后的医疗费,2015年1月5日之后的住院伙食补助费、误工费、交通费、住宿费、营养费,按以上计算标准及实际发生额由粤北某某医院承担90%的诉讼请求,刘某可待实际发生后另行主张权利,对其该部分诉讼请求,法院于本案中不做处理。

据此,韶关市武江区人民法院于2015年9月7日作出**民事判决**[(2012)韶武法民一初字第1133号]:粤北某某医院应于判决发生法律效力之日起10日内支付赔偿款848 245.5元给刘某。案件受理费33 910元,由患方负担21 627.5元,粤北某某医院负担12 282.5元。

2. 二审经过及判决的主要依据

粤北某某医院不服韶关市武江区人民法院的判决[(2012)韶武法民一初字第1133号],向广东省韶关市中级人民法院提起上诉称:

(1) 原审判决所采信的广东南天司法鉴定所粤南韶(2014)临鉴字第238号《法医学司法鉴定意见书》,是错误的鉴定意见。广东南天司法鉴定所根据刘某是"在复苏室拔管后出现呼吸抑制、心率减慢,在复苏室及时发现,一般复苏成功的概率很大,出现植物人状况的可能性小",推断可能是不排除拔管过早、抢救不及时,从而认定粤北某某医院在刘某的诊疗过程中存在过错,并与其目前的"植物人生存"状态间存在因果关系,但这一推断存在逻辑错误。因为根据刘某的年龄、体重、颈部特征等指标,可以初步判定刘某属"阻塞性睡眠呼吸暂停"的高危人群,其全麻插管与复苏风险极大。存在阻塞性睡眠呼吸暂停的患者,均伴有不同程度的声门无法暴露、插管困难等情况,颈部被纱布缠绕包裹更加大了插管困难。而复苏期这种紧急困难的插管过程对患者的生命体征影响较大,除影响呼吸之外,对血流动力学的影响也很大,大的血流动力学波动也是影响脑血氧供给的另一个因素。粤北某某医院的医疗行为与刘某目前的"植物人生存"状态结果之间不存在直接的因果关系,具体分析意见如下:

① 粤北某某医院的医疗行为符合诊疗常规,没有过错;手术适应证明确。

② 患者出现呼吸心搏骤停的原因分析:a. 颈动脉窦过敏。患者术后伤口包扎头颈部,头颈突然转动,压迫颈动脉窦,反射性引起迷走神经高度兴奋,导致心跳过缓,血压下降进而骤停(P786~787,心脏病学,第五版,陈灏珠译)。b. 患者存在隐匿性心脏疾病未发现可能。医学上,即使冠心病患者,一两次的常规心电图检查或超声心动图检查也可能正常。该患者如果在运动心电图或24小时动态心电图检查下,就有可能发现异常。而我们临床作为筛选,不可能每一个患者都做此检查。老年患者即使在无明显疾病情况下,心脏亦随年龄的增长呈退行性病变,在老年人中约50%~65%存在心血管疾病(P1444—1445,现代麻醉学,第三版)。因此,不排除引起严重术后应激导致的心律失常可能,进一步发展为室颤心搏骤停。c. 患者术后应激反应。手术创伤、失血、疼痛、恐惧、手术麻醉及麻醉药物等可导致交感神经兴奋,自主神经紊乱,引发心律失常导致呼吸心搏骤停(P167、P2120,现代麻醉学,第三版)。患者术前曾到南方医院等处求医,诊断茎突过长,建议行非手术疗法。来粤北某某医院首次诊查,亦建议不需手术治疗,但患者心理负担较重,复诊

时才决定手术治疗。病程中患者较紧张,易导致术后应激反应的发生。术后进入复苏室,随着药物代谢消除,拔管后意识清楚,身处复苏室复杂环境,加之手术刺激,内源性儿茶酚胺大量释放,切口疼痛刺激,长时间禁食体质虚弱等,导致突发心律失常,呼吸心搏骤停。d. 患者拔管后仍存在缺氧性因素:一是患者颈部纱布包扎,影响了拔管后呼吸的通畅,并且由于纱布包扎,口腔张口度受限,导致拔管后吸痰不够彻底,口腔与气道的分泌物影响了患者的呼吸。二是患者术前以"吞咽不适"入院,术后咽喉壁肿胀影响了拔管后气道通畅。三是合并阻塞性睡眠呼吸暂停综合征,患者病史有嗜睡现象,因此不能除外。四是不排除拔管后出现延迟并发症,如出现声带麻痹、咽喉痛等,进而导致呼吸道梗阻出现呼吸心搏骤停,声带麻痹发生率术后高达千分之一(P2378,米勒麻醉学,第七版)。e. 芬太尼延迟呼吸抑制效应(P523,现代麻醉学,第三版)。粤北某某医院及时地发现了患者在复苏室出现的心搏骤停,并第一时间组织了医护人员积极抢救,给予紧急气管插管、心脏按压、药物复苏等抢救后,心肺复苏成功。同时第一时间给予脑复苏、高压氧康复治疗。目前认为麻醉总病死率万分之一(P793,现代麻醉学,第三版),国外《米勒麻醉学》报道也在万分之一左右(P992,米勒麻醉学,第七版)。据报道,非心脏手术全麻患者出现心搏骤停发生率1998—2000年为3.2/10 000,麻醉监护中出现概率0.7/10 000,医院成活率为34.5%(P992—993,米勒麻醉学,第七版)。可见,复苏监护过程中也可能出现心搏骤停,而抢救成功率约为1/3。鉴于国内医疗水平与国外医疗水平存在不小差距,此患者能抢救存活已属不易。虽然给予积极抢救与治疗,但患者最终还是导致了缺血缺氧性脑病,处于植物状态,实属遗憾。

(2) 根据2007年7月18日司法部部务会议审议通过的中华人民共和国司法部令第107号《司法鉴定程序通则》的第二十五条:"司法鉴定机构在进行鉴定的过程中,遇有特别复杂、疑难、特殊技术问题的,可以向本机构以外的相关专业领域的专家进行咨询,但最终的鉴定意见应当由本机构的司法鉴定人出具。"该患者病情复杂,而广东南天司法鉴定所人员完全不具备麻醉科的诊断能力,在鉴定中,也没有请麻醉科相关专家会诊。在原审法院开庭时,广东南天司法鉴定所的鉴定人也自认不懂麻醉专业的诊断及危害。

综上,粤北某某医院请求:①撤销原审判决,依法驳回刘某的全部诉讼请求;②对刘某目前处于植物生存的原因、粤北某某医院的本案诊疗行为是否存在过错及与刘某的损害结果之间是否有因果关系和参与度,重新进行鉴定;③本案的所有诉讼费及相关的费用均由患方负担。

**被上诉人患方辩称:**

① 原审判决认定事实清楚。原审法院委托鉴定机构作出的鉴定结论经过法定委托手续,也对相应的材料进行了核实,该鉴定结论依法作出,应得到尊重。一审期间,鉴定人员也出庭接受了法庭的询问,鉴定程序合法。患方认为鉴定结论在二审期间也应该得到确认和支持。鉴定结论对各方的损失依法进行了确认,原审判决虽然没有全面支持患方刘某的诉请,但刘某也尊重原审判决,请求维持原判。

② 刘某是因口腔的一个轻微疾病到粤北某某医院治疗,当时医生告知是一个风险比较小的手术,但刘某做完手术后至今仍瘫痪在床,责任应该全部在医院这一方。粤北某某医院在上诉状中陈述所谓刘某自身的原因都是不能成立,本案手术前,医院也进行了相应的检查,结论也是刘某的适应证是明确的,没有其他不适的问题,粤北某某医院提到的相关隐性疾病的可能是站不住脚的,这是推卸责任的说法。关于粤北某某集团总医院提到的刘某护理的问题,原审时,患方主张的是家属护理的费用,现在粤北某某医院提到的是医院护理的费用,这是不同的,在本案中也不应处理。其余的包括残疾赔偿金、住院伙食补助费、营养费等都是法定的赔偿项目,也有相应的事实予以支持,原审判决其实远低于刘某的损失。刘某虽然58岁,但身体一直很健康,因这样的小疾病,造成其一直躺在病床上、并需要家人日夜陪护,承受了巨大的精神损害,45 000元的精神损害抚慰金并不高。综上,请求维持原判。

广东省韶关市中级人民法院审理后认为:本案系医疗损害责任纠纷,根据本案各方当事人在二审中的上诉和答辩,本案争议焦点是关于粤北某某医院的过错比例认定问题和广东南天司法鉴定资质合格问题。关于粤北某某医院的过错比例认定问题。粤北某某医院上诉主张粤南韶(2014)临鉴字第238号《法医学司法鉴定意见书》错误,刘某心脏骤停可能存在其他因素。对此,法院认为,广东南天司法鉴定所系由原审法院依法摇珠选定进行本案的司法鉴定,该所及鉴定人员均具备相应的鉴定资质,鉴定程序并无不当之处,其鉴定结论恰当,应予采信。粤北某某医院上诉对刘某心脏骤停原因的分析,仅是依学术观点作出的一个推测,并无充分证据予以证实,故法院不予采信。关于广东南天司法鉴定所是否需邀请专家会诊的问题,根据《司法鉴定程序通则》第二十五条:"司法鉴定机构在进行鉴定的过程中,遇有特别复杂、疑难、特殊技术问题的,可以向本机构以外的相关专业领域的专家进行咨询,但最终的鉴定意见应当由本机构的司法鉴定人出具。"的规定,是否向其他专家咨询,由鉴定机构根据需要自行决定,并且最终鉴定意见应由该鉴定机构的鉴定人员出具。因此,粤北某某医院以广东南天司法鉴定所未邀请麻醉专业的专家会诊为由,主张《法医学司法鉴定意见书》错误,依据不足,法院不予支持。综上,根据《最高人民法院关于民事诉讼证据的若干规定》第七十一条:"人民法院委托鉴定部门作出的鉴定结论,当事人没有足以反驳的相反证据和理由的,可以认定其证明力"的规定,因粤北某某医院未提供充分证据推翻粤南韶(2014)临鉴字第238号《法医学司法鉴定意见书》的鉴定意见,原审法院采信该鉴定意见认定粤北某某医院应对刘某的损失承担75%的过错责任并无不当,本院予以维持。粤北某某医院申请重新鉴定,依据不足,本院不予准许。

综上所述,广东省韶关市中级人民法院认为原审法院认定事实清楚,适用法律正确。而粤北某某医院的上诉理由不充分,对其上诉请求,法院不予支持。遂于2016年6月30日作出判决[(2016)粤02民终608号]如下:驳回上诉,维持原判。二审案件受理费12 282.50元,由医方粤北某某医院负担。

## 三、司法判决的医学思考

### 1. 全麻苏醒期躁动与拔管问题

全麻苏醒期躁动(emergence agitation,EA)为麻醉苏醒期的一种不恰当行为,多在麻醉苏醒期急性出现,表现为兴奋、躁动和定向障碍并存,可出现不适当行为,如肢体的无意识动作,高度烦躁,强烈挣扎,企图拔除气管导管、输液管、胃管和伤口的引流管,并且多伴有心率增快、血压升高等症状。流行病学的研究数据显示,成人EA发生率约5.3%,老年人和儿童的发生率更高,儿童EA发生率可高达12%~13%。EA的原因是多方面的,多与切口疼痛、尿管刺激、缺氧、术中麻醉用药、肌松药残余、术后催醒用药、气管导管的刺激都有关。EA不仅可对患者本身以及某些需要术后安静的手术造成极大的危害,也对复苏室医护人员的配置产生了极大的干扰。一些患者躁动非常严重时会有暴力倾向,例如拔除引流管、尿管、胃管,肢体的不自主运动以及抬高身体有可能会造成手术切口裂开、手术部位出血,而医护人员亦需要较多的人力来处理。并且在患者躁动时,循环系统不稳定,血压升高,心率增快,对一些心功能较差或伴有其他心脑血管疾病的患者是极其不利的。此外,在一些术后要求患者安静的手术,例如脊柱外科、脑外科以及耳鼻喉科的一些手术,一旦患者躁动而未得到及时处理或处理不得当,将对手术效果造成很大的影响。因此如何根据高危因素来评判躁动的发生可能,如何预防躁动的出现,躁动发生时如何根据各个患者情况进行恰当的处理,仍是今后值得研究的挑战性难题。本案例患者在术后出现躁动现象,其具体原因并不清楚,但根据病程

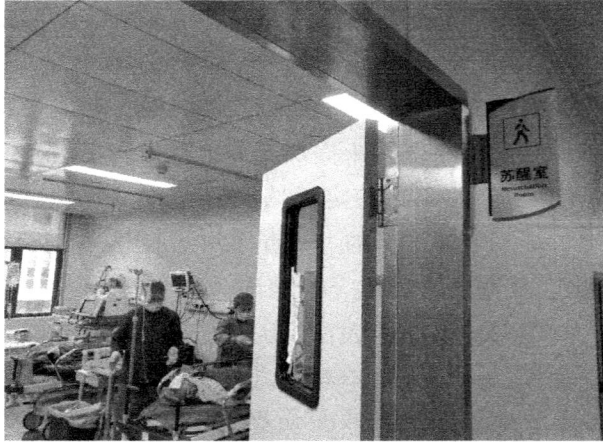

麻醉苏醒室的监护及并发症处理

记录,患者送入复苏室后监测生命体征平稳,血氧 100％,意识清楚,但烦躁不安,自行吐管,指令能点头,睁眼,握手有力,遂由值班护士吸痰拔管。应该说当事患者是符合拔管指征的。但在拔管后约 10 min 患者即出现了呼吸抑制,医方立即给予手控呼吸,紧急气管插管并机控呼吸,按心肺脑复苏抢救。这其实就是我们常规所说的术后二次非计划插管(reintubation after planned extubation,RAP)。

2. 术后二次非计划插管

术后二次非计划插管即术毕恢复期拔除了初始的气管导管后又经历的非计划性再次插管,是术后严重并发症之一。一般来讲,手术结束患者苏醒后即予拔除气管导管是安全可行的,但非计划性的二次插管总是偶有发生。当患者出现低氧血症、高碳酸血症或者呼吸衰竭,经过积极处理及对症治疗后如充分给氧、面罩加压辅助呼吸、托下颌、清理分泌物、气道解痉或给予肌松拮抗等药物治疗、口/鼻咽通气道置入仍不能有效改善者,则二次插管不可避免。临床上不少情况下,尽管遵循气管拔管指征标准规范进行操作,如在患者意识清楚、反射活跃、四肢有力等情况下实施拔管,但术后非计划性再插管仍偶有发生。有研究指出,麻醉后监测治疗室(Postanesthesia care unit,PACU)内二次插管的发生率在 0.06％～0.27％之间。非计划二次气管插管(RAP)的发生使患者机械通气时间延长,患者更易发生心血管及呼吸系统并发症,其在 PACU 或 ICU 内停滞时间、住院时间,以及住院费用均会相应增加。非计划二次气管插管多提示在麻醉复苏阶段,医护人员对于拔管指征的掌握可能存在问题,或者患者出现其他异常情况需要再次进行气管插管,因而RAP 已成为反映医疗机构麻醉质量管理和(或)手术质量的重要过程指标之一。

已有的研究显示,导致术后呼吸并发症的主要诱发因素是肌松剂和麻醉剂的残留作用、上呼吸道梗阻以及不稳定的血流动力学。许多全麻苏醒期躁动患者只是由于全身麻醉药对中枢神经系统的抑制程度不一,患者意识虽已恢复,但部分麻醉药物的残余作用致使大脑皮质与上行网状激活系统高级中枢的功能仍未全部复原,从而影响患者的正常感觉和反射。一旦气管导管的刺激被去除后,患者重又陷入抑制状态。完全清醒后的随访显示,大部分患者对躁动期间发生的事情无记忆,只有小部分患者记起躁动时发生的片段。国外 Ting 的研究显示,术后发生严重的呼吸困难和低氧血症需再次插管的病例中有 78.3％发生在拔管后 10 min。所以麻醉复苏期的观察非常重要,应做到一丝不苟,认真负责,密切监测患者的心率、血压、氧饱和度、呼气末二氧化碳分压及呼吸频率等,对躁动患者要进行综合分析,根据病情作出相应处理,慎重选择拔管时机或适当延长拔管时间。拔管后则应继续密切监测,必要时给予阿片类或肌松拮抗剂,口咽/鼻咽通气道置入,机械通气,气管插管甚至气管切开等紧急措施,对减少该类患者术后早期呼吸并发症的发生及改善其转归有积极意义。本案例的拔管也是符合指征的,拔管后出现非计划性的再次插管也是允许的,而关键是发现和处置的不及时,导致缺氧时间过长。本案例也说明,其实与麻醉相关的一些死亡事件,究其原因并不是麻醉中出现问题后不懂得怎样处理,多是由于没有认真监护患者,没有及时发现问题而延误了最宝贵的抢救时机。并且案例的判决都是在客观的事实依据基础上按照司法机构的常规思考和判断做出的,当然也会汇总麻醉专家的咨询意见。而没有依据的推测都不会被法院认可,如本案例中医方那样,再照搬多少教科书都没有什么用。

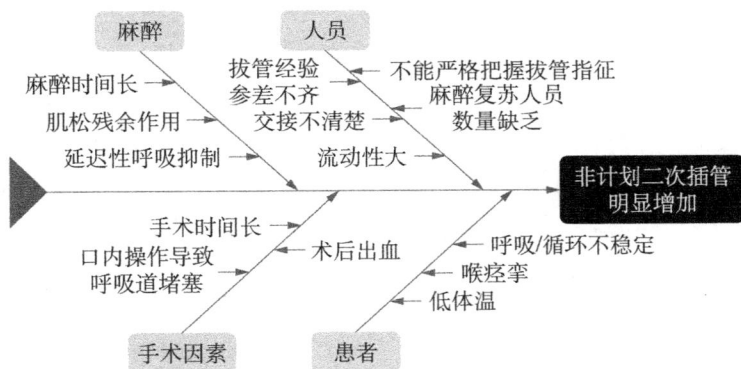

非计划二次插管原因鱼骨图

### 3. 复苏室的管理隐患

随着危重疑难患者、高龄患者、术前有并发症的患者以及复杂手术比例的增加,术后复苏室的管理难度也日益增加。主要表现在:①复苏室人力配备不足。为了提高手术室的使用效率,缩短接台手术间隔时间,提高手术效率,复苏室的开放时间也随之逐渐延长,复苏室工作量不断增加,导致复苏室专职医务人员特别是资深麻醉医生相对不足。许多大中型医院的复苏室都采用一名麻醉医师带几名专职护士(1+N)模式开展工作,在疑难危重手术患者日渐增加的今天,术后管理的难度和复杂性也在与日俱进地增加,麻醉医师配备不足而由专职护士来替代的模式,容易出现因观察、判别和处置不妥而发生险情的现象。本案例就是由复苏室护士自行判断和实施拔管而后又疏于观察而造成的恶果。②麻醉医师对复苏室的过分依赖。许多麻醉医师已越来越依赖复苏室了,既往被很多外科医生赞誉的"缝皮最后一针患者同时清醒"的麻醉精细控制绝技,现在因为有了复苏室而被逐渐淡忘,甚至于不少麻醉医师在关腹或手术结束前为有利于手术操作或避免患者躁动而再次追加全麻药和肌松剂,然后再交班给复苏室,这样就明显延长了患者的苏醒时间,更是让繁忙的复苏室雪上加霜。③复苏室对病情了解的不足。虽然入复苏室时,有手术麻醉医师的交接班,但事实上,复苏室的医务人员是不可能全面了解病情的,也没有足够的时间去详细了解病情,这会导致他(她)们在患者出现复苏阶段危情时难以及时作出准确判断和处理。这些复苏室隐患都值得我们重视,并需要在今后的临床工作中加以改善。

(丁　淼　曹云飞)

## 第四回

# 硬外麻醉腹肌紧　追加肌松闯大祸

　　椎管内麻醉俗称"半身麻醉"，是一种保留患者意识和自主呼吸的半身麻醉方式，主要原理是通过局麻药阻断脊神经的传导来达到区域神经阻滞的麻醉效果。硬膜外麻醉作为椎管内麻醉的一种，因其具有操作简便、效果确切、费用低廉等优点，曾几何时，在国内的应用几乎到了泛滥的地步，什么部位都敢穿刺，可以从骶管一路向上打到颈椎。什么药物都敢往里用，连镇静药、止吐药甚至中药注射剂等都可以作为硬膜外的常规用药，并在各种期刊杂志上公开报道，而根本不管其是否会产生什么不良反应或后遗症，简直是把硬膜外腔当成了"垃圾筒"和"实验室"。但好在这些滥用硬膜外麻醉和缺乏规范的管理现象，已在最近的 20 年里有了明显的改善。

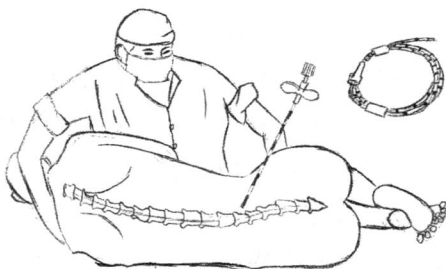

**硬膜外麻醉操作示意图**

　　随着全麻技术设备的不断更新和可控性的进一步提高，硬膜外麻醉的优势在逐渐消退，而缺点则日渐明显。除了可能造成全脊髓麻醉、椎管内血肿、脊神经损伤等严重并发症外，硬膜外麻醉实际上还是一种阻滞不完全的麻醉技术。临床应用中难免会出现麻醉效果不够满意的情况，一些辅助用药虽然可以起到部分补救作用，但效果不确切，并且还可能引发其他的不良反应。直接改为全身麻醉虽是较理想的补救措施，但受许多主客观因素的影响，在临床实践中不少麻醉医生常常难以下此决断。也正因如此，单纯的硬膜外阻滞技术目前主要用于产科、下腹部以及下肢的手术麻醉，以尽量避免阻滞不全和辅助药物的应用问题。以下就是一例因硬膜外麻醉效果欠佳而追加辅助用药并导致严重后果的纠纷案例。

## 一、基本案情

唐某，男，21岁，东南大学在校学生。2011年4月15日15:20时因"全腹部疼痛3天"入住高邮市某医院外科。

入院查体：全腹稍膨隆，未见胃肠型及蠕动波，肝脾肋下未及肿大，全腹部压痛（＋），以脐周部明显，反跳痛（±），莫氏征阴性，肠鸣音存在。血常规示：白细胞计数21.5×10$^9$/L、中性粒细胞百分比87.1％。腹部平片示：肠梗阻。初步诊断：肠梗阻、腹膜炎。

入院后予胃肠减压、抗炎、解痉等治疗；经术前准备，于18:30时急诊在硬膜外麻醉下行**"剖腹探查术"，术中诊断：坏疽性阑尾炎、穿孔，弥漫性腹膜炎，行"阑尾切除术"**，20:00时手术结束。术后，患者一直昏迷不醒，20:40时唐某被送至病房，血压低至65/35 mmHg，面色青紫，脉氧测不出，听心音消失，呼吸停止，判断呼吸、心搏骤停，予胸外心脏按压、气管插管等抢救。唐某自主心跳恢复，但仍处于深昏迷状态。于21:15时转ICU监护，予呼吸机辅助呼吸、脑复苏等治疗。其生命体征平稳，自主呼吸恢复。

次日（4月16日）01:58时唐某转入上级医院（苏北人民医院）ICU。查体：神志深昏迷，GCS评分3分，双侧瞳孔等大等圆，直径约1.5 mm，对光反射迟钝，经口气管插管接呼吸机辅助通气，血氧饱和度100％，颈软，对称，两肺未闻及明显干、湿啰音，心率116次/min，律齐，肌力检查不能配合，肌张力增高，足背动脉搏动可，双下肢无水肿，生理反射及病理反射均未引出。**入院诊断：心跳呼吸骤停、心肺复苏术后、症状性癫痫、缺血缺氧性脑病、休克、化脓性阑尾炎、阑尾切除术后。**入院后予呼吸机辅助呼吸、亚低温脑保护、控制癫痫发作、脱水降颅压、维持循环稳定、抗感染等治疗。后顺利脱机，循环稳定，5月11日复查头颅MRI示：缺血缺氧性脑病，予高压氧治疗。后唐某一直处于深昏迷状态，生命体征尚平稳。6月1日患者家属要求将唐某转外院继续治疗，遂于当日出院。

6月1日唐某转入南京仁恒医院，予促醒、营养脑神经、改善脑功能、抗炎、补液等治疗，辅以高压氧、针灸、推拿、中频等康复治疗。经积极治疗后，唐某病情有所好转，但意识改善不明显，呈植物人状态，四肢未见自主活动，双上肢屈肌及双下肢伸肌张力增高，于2011年10月6日出院。患者出院后又多次在中国人民武装警察部队总医院行干细胞移植手术，但治疗效果无明显改善。现患者唐某在扬州洪泉医院进行康复治疗。

患方认为患者所患阑尾炎本系常见疾病,高邮市某医院在患方整个治疗过程中均存在过错:就诊初期即忽视病情,未及时行手术治疗,延误手术时机;麻醉操作严重失误;术中及术后未及时观察病情,治疗方案不当;未充分履行告知义务,致使患方丧失最佳的康复机会。

为维护患方的合法权益,患方以高邮市某医院为被告诉至南京市秦淮区人民法院,请求判令医方高邮市某医院赔偿全部医疗损害所产生的损失,并多次变更诉讼请求。2016 年 3 月 26 日,患方向法院申请,再次变更诉讼请求,要求医方高邮市某医院赔偿医疗费 20 000 元、住院伙食补助费 28 480 元、营养费 42 720 元、误工费 166 052 元、护理费 411 918 元、残疾赔偿金 743 460 元、精神损害抚慰金 100 000 元、交通费 20 000 元、后续护理费 2 111 660 元、护理用品费用(尿不湿) 202 575 元,共计 3 846 865 元。

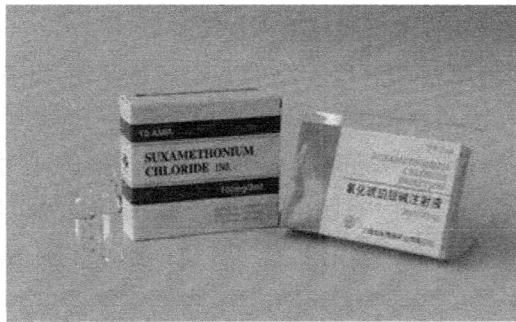

肌松药氯化琥珀胆碱(司可林)

## 二、诉讼及司法判决

南京市秦淮区人民法院在受理本案后,依法委托南京医学会就高邮市某医院的诊疗行为有无过错、过错与患者的损害后果之间是否存在因果关系及参与度大小、患者的伤残等级进行医疗损害鉴定。

2015 年 3 月 9 日,南京医学会出具医损鉴[2015]012 号医疗损害鉴定书,该**鉴定书分析**说明:患者因"全腹部疼痛 3 天"入住高邮市某医院,有"剖腹探查术"的手术指征,经完善术前相关检查及术前准备,入院后 3 小时余进行急诊手术,手术时机在合理范围之内,不存在延误手术的过错。

医方麻醉方式选择为硬膜外麻醉,因麻醉效果不好予追加麻醉药物未违反医疗常规,但追加肌松药[氯化琥珀胆碱(司可林)]的措施不当,对相关麻醉风险认识不足。根据《临床技术操作规范(麻醉学分册)》,关于手术结束后患者的转运,因手术和麻醉结束后潜在的麻醉危险仍然存在,在转运患者时,至少应由麻醉科医师、外科医师和卫生员各一人共同护送;麻醉科医师应位于患者的头部,负责观察病情,及时发现和处理紧急情况。根据现场调查,医方在术后转运过程中无医护人员护送,违反诊疗规范。医方存在医疗过错,以致未能及时发现患者病情变化并采取抢救措施。

患者发生呼吸、心搏骤停考虑与麻醉有关,患者经抢救后心肺复苏成功,但脑复苏未成功,与脑缺氧时间过长有关。患者目前呈植物人状态,系严重缺血缺氧性脑病所致,与高邮市某医院的医疗过错存在因果关系。

综上,**鉴定意见**为:苏北人民医院与南京仁恒医院不存在医疗过错;高邮市某医院存在医疗过错,与患者损害后果存在因果关系,原因力为完全因素。参照《医疗事故分级标准(试行)》,患者伤残等级为一级。

高邮市某医院对该医疗损害鉴定书的鉴定意见不服,并提交书面质证意见。高邮市某医院辩称:高邮市某医院不应当承担全部责任,院方认为患者唐某手术结束后,唐某母亲要送红包给麻醉医师,麻醉医师一再推让,在推让过程中,卫生员已将唐某送入病房,麻醉医师没有跟上,从而导致没有对患者唐某进行及时的监护,由此应适当减轻医方责任。鉴定专家组对质询给予了书面答复。但高邮市某医院对该鉴定意见及专家组的书面答复不服,申请重新鉴定。法院鉴于医患双方就重新鉴定未能达成一致,且申请重新鉴定的理由不符合法律规定的情形,经合议庭评议,对于高邮市某医院重新鉴定的申请不予准许。

而就患方的误工期限、护理期限及护理等级、人数、营养期限和标准、残疾辅助器具的种类、费用、更换期限及维修、医疗依赖程度及费用核定问题,法院依法委托南京医科大学司法鉴定所进行司法鉴定。

2015年11月27日,南京医科大学司法鉴定所出具南医大司鉴所[2015]临鉴字第1428号**司法鉴定意见书**,该意见书分析说明认为:

(1)唐某于2011年4月15日因"腹痛3天"至高邮市某医院就诊,临床诊断为"坏疽性阑尾炎穿孔、弥漫性腹膜炎",行"剖腹探查+阑尾切除术",术后发生呼吸、心搏骤停等,临床诊断为"症状性癫痫、缺血缺氧性脑病",行经皮穿刺气管切开、胃造瘘术等治疗,2011年10月6日出院病历记录其"呈植物人状态",2015年7月1日病历记录其仍呈"植物人状态"。本次法医学检查见其呼唤无反应,无自主睁眼,仍处于植物人生存状态;送检影像学片示缺血缺氧性脑病,双侧侧脑室增大。结合临床治疗经过、影像学资料及本次检查所见,参照《医疗事故分级标准(试行)》中一级乙等医疗事故规定,唐某目前呈植物人状态对应一级残疾。存在完全护理依赖程度,需他人长期护理(住院期间考虑2人护理、出院后1人护理)。

**法院审理后认为**,患者在诊疗活动中受到损害,医疗机构及其医务人员有过错的,由医疗机构承担赔偿责任。本案中,南京医学会医疗损害鉴定书的鉴定意见认为高邮市某医院在对患者唐某的诊疗过程中存在医疗过错,且该过错与患者损害后果存在因果关系,原因力为完全因素。南京医学会作为合法的司法鉴定主体,其鉴定人员有鉴定执业资格,鉴定程序合法,鉴定结论明确。

虽然高邮市某医院对于南京医学会的鉴定意见存有异议,但鉴定专家组给予了书面答复,而高邮市某医院没有充分证据对该鉴定意见予以推翻,即高邮市某医院提出患方家属送红包给医护人员导致没有对唐某进行及时监护的问题,但当事人对自己提出的诉讼请求所依据的事实或者反驳对方诉讼请求所依据的事实有责任提供证据加以证明。没有证据或者证据不足以证明当事人的事实主张的,由负有举证责任的当事人承担不利后果。高邮市某医院申请重新鉴定的理由也不符合法律规定的情形,故法院对于该医疗损害鉴定书的鉴定意见予以采纳并作为本案的定案依据。

据此,法院认定,医方高邮市某医院的诊疗行为存有过错,且过错与患方的损害后果之间存在因果关系,应承担赔偿责任,患方主张医方赔偿各项损失的诉求,符合法律规定,法院予以支持。庭审中核对、确认的患方损失包括:医疗费20 000元、住院伙食补助费28 480元、营养费3 600元、护理费1 773 280元、残疾赔偿金743 460元、精神损害抚慰金50 000元、交通费12 000元、护理用品费87 240元,计2 718 060元。另医方高邮市某医院主张其已支付给患方共453 230元,并提供患方所签收条、费用报销表、电汇凭证等,申请在上述赔偿费用中予以抵扣。故经综合计算后,医方高邮市某医院还应赔偿患方2 718 060元－427 230元＝2 290 830元。关于鉴定费,南京医学会的医疗损害鉴定以及南京医科大学司法鉴定所的司法鉴定所产生的鉴定费用均应由医方高邮市某医院承担且其已经实际支付,法院予以确认。

2016年5月6日南京市秦淮区人民法院**做出判决**〔(2014)秦民初字第4329号〕:高邮市某医院于本判决生效之日起10日内一次性赔偿患方医疗费、住院伙食补助费、营养费、护理费、残疾赔偿金、精神损害抚慰金、交通费、护理用品费等共计2 290 830元。案件受理费19 634元,由医方高邮市某医院承担19 234元。

## 三、司法判决的医学思考

### 1. 硬膜外麻醉的补救措施探讨

作为一项盲探性操作技术，硬膜外麻醉与其他神经阻滞技术一样，也容易出现硬膜外阻滞不全、肌松不好、阻滞偏侧等麻醉效果欠佳的情况。临床上这些问题经常困扰麻醉医生，也令其十分尴尬和棘手。众所周知，硬膜外麻醉效果的好坏，主要依赖于局麻药在硬膜外腔的扩散范围和阻滞神经根的程度。从神经功能角度分析，由于硬膜外阻滞可阻滞的神经是脊神经的前根和后根。前者是运动神经，产生肌肉松弛作用；后者包括体表感觉传入神经、交感神经节前纤维、部分内脏感觉传入神经、骶部副交感神经传入神经。因此，本例的硬膜外阻滞效果欠佳，主要是脊神经前根运动神经的阻滞不够，导致腹肌紧，外科操作困难。其原因可能来自两方面的因素，一是运动阻滞平面不够。由于麻醉测定的平面只是感觉减退或消失平面，而并不是运动平面，感觉和运动平面一般可以差上数个节段，所以本例患者出现了"感觉平面可以但运动平面不够"的情况。二是由于脊神经前根（运动支）高、后根（感觉支）低，碰上硬膜外腔较大的患者，注入的局麻药向水平位扩散时，感觉神经易阻滞而运动神经未阻滞，造成无痛但肌松欠佳的现象。而从解剖结构角度分析，穿刺部位不到位、硬膜外导管置入位置异常、硬膜外腔的生理解剖形态（出现纵隔、粘连、包块等）都可能是硬膜外麻醉肌松不好的原因所在。术中出现这种情况时，可尝试通过加大注入局麻药的量和浓度来达到运动神经阻滞完善或平面够高的要求。临床实践中这确实是首选的重要补救措施，但这一补救措施存在起效缓慢、需要注射的局麻药量较大的问题，而盲目加大局麻药量或浓度则容易引起局麻药过量中毒或出现阻滞平面过于广泛的风险。因此，可在安全剂量范围内先尝试这一补救措施，如效果还不好或仍不能满足手术要求时，则需要改用其他补救办法。

辅助用药是另一种常用的补救措施，许多麻醉医师甚至习惯于将辅助用药作为硬膜外麻醉的常规辅助手段来使用，以增强阻滞麻醉效果、减少患者紧张焦虑情绪。比如杜氟合剂、氟芬合剂、小剂量的丙泊酚、氯胺酮、右美托咪定甚至肌松药和吸入麻醉药物等，都有被用来作为硬膜外阻滞效果不好时的辅助用药。确实，短时间内用一下辅助用药是不违反硬膜外麻醉的操作和管理规范，有时也确实管用，可有效缓解硬膜外麻醉肌松不足的困境。但作为麻醉医师，应该清楚地意识到，此时实施的麻醉性质已发生了根本性变化，应该说已经过渡到了硬膜外和全身麻醉的复合麻醉,不再是单纯的半身麻醉了。麻醉医生也应随之改变自己的麻醉思维和麻醉管理,并重新进行风险评估和其他准备,包括加强监测,准备好通气面罩、口咽通气管,备好吸引装置和插管工具,麻醉机处于工作状态等。否则一旦出现场面失控的局面,如患者明显躁动不安、异常呼吸或呼吸困难、恶心呕吐、反流误吸等,不仅没有达到缓解肌松不足的问题,还可能导致麻醉危象和手术中断,此时一群身穿无菌衣的手术医生和护士都只能一脸无助地在一边袖手旁观,期望麻醉医师能迅速控制场面,而当事麻醉医师则早已陷入尴尬、忙乱、慌张和被动的困境了! 对于本案例来说,当事麻醉医师显然没有在使用辅助用药的同时转变麻醉思路并进行风险评估和充分准备,由此酿下大祸。

在硬膜外麻醉出现肌松不够的情况下,应当机立断直接改全麻,在很多时候这都是一项不错的决策,也是最有效的补救措施。但对多数麻醉医师来说这可不是一个容易作出的决定。许多麻醉医师总会先去尝试硬膜外加药或进行全身辅助用药,实在不行的话,才迫不得已改成全麻。这里面涉及多种主客观因素,如人手不够、程序繁杂、丢失面子、费用问题等。改成全麻就要增派人手,并且需要去向家属进行书面告知和同意,麻醉医生也担心被其他人包括家属在内误解为技术差导致麻醉失败,改成全麻后会导致麻醉费用大幅增加也是一个不容忽视的客观原因。所以在某种程度上也可以理解麻醉医师为什么迟迟做不出更改麻醉方式的果断决定,而任由因多种辅助用药的追加而导致麻醉风险逐渐蓄积或骤增的情况出现。

2. 硬膜外麻醉的辅助用药风险评估

如果在实施硬膜外麻醉期间,把未建立稳定气道(包括插管和喉罩置入)情况下的全麻用药都算作是辅助用药的话,那已有的大多数全麻药物,从静脉麻醉药、吸入麻醉药,到肌松药(如本案例中所用的司可林),几乎都被包括在内并在临床实践中被使用过。问题的关键其实不在于用了什么辅助药物,而在于是否进行风险评估并加强麻醉管理。光是杜冷丁(哌替啶)或杜氟合剂的辅助应用,就不知道造成了多少硬膜外麻醉患者(主要是包括老年人在内的敏感人群)发生术中和术后的气道窒息问题。很多情况下这些辅助用药基本都在规定的使用剂量范围内,但仍有可能发生比较少见的呼吸或循环的严重抑制。至今仍有不少麻醉医师天真地认为,只要正常用药且经积极抢救依然未能防止不良后果的,应属于麻醉意外,不应承担责任。但目前的司法实践做法已与过去的明显不同,免责几乎已成奢望,剩下的只是过错的大小和赔偿的多少问题。

本例患者所用的司可林(氯化琥珀胆碱注射液)是一种去极化型骨骼肌松弛药,其在硬膜外麻醉肌松不够的情况下,用于短小手术或辅助关腹操作,本身并不违反规定,也不是禁忌行为。但正如说明书所注明的一样,司可林严禁在不具备控制或辅助呼吸条件时使用,也禁忌在患者清醒时给药。同时司可林的不良反应之一是可引起胃内压升高,最高可达 40 cmH$_2$O,并导致饱胃患者胃内容物反流误吸。因此,临床上比较常用的方法是先用短效镇静催眠药如丙泊酚让患者入睡,再给司可林,并进行面罩控制呼吸,并且这种方法只适合于择期空腹患者的短小手术或辅助关腹操作。

虽然司可林的作用时间很短,肌松作用 60～90 s 起效,维持 10 min 左右,其血药浓度半衰期也仅 2～4 min。但这个窒息时间足以产生极其严重的缺氧后果,因此在其肌松有效期间,实施控制呼吸并加强气道管理就变得异常重要。同时因司开林具有引起胃内压升高的不良反应,对饱胃的急诊患者来说,就存在禁忌使用的情形了。饱胃是麻醉医师最为重视的临床问题之一,其造成的呕吐、反流误吸、呼吸道梗阻甚至窒息都会直接危及患者生命,因此饱胃患者的麻醉处理极具不可控性和高风险性,如何做到最大限度地降低风险,对所有麻醉医师来说,都是一个难题和挑战。为有效避免反流误吸的风险,一般均将急诊和消化道梗阻患者按饱胃来看待,麻醉实施过程须慎之又慎。本案例的年轻 21 岁学生患者,在术前已明确诊断为肠梗阻、腹膜炎,入院 3 小时即实行剖腹探查术,虽然也进行了胃肠减压,但仍应按饱胃患者对待。正如司法鉴定所指出的那样,医方麻醉方式选择为硬膜外麻醉,因麻醉效果不好予追加麻醉药物未违反医疗常规,但追加肌松药(司可林)的措施不当,对相关麻醉风险认识不足。并且根据现场调查,医方在术后转运过程中无医护人员护送,以致未能及时发现患者病情变化并采取抢救措施,违反了《临床技术操作规范(麻醉学分册)》诊疗规范。由此给患者造成的严重损伤后果,理应由医方承担。从这一点来说,司法鉴定和法院均判由医方负完全责任,也是比较客观公正的。

虽然本案例的司法鉴定没有具体分析导致患者术后突发呼吸、心跳搏停的具体原因。但从医学专业推测,患者应该是在应用司可林等辅助用药后出现了严重的气道问题,如反流误吸或窒息,以至于在手术结束后 40 min 才送出手术室,并在到达病房后出现呼吸、心搏骤停情况。鉴于本案例的患者是一名青春焕发的在校大学生,事发后对其家庭的打击之大是可想而知的,巨额赔偿也根本抹不平患者家属内心的伤痛,我们麻醉医师也确实应该从这个案例里吸取经验教训。遗憾的是,尽管类似本案例这样的悲剧在国内屡有发生,但当前还是有一些所谓的麻醉高手,不仅不注重硬膜外麻醉辅助用药的风险评估,还对自己的有限经验津津乐道,号称凭借其过硬的硬膜外阻滞技术,再加上各种全麻辅助用药的灵活应用,至今都没有出现过达不到手术要求或严重后果的情况。这种炫技做法其实挺无知的,他可能不知道当前麻醉的满意度和安全性已高到了什么程度了。欧美发达国家和国内的一些大型医院,麻醉病死率已降到了二十万分之一的水平。二十万分之一是一个什么概念呢?如果按一位麻醉医师一辈子实施两万例麻醉量进行估算的话,那么整整 10 位麻醉医生在其毕生的麻醉生涯中才允许发生一起麻醉意外死亡事件。也是出于安全和风险考虑,包括硬膜外麻醉技术在内的许多区域阻滞麻醉方法已逐渐被全麻所代替,这里也包括既往为防止甲状腺术中喉返神经损伤、而要求采用保持清醒状态的颈丛神经阻滞麻醉技术,目前绝大多数的外科医生也乐于接受全麻下的甲状腺手术操作!大数据告诉我们,麻醉行业已告别既往的个人英雄主义旧时代,而进入了现代的标准化规范管理新时代。

3. 硬膜外麻醉的安全与质控思考

就当前的麻醉安全水平来看,一位麻醉医师在其毕生的麻醉生涯中,不出现一件严重的麻醉失误或麻醉死亡事件已成了基本要求。就本案例的当事麻醉医师来说,单凭这一例硬膜外麻醉意外,就基本可以将其归为麻醉职业不合格或不称职的范畴。因此,从某种角度来看,麻醉事业应该说是一场超级马拉松运动,而绝不是一项短距离竞技项目。谁能在自己的职业生涯中,稳健安全地完成所有的临床麻醉工作,也成了评判其是否是一名合格麻醉医生的关键考量指标。麻醉医师只有认真做好每一例麻醉工作,时刻进行风险评估并采用安全麻醉措施,才是保持其终身"金刚不坏之身"的有力保证。

麻醉事业是一项超级马拉松运动

而对麻醉科室而言,只有加强标准化的麻醉规范管理和质量控制,才能避免人为的失误和意外发生。还记得 10 年前,发生在福建三明市某医院的麻醉死亡事件吗?2008 年 9 月 3 日、9 月 18 日、9 月 24 日、10 月 10 日,福建三明市某医院(三乙医院)连续发生了 3 起患者在手术中和 1 起患者手术后死亡事件,事后的调查均确认与麻醉有关,一时震惊世界。与本案例十分相似的是,其中一名 26 岁年轻患者冯某,也是在连续硬膜外麻醉下行阑尾切除术,手术过程中出现了呼吸、心搏骤停,经抢救 23 天无效死亡。而另一名 44 岁女性患者章某,则是在实施子宫肌瘤术后,当日在病房出现呼吸停止,随后心搏骤停,经抢救 8 天无效死亡。由此也说明硬膜外麻醉绝不是一项安全性很高的麻醉技术,也必须对其进行标准化的规范管理。但目前的硬膜外麻醉管理至少还存在 3 个难点或困惑之处:

(1) 硬膜外阻滞平面至今还是采用主观性很强的手工痛温觉测定,很难获得快速简便的、较连贯或动态的、客观性强的观察指标。硬膜外麻醉期间有过辅助用药的患者,其硬膜外阻滞平面的测定将变得更加困难和费时,并且准确度也受影响。这些情况都不利于制定精确的、便于临床实施的管理规范或质控标准。

(2) 硬膜外麻醉患者的复苏标准问题。硬膜外麻醉通常被看作是半身麻醉,因而对于其是否需要术后复苏,尚有不少人对此持否定或怀疑态度。但实际上硬膜外麻醉患者术后出现严重呼吸循环并发症的情况并不少见,特别是术中有过辅助用药的患者,呼吸抑制或呼吸道梗阻的发生更为多见。那么对于使用过辅助用药的患者,是否应该以全麻患者的标准来进行复苏和监测,但这样做是否存在过度医疗问题或会不会增加早已不堪重负的复苏室工作量?实际上,由于临床上可用的辅助用药种类和范围太广,因而对具体复苏标准的制订也带来了困难。目前制定的"超过最后一次麻醉用药 1 小时;若用过镇痛药者应待药物作用高峰期过后再转回原病房"标准仍显得过于笼统和模糊。

(3) 硬膜外麻醉的术后镇痛问题。通过硬膜外给药实施的术后镇痛,也会给实际的管理带来很多棘手问题。如目前很多麻醉医师仍在采用的小剂量吗啡(0.5～2 mg)硬膜外单次给药进行术后镇痛,其有可能出现的延迟性呼吸抑制并发症,虽然发生率仅千分之一左右,但对于当前的麻醉安全标准来看,这个风险还是显得太高,并且临床上也缺乏有效的防范措施。

以上这些硬膜外麻醉管理问题都值得我们进行思考和商榷。

(吴友华　陈骏萍)

# 麻醉复苏疑点多　肌松残余植物人

只有当患者安全睁开双眼，并把他们平安送出手术室，麻醉医生们心里的石头才能落地，才会摘下帽子、口罩露出一张张轻松、喜悦的笑脸！但实际上，这只是麻醉主要环节的完成，整体的麻醉工作并未结束，后续包括术后复苏、术后镇痛、术后随访也是麻醉工作流程中不可或缺的收尾部分。

如果说一台手术是外科医生和麻醉医生联合作战的主战场，那么手术结束后，大多数患者仍因处在麻醉用药、手术创伤及自身疾病等的剧烈变化和恢复过程中，还需要进行术后复苏和平稳转送。于是，术后麻醉复苏就成了麻醉医生单打独斗的另一个小战场。虽然没有手术室里主战场的恢宏场面和血雨腥风，但术后复苏的小战场仍是暗流涌动，一不小心就可能功败垂成。以下就是一例发生在麻醉后复苏过程中的巨额索赔案例。

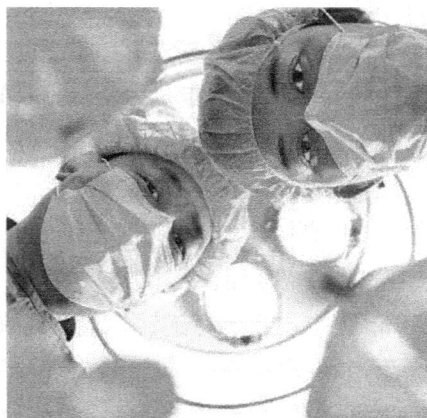

**麻醉医生时刻守护着苏醒患者**

## 一、基本案情

陈某，女，因"婚后5年不孕"而于2005年12月16日到广州市某某医院治疗。经检查，陈某患有小型子宫肌瘤和左卵巢小囊肿，除此之外其余各项检查无异常。入院诊断为：原发不孕，子宫肌瘤。2005年12目20日，广州市某某医院为陈某实施宫腔镜检查术、腹腔镜下盆腔粘连松解术、子宫内膜异位灶电灼术、诊刮术的综合手术。手术于 11:45 开始,至 12:30 结束,用时 45 min,手术顺利。病历的《麻醉记录》记载陈某在术中是以麻醉药"丙泊酚"进行全身维持麻醉。陈某在手术结束拔除气管插管后恢复自主呼吸,并能睁眼,但随后出现呼吸抑制。护士在中午 13:05 报告发现陈某发绀。《麻醉小结并抢救记录》写明:"……予吸痰拔管后 12:45 患者呼吸平稳,神志清醒,观察 10 min 后过床继续观察,13:05 护士报告患者发绀……"。《麻醉记录》记载:"常规诱导麻醉,术中血压脉搏正常,术毕呼吸恢复正常,患者呼之能睁眼,咽喉反射强烈,吸痰后拔管,BP 125/65 mmHg,P 92 次/min,观察 10 min,$SpO_2$ 98%(吸空气),过床,后患者出现呼吸抑制,紧急插管抢救,心跳、呼吸恢复正常。予纠酸、脱水、头部冰敷等处理,并急请神经内科会诊治疗,患者于 18:30 送入外科重症监护病房(SICU)。"陈某经抢救后虽然心跳、呼吸恢复正常,但意识未能恢复,至今昏迷不醒,属于"缺血缺氧脑病,持续植物人状态"。

陈某家属事后自行委托广东天正司法鉴定中心和西南政法大学司法鉴定中心两家鉴定机构,对陈某做伤残鉴定和医疗行为的因果关系鉴定,并为此支付鉴定费 11 500 元。

广东天正司法鉴定中心于 2006 年 12 月 8 日评定陈某目前的昏迷状态构成一级伤残,并于 2007 年 4 月 9 日出具**司法鉴定书**[粤天正司鉴中心(2007)法临鉴字第 005 号],分析认为:

(1)医院对陈某所实施的手段并非特殊、疑难手术。麻醉前病情评估未示异常,ASA 评级Ⅰ级,心功能评级Ⅰ级。可以排除患者术前有严重心、脑、肺疾病。

(2)患者目前的"植物人"状态,是由中枢神经系统缺氧时间较长(一般 6~8 min 就会出现不可逆转的缺血缺氧性损害)所致。手术结束麻醉药物的作用并未终止,如果拔管偏早,拔管后出现"呼吸抑制",血压下降,导致血中氧合血红蛋白浓度骤降,影响循环功能。过床时体位改变,血流动力学发生变化,也会加重呼吸、循环的变化。

(3)本病例术程顺利,术后有拔管指征,拔管 10 min 后,即出现呼吸抑制、心率减慢,在三甲医院手术室,如发现及时、抢救得力,引起脑严重的、不可逆转的缺血缺氧性损害的可能性很小。

(4)查阅现有病历,对患者出现呼吸异常的时间及抢救情况没有记载。

综上所述,陈某目前的"植物人"状态,与麻醉拔管后出现的"呼吸抑制"有关。广州市某某医院在对患者术后拔管的观察、抢救等环节中,未尽到充分注意义务,抢救措施不得力,其诊疗行为与陈某目前的"植物人"状态间存在一定的因果关系。

鉴定结论为：广州市某某医院对陈某施行手术后的诊疗行为与陈某目前"植物人"状态间存在一定的因果关系。

西南政法大学司法鉴定中心在 2006 年 7 月 20 日作出**司法鉴定咨询意见书**[司法鉴字第 20060973 号]，分析说明：

### （一）医疗事实

（1）据麻醉记录的"麻醉期间纪要"纪录；术毕呼吸恢复正常，患者呼之能睁眼、咽喉反射强烈，吸痰后拔管，BP 125/65 mmHg，观察 10 min，$SpO_2$ 98%（吸空气），过床，后患者出现呼吸抑制，紧急插管抢救，心跳、呼吸恢复正常。予纠酸、脱水、头部冰敷等处理，并急请神经内科会诊治疗，患者于 6:30/PM 送入"SICU"。据麻醉记录，未见呼吸曲线，无心跳停止的依据。据此应认为本例在术后发生"呼吸抑制"，心率减慢。

（2）病重通知书中诊断栏的"（静脉麻醉）心跳、呼吸骤停"，不能在原始麻醉记录中表现出来。"（静脉麻醉）心跳、呼吸骤停"的事实是否成立不是本鉴定人认定的范畴，需法庭调查认定。

### （二）医方医疗行为评估

（1）根据提供的麻醉记录，不能明确判断患者呼吸异常的发现时间、抢救情况：①麻醉记录中未见呼吸曲线，呼吸抑制的发现时间和恢复正常时间无以认定；②抢救用药的使用时间无明确标示。

（2）据麻醉记录中的心率曲线，本例未发生心跳停止，使用肾上腺素的依据不足。

（3）是否及时发现呼吸抑制尚存疑。理由：①据记录，本例有拔管指征，但仍属拔管偏早，麻醉剂的残余药力应存在，应密切观察较长时间的呼吸、心率。本例患者发生呼吸抑制是在拔管、过床后，存在观察稍松懈的可能性。②据原始麻醉记录，本例所表现的只是呼吸抑制、心率减慢，在三甲医院手术室，如及时发现且无患者无严重心、脑、肺疾病条件下，脑复苏的概率应很大，出现植物人状况的可能性应很小。

### （三）因果关系分析

（1）根据提供的资料，本鉴定人认为可以明确认定患者目前的"植物人状态"与麻醉拔管后发生的"呼吸抑制"事件存在因果关系。

（2）因提供的病历资料不全，不能完全排除可导致严重脑损害的患者自身因素，如严重心、脑、肺疾病等。

（3）因不排除医疗方发现患者呼吸抑制时间不及时的事实，在排除可能导致严重脑损害的患者自身严重心、脑、肺疾病条件下，不排除医疗方的过错行为与患者陈某目前的"植物人状态"的因果关系。

### （四）咨询意见

（1）广州市某某医院在对患者陈某的医疗行为是否存在过错见分析说明之"医疗方医疗行为评估"部分。

（2）在排除患者自身严重心、脑、肺疾病条件下，不排除医疗方的过错行为与患者陈某目前的"植物人状态"之间的因果关系。

患者家属根据两份鉴定意见向广州市越秀区人民法院提起诉讼。

## 二、诉讼及司法判决

**1. 一审判决及主要依据**

审理期间，广州市越秀区人民法院应广州市某某医院申请，委托广州市医学会进行医疗事故鉴定，广州市医学会于 2008 年 5 月 12 日作出**医疗事故技术鉴定书**，分析意见为：

（1）医方根据患者陈某的主诉和病史以及入院前后的一系列临床检查，明确诊断为原发不孕和子宫肌瘤，拟行宫腔镜和妇科腹腔镜检查术。患者具备手术适应证，无手术禁忌证；医方术前履行风险告知，患方知情同意并签署手术同意书；根据手术记录，整个手术操作过程顺利，无脏器损伤和大出血，手术操作规范。

（2）医方选择气管内插管静脉全身麻醉，是该手术合适的麻醉方法，麻醉期间的用药和操作均按常规进行。当日 12:30 手术结束后，患者的自主呼吸逐渐恢复，医方按常规应用拮抗残余肌肉松弛药物，患者呼之能睁眼，脱离吸氧 5 min，$SpO_2$ 维持在 96%～98%，吸引气管导管内分泌物时咽喉反射强烈，于 12:45 拔除气管导管后呼之患者能睁眼能对答，生命体征稳定；拔管后继续观察 10 min（12:55）患者无异常，将其移过车床等待送回病房。鉴定专家组认为，医方拔除气管导管的指征明确，符合麻醉操作常规。13:05 患者出现发绀，即予面罩吸氧并辅助呼吸，随即行气管内插管机控呼吸，抢救过程中出现心搏骤停，立即行心肺脑复苏处理，未发现医方对患者心肺脑复苏的用药和操作违反临床指引和医疗常规。

（3）医方在麻醉期间和术后患者出现意外情况的抢救过程中的医疗行为基本符合诊疗常规，但患者仍然出现了不可逆的脑损害，表现为"缺血缺氧性脑病，有持续植物人状态"，鉴于当前医学科学的局限性，尚未能使患者的脑复苏并取得成功。

（4）鉴定专家组同时认为，医方在医疗过程中存在以下医疗缺陷：①过于强调既往在医疗常规下取得的成功经验，忽视了患者不可预测的个体差异特殊性。②对全身麻醉患者复苏后的生命体征（如脉搏、血氧饱和度、心电图和血压等指标）监测不够严密。③医疗文书书写欠规范。如当诊断患者心跳骤停后，麻醉记录单上无表达，也无患者呼吸状态变化的记录；抢救时行气管内插管术，但麻醉记录为"喉罩通气"。④当患者发生危急状态时，未实行及时告知患方的义务。

综上所述，未发现医方的医疗行为违反医疗卫生管理法律、行政法规和诊疗护理规范、常规；无医疗过失行为，存在医疗缺陷，患者全身麻醉后出现的明显呼吸抑制和心搏骤停是全身麻醉后的严重并发症，属麻醉意外；鉴于当前医学科学的局限性，患者脑复苏不成功与医方的医疗行为及上述医疗缺陷之间不存在因果关系。鉴定结论为本医案不构成医疗事故。

但越秀区人民**法院认为**，广州市某某医院为陈某实施手术治疗，术前检查未发现陈某有影响手术的严重疾病，手术过程也顺利，但陈某在术后出现呼吸抑制，最终造成呈"植物人"状态的严重后果。患方现要求广州市某某医院对陈某的损害后果承担赔偿责任，而医疗损害赔偿责任应以医疗行为与损害结果存在因果关系为前提条件，并应由医疗机构对其医疗行为与损害结果不存在因果关系负举证责任。关于广州市某某医院医疗行为与陈某的损害后果是否存在因果关系的问题，患方自行委托的两家司法鉴定机构认定两者存在因果关系，而广州市医学会则认为两者不存在因果关系。经查患方委托的两家司法鉴定机构经有关司法部门许可，具备法医临床鉴定资质，该两家鉴定机构与广州医学会出具的鉴定书属于具有同等法律效力的证据。在鉴定结论不同时，应参照最高人民法院《关于民事诉讼证据的若干规定》第七十三条规定，由法院结合案件情况，对三份鉴定书的证明力进行判断，并采信证明力较高的鉴定结论。综合分析三份鉴定书的内容，广东天正司法鉴定中心和西南政法大学司法鉴定中心的鉴定意见较为客观真实，理由如下：

（1）陈某在术后出现呼吸抑制是导致其昏迷不醒的主要原因。人体的呼吸系统是由中枢神经控制，呼吸抑制就是中枢神经在药物等因素的作用下不能控制呼吸系统，致使呼吸停止的状态。实施全身麻醉时，中枢神经在麻醉药的作用下失去对呼吸系统控制，人体不能自主呼吸，需要靠气管导管和机械通气维持呼吸。在术后复苏阶段，当停止注射麻醉药时，已注入机体麻醉药的药效并未立即消除，仍需经过一定时间的代谢过程才能从体内清除。因此，即使患者在术后苏醒而拔除气管插管并能自主呼吸，但中枢神经仍随时会受麻醉药的残余药效影响而再次出现不能控制呼吸的情况，引起呼吸抑制。故在术后复苏阶段应持续密切观察患者的呼吸等状况，直到麻醉药的残余药效完全消除为止。而一旦发生呼吸抑制，只要立即重新实施气管插管和人工通气并予以输氧，即可在短时间内使患者恢复呼吸，一般情况下患者是不会发生大脑缺氧而致呈植物人状态。

（2）根据医学常识，在没有其他严重疾病情况下，人体大脑缺氧在 5 min 左右并经及时抢救，大脑复苏的概率较大；缺氧时间越长，脑复苏的概率越小。而当大脑缺氧达到 10 min 时，即使积极抢救但大脑复苏的可能性也微乎其微。陈某不能苏醒是因呼吸抑制使大脑缺氧时间过长所致，因此，本案的焦点并不在于广州市某某医院对陈某出现呼吸抑制是否有过错，而是从陈某出现呼吸抑制到实施抢救恢复呼吸经过了多长时间。广州市某某医院有无尽到观察义务，是否及时发现陈某呼吸抑制并实施抢救，这才是本案争议之关键。即使陈某出现呼吸抑制确系医疗意外，广州市某某医院无法控制避免，但如因广州市某某医院观察不严密而未能及时发现陈某呼吸抑制，导致陈某大脑缺氧时间过长不能苏醒，则广州市某某医院对陈某的损害后果就存在疏忽大意的过失。在病历中，《麻醉小结并抢救记录》记载术后拔管时间为"12:45"，**但该时间的书写笔迹不符合一次性书写习惯，明显为后来补写**。即便按《手术记录》和《麻醉小结并抢救记录》记载内容来看，12:30 结束手术，12:45 拔管，观察 10 min 后即 12:55 过床，但却在 13:05 才发现陈某发绀并抢救，从过床到实施抢救也过了约 10 min 时间。广东天正司法鉴定中心认为陈某在过床时体位改变，血流动力学发生变化，会加重呼吸、循环的变化，符合医学常理。虽然陈某在术后有拔管指征，广州市某某医院的拔管行为并无明显过错，但广

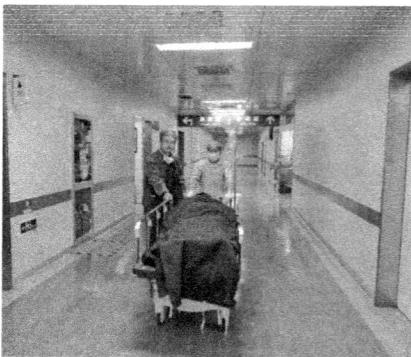
麻醉工作人员应护送术后苏醒患者回病房

东天正司法鉴定中心和西南政法大学司法鉴定中心的鉴定书均注明在病历中没有记录呼吸曲线和呼吸抑制的发现时间，而广州市某某医院在诉讼期间也没有提交这方面证据。在病历的《麻醉记录》上没有填写呼吸曲线，广州市某某医院并无证据证明在陈某术后过床至发绀的 10 min 内，有陈某持续呼吸状态的监测。陈某是何时出现呼吸抑制，从其出现呼吸抑制至抢救插管通气的时间多长，也并无证据证明。因此，广州市某某医院不能

排除陈某在过床时因体位改变及麻醉药残余药效的影响而发生呼吸抑制的可能性。

（3）广州市医学会医疗事故技术鉴定书的分析意见只是对广州市某某医院在术前的准备工作、术中的操作和术后复苏抢救措施等双方无异议的事实进行论述，并认定陈某呼吸抑制是麻醉意外，而患方并无否认呼吸抑制属麻醉意外的事实，该事实并非双方争议的焦点。双方争议的焦点是广州市某某医院有无观察松懈，是否有及时发现陈某呼吸抑制，但医疗事故鉴定意见没有对此争议进行论述，并无对患者陈某出现呼吸抑制的时间这个关键事实作出审查认定。同时分析意见第（4）项也说明广州市某某医院存在对陈某复苏后的生命体征监测不够严密，只写明生命体征仅包括脉搏、血氧饱和度、心电图和血压等指标，未注明是否包含呼吸状态。但结合《麻醉记录》中没有记录呼吸曲线的事实，也可证明不能排除广州市某某医院对陈某复苏后的呼吸状态监测不够严密、致使未能及时发现陈某呼吸抑制的事实。

根据以上分析意见，越秀区人民法院认为广东天正司法鉴定中心和西南政法大学司法鉴定中心的鉴定意见，比广州市医学会作出的医疗事故鉴定意见更符合医学常理，更具合理性，较为接近客观事实。该两家司法鉴定机构所出具鉴定书的证明力较大，予以采信，并因此认定广州市某某医院的医疗行为与陈某的损害后果存在一定的因果关系。但由于该两家司法鉴定机构的鉴定意见只说明发生呼吸抑制时，如及时发现并抢救，脑复苏可能性很大，出现植物人状态的可能性很小，而没有排除其他可导致严重后果的不确定因素。实际上，并非只要发现和抢救及时，陈某就必然能成功脑复苏。由于患者个体的差异，即使能及时发现抢救，也不一定能达到成功的脑复苏。考虑到医学领域尚有许多未知事实，如将陈某的损害后果完全归责于广州市某某医院的医疗行为也不符合公平原则。根据呼吸抑制的抢救概率，广州市某某医院应对陈某的损害后果承担主要责任，按70％的比例承担赔偿责任较为适当。

据此，越秀区人民法院于2008年12月30日**作出判决**〔(2007)越法民一初字第1926号民事判决〕：广州市某某医院应按70％比例退还并赔偿给患方医疗费、住院押金、自购药品费用、护理费、残疾赔偿金、精神损害抚慰金等，合计602 373.3元。本案受理费34 609元应由患方负担28 612元，广州市某某医院负担5 997元。在确定责任比例后，双方在今后应按承担民事责任的比例分担陈某的相关费用。

但医患双方均不服越秀区人民法院的判决，并分别向广州市中级人民法院提起上诉。

2. 二审判决及主要依据

患方上诉认为：一审法院认定医疗损害责任比例和赔偿项目错误。

（1）关于医疗损害责任和责任比例问题。一审法院查明，2005 年 12 月 20 日广州市某某医院对陈某的手术于"12:30 结束手术，12:45 拔管，观察 10 min 后即 12:55 过床，但却在 13:05 才发现陈某发绀并抢救，从过床到实施抢救也过了约 10 min 时间"。广州市某某医院因为疏于观察，导致患者陈某呼吸抑制时间过长（10 min）；因为陈某呼吸抑制时间过长才被抢救，所以导致其呈植物人状态。一审上述认定和查明的事实充分有力地论证了这一观点。正是基于该观点并结合患方不存在过错和不适宜手术的所谓"个体特征"，所以广州市某某医院应该承担本案的完全责任。一审对本案责任比例的认定依据不足：①一审已查明了本案的损害原因和损害事实以及损害的因果关系，即陈某一再强调的"疏于观察——呼吸抑制时间过长——抢救不及时——植物人状态"。②本案不存在"医学领域尚有许多未知事实"的因素。陈某所实施的是一种普通的、常规的妇科手术，并且麻醉和手术均符合规范。③"呼吸抑制的抢救概率"不适用于本案。广州市某某医院没有提出"呼吸抑制的抢救概率"之概念和观点，一审也没有论述该概念的来源和适用本案的依据。即便医学上有这么一个概念，它也不适用于本案，如果本案患者出现死亡的后果，再来谈论"呼吸抑制的抢救概率"也许有些微意义，但本案患者的结果是植物人状态，即陈某呼吸抑制已长达 10 min 才被抢救，这个时刻的抢救，就是神仙也无法让她恢复正常，即苏醒。换言之，对患者呼吸抑制 10 min 后的抢救，对其只有生命的意义，而对其植物人状态（损坏的大脑）已无计可施。④本案已知的事实证实广州市某某医院应承担完全责任。根据举证倒置原则和广州市某某医院属国家级三级甲等医疗机构的事实，广州市某某医院有义务也有学术能力举证本案可能存在的"疏于观察"之外的其他损害原因，但广州市某某医院未能做到，因为事实上本案不存在其他致损原因。疏于观察——呼吸时间过长——抢救不及时，这是一审已查明的导致患者植物人状态的充足原因。原因充足，结果必然。这是普通逻辑的原理。充足原因之外是否存在其他原因，并不影响结果的必然产生。广州市某某医院并无证据证明排他原因，一审却以"医学领域尚有许多未知事实"开脱广州市某某医院的责任，于法无据，有违逻辑，显失公平。

（2）关于赔偿项目问题。①广州市某某医院应对陈某承担终身治疗、护理责任。理由是：广州市某某医院手术过程中疏于观察、抢救不及时是导致陈某植物人状态的已知的、充足的损害原因。陈某生命的延续和延续过程的生理、病理变化是不可预测的，该不可预测性的责任和经济负担也应由广州市某某医院承担。广州市某某医院是华南地区首屈一指的大医院,它最适合也有条件和能力承担延续陈某生命和护理陈某生命健康、体面延续过程的责任。陈某家人无经济能力和医学能力延续其生命;广东省内其他医院并不优于广州市某某医院的医学水平。所以,将陈某的终身医疗和护理托付给广州市某某医院是唯一合理的、人道的选择。②诉前已发生的医疗费用应由广州市某某医院完全承担。包括:门诊和住院医疗费、购买的自费药品费用、膳食费、护理费、购买轮椅和生活用品费用、残疾赔偿金、精神损害抚慰金、误工费、营养费、被抚养人(陈某母亲)抚养费等共计3 121 297.26元。综上所述,患方上诉请求判令广州市某某医院对陈某承担终身治疗、护理责任,并赔偿3 121 297.26元给患方。

广州市某某医院向广州市中级人民法院**提起上诉**认为:一审法院认定事实错误。

(1) 本案医疗事故技术鉴定书的法律效力高于广东天正司法鉴定中心出具的司法鉴定书和西南政法大学司法鉴定中心出具的司法鉴定咨询意见书的法律效力。①广东天正司法鉴定中心和西南政法大学司法鉴定中心具备的是法医临床鉴定资质。法医临床鉴定俗称活体鉴定,是指运用法医临床学的理论和技术,对涉及与法律有关的医学问题进行鉴定和评定,其主要内容包括:人身损伤程度鉴定,损伤与疾病关系评定,道路交通事故受伤人员伤残程度评定,职工工伤与职业病致残程度评定,劳动能力评定,活体年龄鉴定,性功能鉴定,诈病(伤)及造病(伤)鉴定,致伤物和致伤方式推断,等等。而患方委托广东天正司法鉴定中心和西南政法大学司法鉴定中心对本案广州市某某医院的医疗行为与陈某"植物人"状态间是否存在因果关系进行鉴定,其实质是委托上述两家鉴定机构对本案是否属于医疗事故进行鉴定。由此可见,广东天正司法鉴定中心和西南政法大学司法鉴定中心对"本案广州市某某医院的医疗行为与陈某'植物人'状态间是否存在因果关系"分别出具司法鉴定书和司法鉴定咨询意见是一种超越鉴定权限的做法。②医疗事故技术鉴定书是由广州市医学会接受一审法院的委托,严格依据法律程序而作出的。根据我国相关法律的规定,本案争议的焦点即广州市某某医院的医疗行为与陈某的损害后果是否存在因果关系属于医疗事故技术鉴定范畴,而此类技术鉴定应当交由医学会组织负责。

(2) 医疗事故技术鉴定书的可信度和证明效力远远高于司法鉴定书和司法鉴定咨询意见书的可信度和证明效力。①司法鉴定咨询意见书没有可信度和证明效力。该司法鉴定咨询意见是由咨询意见说明人出具的一份咨询意见书,而不是由鉴定人签署鉴定意见的司法鉴定书。该咨询意见书由患方单方委托,咨询意见说明人出具咨询意见时仅依据患方单方提供的资料，而没有对本案涉及的诊疗全过程进行调查分析。该咨询意见书没有证明咨询意见说明人和复核咨询意见说明人所属专科，而能对本案争论焦点进行鉴定的专家必须是麻醉科或神经内科或妇科专家。患方也没有其他证据证明此份咨询意见书说明人和复核咨询意见说明人为上述专科专家，所以说本案没有证据证明此份咨询意见书的出具人具备鉴定患方委托事项的能力。②司法鉴定书没有可信度和证明效力：a. 司法鉴定书是由患方单方委托的，鉴定人依据的是委托方提供的资料，鉴定人没有对本案情况进行全面了解，没有对广州市某某医院和陈某双方进行调查，所以，该份鉴定书的鉴定结论是不可能科学、公正的。b. 患方在本案中同样没有证据证明鉴定人是具有麻醉科或神经内科或妇科专业技术的人员。也就是说，本案中患方没有证据证明鉴定人具备对本案的鉴定能力。③医疗事故技术鉴定书可信程度高、证明效力大：a. 广州市医学会出具的医疗事故技术鉴定书是根据一审法院的委托而进行的。b. 广州市医学会由广州市某某医院与患方及医学会各一人共同随机抽取麻醉科、神经内科、妇科三科专家共9人组成专家组。专家组严格依据法定程序，充分调查了解本医案情况。在此基础上，专家组实行合议制，一致通过医疗事故技术鉴定书。c. 医疗事故技术鉴定书的鉴定意见客观、科学。

（3）一审法院认定广州市某某医院的医疗行为与陈某的损害后果存在一定的关系是错误的，是没有事实和证据支持的。①医疗事故技术鉴定书明确认定广州市某某医院的医疗行为与陈某的损害后果之间不存在因果关系，本医案不构成医疗事故。一审法院认为广州市医学会的医疗事故鉴定意见没有对本案争议焦点即广州市某某医院有无观察松懈，是否有及时发现陈某呼吸抑制进行论述，这是片面的、错误的。医疗事故技术鉴定书在第二点争议要点中也已明确说明了医患双方的争议要点是广州市某某医院有无观察松懈，是否未能及时发现陈某呼吸抑制而错失了抢救时机，最终导致患者呈植物人状态。鉴定书针对双方的争议要点做出了科学公正的分析意见，并作出本医案未构成医疗事故的结论。②一审法院认定广州市某某医院的医疗行为与陈某的损害后果存在一定的因果关系没有证据支持。患方提供的司法鉴定书和司法鉴定咨询意见书从法律效力、可信度和证明效力上都远远低于医疗事故技术鉴定书。而且，司法鉴定咨询意见书中也明确记载"少数患者即便不存在医疗方过错因素，亦有可能存在难以预料的不良后果。'出现植物人状态的可能性应极小'，但仍存在可能性。"③本案客观上，一审法院已先入为主地认定陈某出现植物人状态只能是因为广州市某某医院未能及时发现陈某发生呼吸抑制并予以抢救。在作出此认定的基础上，一审法院忽视其他可能导致严重后果的不确定因素,不予采用广州市医学会的医疗事故鉴定意见,认为广东天正司法鉴定中心和西南政法大学司法鉴定中心的鉴定意见较客观真实。综上所述,广州市某某医院据此上诉请求:①撤销(2007)越法民一初字第 1926 号民事判决;②驳回患方的全部诉讼请求;③由患方承担本案的全部诉讼费用。

双方当事人对一审法院认定的事实均无异议,争议的焦点有二:①广州市某某医院的医疗行为与陈某的"植物人"状态这一损害后果之间是否存在因果关系及因果关系的大小;②患方是否可获得赔偿及赔偿的项目和金额。

广州市中级人民法院审理后认为,本案患方为证明广州市某某医院在对陈某实施医疗行为过程中存在过错,提交了由西南政法大学司法鉴定中心出具的司法鉴字第 20060973 号《司法鉴定咨询意见书》及广东天正司法鉴定中心出具的粤天正司鉴中心[2007]法临鉴字第 005 号《司法鉴定书》。经审查,上述《司法鉴定咨询意见书》及《司法鉴定书》,均是鉴定机构根据委托方提供的资料来进行鉴定的,未能反映和说明鉴定材料的具体内容,并且《司法鉴定咨询意见书》的咨询意见并非明确的鉴定结论,故本院根据最高人民法院《关于民事诉讼证据的若干规定》第二十九条的规定对上述《司法鉴定咨询意见书》及《司法鉴定书》予以审查,认为其鉴定依据不充分,不能作为本案的定案依据。原审越秀区人民法院未依法对上述《司法鉴定咨询意见书》及《司法鉴定书》进行全面审查,仅以相关司法鉴定机构具备法医临床鉴定资质为由予以采信,不符合法律规定,应予纠正。

广州市医学会是医疗事故鉴定的专门机构,在本案诉讼过程中,原审越秀区人民法院委托广州市医学会进行了医疗事故技术鉴定。经审查,该次医疗事故技术鉴定是在经本案当事人质证鉴定材料、随机抽取专家鉴定组成员、通知专家和医患双方召开鉴定会的基础上进行的,鉴定人员具备鉴定资质,鉴定程序合法,鉴定材料(依据)充分,故广州市中级人民法院对广州市医学会作出的医疗事故技术鉴定结论予以采信。广州市某某医院认为本案应采信医疗事故技术鉴定书的上诉理由成立,法院予以支持。

虽然医疗事故技术鉴定书作出广州市某某医院的医疗行为不构成医疗事故的结论,但是否构成医疗损害并不以是否构成医疗事故为必要条件,本案只要广州市某某医院的医疗行为存在不足、不当或过失,并且该不足、不当或过失与医疗损害结果之间存在因果关系,符合民事侵权的构成要件,广州市某某医院就应承担相应的民事责任。虽然医疗事故技术鉴定书认为广州市某某医院的医疗行为与陈某的脑复苏不成功之间不存在因果关系,但该鉴定书也指出广州市某某医院存在"过于强调既往在医疗常规下取得的成功经验,忽视了患者不可预测的个体差异特殊性"

"对全身麻醉患者复苏后的生命体征(如脉搏、血氧饱和度、心电图和血压等指标)监测不够严密"等不足。广州市某某医院作为具备医学专业知识和救治能力的医疗机构在对患者进行全身麻醉后,负有高度谨慎义务,理应通过严密监测患者生命体征等必要手段,及时发现和处理任何意外情况。但本案在陈某麻醉复苏过程中,广州市某某医院未尽严密监测陈某生命体征的高度谨慎义务,因而未及时发现和处理陈某因麻醉意外而出现的呼吸抑制、心搏骤停等异常状况,故广州市某某医院的医疗行为存在过错,并且该医疗过错行为与陈某呈"植物人"状态之间存在法律上的相当因果关系。广州市某某医院认为其医疗行为与陈某的损害后果之间不存在因果关系的上诉理由不成立,法院不予支持。而陈某自身体质的差异和特殊性,是其在拔管后又出现呼吸抑制和心搏骤停等麻醉意外的直接原因,这与其最终呈"植物人"状态之间亦有一定的因果关系。结合本案的实际情况,原审法院判令广州市某某医院对陈某的损害后果承担70%的主要责任,由患方自行承担30%的次要责任,有事实和法律依据,并无不当。

广州市中级人民法院据此判决[(2009)穗中法民一终字第2025号]如下:驳回上诉,维持原判。

## 三、司法判决的医学思考

说实在,本案的司法判决书可谓十分详尽,尤其是对医患双方争议的焦点,即医方的医疗行为与患者陈某的"植物人"状态这一损害后果之间是否存在因果关系及因果关系的大小,进行了十分精彩的辩驳和阐述。从纯粹的医学角度来分析,法院的判决或多或少还是存在诸多不合逻辑之处,但最终界定的责任分担还是比较公平合理,没有让医方承担完全责任,不过麻醉业界应该从该案例中充分吸取经验教训。

### 1. 麻醉复苏之暗流涌动

手术结束后,外科医生可以活动一下筋骨暂时休息一下,患者家属也可以放下忐忑不安的心情。而此时的麻醉医生却显得更为忙碌,他要负责患者的苏醒和转运工作,关注患者的自主呼吸恢复了没有? 咽喉吞咽反射恢复了没有? 呼之是否能睁眼了? 是否能自己持续抬头了? 口咽部分泌物吸干净了没有? 这个阶段就是麻醉的复苏期,麻醉医生需要不断地评估和处理,直到确认患者被安全地从麻醉状态带回正常生理状态。有人通俗地把做麻醉比喻成开飞机,麻醉的诱导阶段就像是飞机起飞,麻醉的维持阶段就像是在空中飞行,麻醉的复苏阶段就像是飞机降落。一般情况下，麻醉过程中风险最大的阶段就是诱导和复苏阶段，就像飞机起飞和降落一样。中间时段如果没有手术意外等情况，相对来说还比较安全。

绝大多数麻醉手术后患者均能平稳安全地苏醒恢复，那是经过了经验丰富的麻醉医生努力的结果。因为手术的结束并不意味着麻醉作用的消失和主要生理功能的完全复原，再加上手术期间已发生的循环、呼吸、代谢等功能的紊乱未能彻底纠正，麻醉后仍有发生各种并发症的危险。多数患者术后会出现程度不等的苏醒不全、无力、烦躁、疼痛等情况，并易于发生体温降低、血压升高/降低、呼吸道阻塞、呼吸抑制、低氧血症及恶心呕吐等并发症，这些都可对患者的安全、手术效果等产生不良影响，威胁患者的生命安全。因而，麻醉复苏期的重要性也自然是毋庸置疑了，麻醉复苏室即专门因此而设。据统计，术后 24 小时内死亡病例中，一半是可以避免的，其中三分之一只需加强术后管理即可改观。但即便如此，仍有少数患者就在麻醉恢复期出现严重的问题。

本案例患者比较明确的事实是，患者在麻醉恢复期出现了严重的呼吸问题。大样本统计显示，呼吸问题约占术后麻醉苏醒恢复期并发症的 30%～40%，其原因众多。本案例控辩双方在诉讼过程中对医方在患者术后出现呼吸抑制时的救治缺陷问题进行了激烈的辩驳，但对造成这一并发症的具体原因未做过多论述。可能是基于专业理论知识和客观证据的限制，最后法院将其归为不可预测的个体差异特殊性和医学领域的未知事实。患方认为这是在开脱广州市某某医院的责任，于法无据，有违逻辑，显失公平，其说法也不无道理。因为对于术前 ASA I 级、术中顺利无异常、抢救复苏后成持续植物人状态的本患者来说，基本可以排除可导致严重脑损害的患者自身因素，如严重心、脑、肺疾病等问题，至于不可预测的个体差异特殊性和医学领域的未知事实的说法更是没有依据。本案例患者的呼吸问题很大可能性是麻醉药物残余的作用所致，其中最有可能是静脉麻醉药丙泊酚和肌松药的残余效果。但由于手术时间很短，从 11:45 开始，至 12:30 结束，仅用时 45 min，因此丙泊酚的蓄积和残余影响造成呼吸抑制的可能性很小。反而是肌松药的残余作用可能性很大，手术结束时麻醉医生使用了肌松拮抗剂新斯的明，也从侧面说明此时肌松药仍在发挥效力，也就是专业上所谓肌松药的残余肌松作用。麻醉医生通常会在术中密切观察手术进程、预估手术结束时间，以此按经验给予肌松药并为手术提供良好肌松和制动效果，手术结束前则尽早停止给予肌松药。多数时候麻醉医生可以较好地控制节奏，手术结束时肌松药基本已在体内代谢和排泄，血药浓度降到了很低的程度，患者可有效恢复自主呼吸。但也有时候因手术时间短暂或手术进程与预期出入较大，导致手术结束时肌松药的代谢并不完全，仍有较高的血药浓度在发挥残余作用。临床上麻醉后肌松残留现象并不少见,本例患者在短短 45 min 时间内就完成了包括宫腔镜检查术、腹腔镜下盆腔粘连松解术、子宫内膜异位灶电灼术、诊刮术的综合手术,可能导致麻醉诱导时所用的非去极化肌松药物在手术结束后仍在发挥效力,这并不奇怪,麻醉医生应用肌松拮抗剂也符合常规。但很明显,既然判断存在肌松残余效应,也进行了肌松拮抗,那么本案医方对残余肌松可引起术后呼吸功能损害的防范明显存在不足,而这更不能用不可预测的个体差异特殊性和医学领域的未知事实来敷衍和搪塞。因为残余肌松引起术后呼吸功能损害和增加术后肺部并发症的发生率,是复苏期间发生并发症和意外的主要原因之一。法国一份调查显示,术中应用维库溴铵的患者进入术后恢复室,残余神经肌肉接头阻滞(RNMB)发生率为 42%,其危险性在于有些患者拔管后仍会出现呼吸困难、吞咽困难等肌张力不全的问题,甚至有的会出现缺氧躁动等反应,如果这个时候麻醉医生不在患者床旁,极易引发恶性事件。Tiret 等调查并分析了法国 20 万例全麻患者,因麻醉原因致死的 65 例患者中,近半数是肌松药残余作用所致。

针对残余肌松作用的问题,麻醉医生为了促使患者尽快苏醒,通常会使用肌松拮抗剂新斯的明加以拮抗。但从严格意义上来讲,新斯的明不能被说成是肌松药拮抗剂,因为新斯的明并不能直接与肌肉松弛药竞争乙酰胆碱受体,它只是胆碱酯酶抑制剂,只能通过抑制胆碱酯酶活性,降低乙酰胆碱的分解,从而增加神经肌肉接头的乙酰胆碱含量。所以,临床上新斯的明的应用时机和拮抗效果都值得注意。通常要在术后患者有自主呼吸、肌松药代谢基本完全的时候才能应用新斯的明。一般新斯的明在给药后的 10 min 作用发挥完全,而后作用开始减退(新斯的明的清除半衰期为 47~60 min)。本案患者应用新斯的明拮抗后,于手术结束 15 min 后具备了包括睁眼、伸舌、抬头等传统的拔管指征,并顺利拔除了气管导管,观察 10 min 也未发现异常,这个过程也很符合新斯的明的药效特点。但随后可能出现新斯的明的药效减退,而肌松残余作用仍在持续,就可能会在拔管后再次出现呼吸抑制现象。但因肌松药的作用时效个体差异确实较大,所以最好进行肌松监测。如果有肌松监测的条件,可待监测指标如四个成串刺激(TOF)恢复至 95% 以上再送离手术室;如果肌松监测指标没有达到,那只能多等一些时间(如观察 30 min)送离才是安全的。本案患者过床后不久就出现了呼吸抑制和缺氧,并引起呼吸心跳停止,可能就是这个原因。更何况,临床上即使是术后患者能够抬头 5s 以上并达到拔管指征,但这个时候的肌张力恢复往往也不足 80%,仍应到麻醉复苏室由接受过专业训练的麻醉医师、麻醉护士密切观察,以便早期发现和及时处理出现的各种并发症,特别是肌松残余作用和呼吸异常情况,以确保患者从麻醉状态平稳安全地苏醒恢复。在本案患者的处置上,医方确实存在缺陷,轻视了麻醉的残余作用,术后没有给予密切的观察,导致出现严重的呼吸并发症。在这一点来说,判医方承担70%的责任,其实并不为过,医方也没有受到不公平的对待和冤屈。

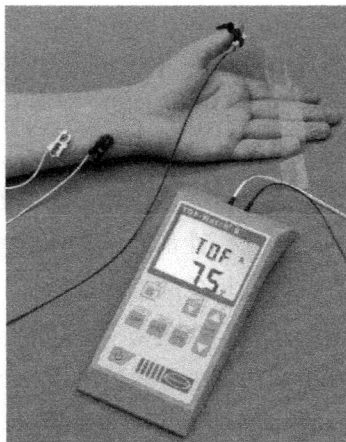

肌松监测指标4个成串刺激(TOF)

2. 麻醉文书之责任重大

本案例医方被判承担70%的重责,主要是源于对患者术后出现的呼吸抑制并发症的救治不力及麻醉文书缺陷问题所致。关于救治不力的说法,其实在很大程度上只是基于已有的医疗文书记录所做出的推测,缺乏客观和确凿的事实依据。本案例三份鉴定书都明确指出医方对患者术后的生命体征变化关注不够,记录不详细,并由此得出医方救治不力的判断。如根据麻醉记录,术后未见呼吸曲线,呼吸抑制的发现时间和恢复正常时间无以认定;病重通知书之诊断栏"(静脉麻醉)心搏、呼吸骤停",麻醉记录单上无表达,无心搏停止的依据,据麻醉记录中的心率曲线,本例未发生心搏停止;抢救用药的使用时间无明确标示,使用肾上腺素的依据不足;抢救时行气管内插管术,但麻醉记录却为"喉罩通气"。原始麻醉记录反映出的只是呼吸抑制、心率减慢,而在三甲医院麻醉科,如及时发现术后呼吸抑制且患者无严重心、脑、肺疾病条件下,脑复苏的概率应很大,出现植物人状况的可能性应很小。由此判断,医方对全身麻醉患者术后的拔管偏早,此时麻醉剂的残余药力应存在,对患者复苏期间的生命体征(如脉搏、血氧饱和度、心电图和血压等指标)监测不够严密,对拔管、过床后发生的呼吸抑制存在观察松懈和抢救不力的可能。可见,医疗事故技术鉴定都是在已有的医疗文书及影像资料基础上做出的(当然也包括尸检结果,但不少案例都没有进行尸检),医疗文书的好与坏对最后的鉴定或裁决结果有着十分重要的影响作用。平心而论,本案例中医方对患者术后发生的呼吸抑制并发症确实存在观察松懈的问题,医疗文书中也有明确的记录,直到出现发绀症状了才实施救治。但抢救不力的观点则完全是从错误和矛盾百出的麻醉记录中推测出来的,而并没有直接和确凿的证据。医方也一直辩解称医务人员在当天的13:05发现患者出现发绀后,即予面罩吸氧并辅助呼吸,随即行气管内插管机控呼吸,抢救过程中患者出现了心搏骤停,医方也立即实施了心肺脑复苏,整个救治过程应该是比较及时到位的。说实在,医方的这种辩解大致符合临床实际救治场景。像本案例广州某某医院这样的顶级医疗单位,诊疗过程中出现观察松懈或疏漏是可以理解的,但一旦发现本案例这样的紧急气道问题,训练有素的医务人员都会神经高度紧张并实施快速救治措施。当然有可能因救治困难(如面罩通气困难等)或现场条件有限(如缺乏气管插管工具等),而导致最后的复苏效果不佳(如本案例的植物人状态)。但医方的辩解和这些可能性都因本案例麻醉文书的严重缺陷而不被认可,鉴定机构和法院最终只认同理想化的推测,即在三甲医院麻醉科,如及时发现术后呼吸抑制且患者无严重心、脑、肺疾病条件下,脑复苏的概率应很大,出现植物人状况的可能性应很小,并由此认为医方救治不力。可以说,本案例的严重医疗文书问题(主要是麻醉文书缺陷),使得医方对患者的诊疗过错(即术后呼吸抑制并发症的观察松懈问题)被进一步放大,医方也因此承担主要责任。

鉴于麻醉并发症或意外不可避免,其发生率也永远不会为零。而即便是最充分的术前告知或沟通,也并不能避免纠纷或法律诉讼的产生。因此,所有麻醉医师都应该清醒地认识到,在其职业生涯的某个时刻,都会难以避免地出现一些麻醉并发症或意外情况,并引发医疗纠纷或诉讼。当然,麻醉并发症或意外发生后,医务人员应采取积极的、针对性的诊疗措施和补救治疗,以最大限度地减轻对患者的伤害。但全面、准确的麻醉文书(严格地说,应该是指全部的医疗文书记录),对消除医疗纠纷和减小不利后果也是至关重要的。清晰而完整的麻醉记录能够提供令人信服的证据,表明麻醉医师及时发现了并发症,并进行了恰当的处理。值得注意的是,医疗纠纷发生后,患方有权要求马上封存或复印病历资料,因此医务人员须及时完成医疗文书的记录和整理。如果因为抢救危重患者,未能及时书写病历的,有关医务人员应当在抢救结束后 6 小时内据实补记,并加以注明。否则如病历资料等存在合法真实完整性问题,导致病情变化的主要事实不清,后续的医疗事故技术鉴定将对医方不利或鉴定无法进行。而根据卫健委文件规定(卫政法发[2005]28号):医疗机构违反《医疗事故处理条例》的有关规定,不如实提供相关材料或不配合相关调查,导致医疗事故技术鉴定不能进行的,应当承担医疗事故责任。遗憾的是,由于本案例的麻醉文书记录前后矛盾、错误百出,医方最终只能接受观察松懈、救治不力并担主责的裁决结果。

3. 麻醉环节之不可偏颇

每例麻醉的实施其实就是一个小的系统工程,包括术前评估和访视、术前准备、麻醉方式选择、麻醉诱导、术中监护、术后复苏和随访等环节,各个环节都很重要,不可偏颇。特别是对于其中的术后复苏环节,过去由于普遍被轻视或忽略而教训甚多,本案例就是发生在 10 年前的一个典型病例。

可喜的是,经过麻醉事业的快速发展,目前麻醉复苏期的重要性已被广泛认可,麻醉恢复(复苏)室(post-anesthesia care unit,PACU)即专门为此而设。PACU 具备人员、制度、设施及地理位置等各个方面的有利条件,有专职人员(麻醉医生和麻醉护士)及

**麻醉恢复室是现代化医院的重要标志之一**

严格的交接班、出室标准等规章制度,还配有专用的病床、监护仪、供氧、负压吸引、呼吸机、急救车、复苏等设备及各种急救药物,能早期发现和及时处理出现的各种并发症,确保患者手术后的顺利恢复。手术结束后患者在此经严密监护治疗进一步苏醒后,还必须经过严格的评估,符合规定的标准后方能送回普通病房,这无疑大大加强了患者的安全保障。

麻醉恢复室(PACU)的建立与完善,还可以缩短患者在手术间内的停留时间,加快连台手术的衔接和周转,提高手术间的利用率。目前大多数医院的麻醉科均设立了麻醉恢复室,PACU 的设置也已成为衡量现代化医院先进性的重要标志之一。

(裘伟琪　黄长顺)

# 第六回

# 禁食不足仍麻醉　亲戚医生惹麻烦

"小儿并非是成人的缩影",这是儿科学组麻醉医生常常挂在嘴边的一句口头禅。由于小儿解剖、生理和药理等的特殊性,并且每个年龄段都有其独特的生理特点,因而小儿和成人的麻醉有着很大的区别,成人的麻醉理念往往不适用于小儿,也不能简单地把用于成人的麻醉方法、药物剂量以及器械设备缩小后用于小儿,而需要根据小儿解剖生理、药效和药代动力学以及心理学特点实施小儿麻醉。小儿麻醉学也因此于 20 世纪五六十年代诞生,经过半个多世纪的发展,目前小儿麻醉学已形成一套较为完整的理论体系和操作规范,并成为麻醉学领域的一个重要分支和亚学科。

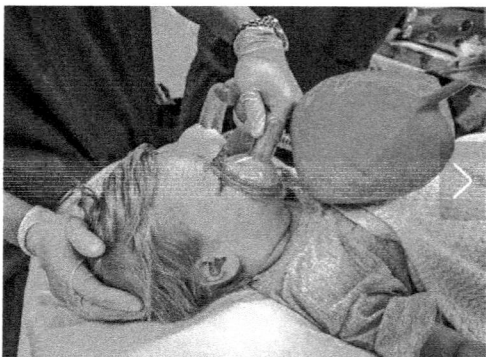

小儿麻醉并非是成人的缩影版

小儿麻醉的特殊之处,还在于小儿机体尚未成熟,器官功能不全,其对麻醉的耐受性差,故麻醉风险和病死率也高于成人,一般认为 10 岁以下患儿麻醉所致心搏骤停的发生率要比成人高 3 倍多。小儿急诊麻醉由于术前准备不足,其风险更高。急诊患儿可能因术前禁饮禁食时间不足,仍处于饱胃状态,这时候麻醉管理过程中防止呕吐误吸就成了最关键的一个环节。患儿在接受深度镇静或全身麻醉时,其保护性的呛咳及吞咽反射会减弱或消失,食管下括约肌的松弛使得胃内容物极易反流至口咽部,一旦误吸入呼吸道内,可引起呼吸道梗阻和吸入性肺炎,从而导致患儿通气换气功能障碍,救治很困难,病死率极高。有文献报道,成人麻醉相关反流误吸的发生率约为5/10 000,儿童是成人的2倍,而新生儿及婴儿麻醉相关反流误吸的发生率则更高,约为儿童的10倍。因此,在实施小儿麻醉时,须注意其气道的管理,否则极易造成严重的不良后果。以下就是一例因不注意小儿急诊麻醉的气道管理而导致反流误吸并死亡的医疗纠纷案例。

## 一、基本案情

2015年8月5日,患儿王某因左侧腹股沟斜疝入住榆林市某医院,入院诊断:左侧腹股沟斜疝。其他生命体征均良好,也无其他并存疾病。完善术前检查后,初步定于2015年8月7日早晨进行手术治疗。但2015年8月6日晚10:00多患儿王某腹股沟疝突然加重,入院病历显示:2015年8月6日,患儿今日晚10点出现腹胀、腹痛,左侧阴囊包块增大,经手法复位后仍无法将疝内容物还纳,考虑左斜疝嵌顿。晚上12:00左右,经请示上级主任医师后决定急诊行嵌顿左斜疝高位结扎术,再次向家属交代病情,家属签字同意后立即准备手术。2015年8月7日凌晨1:00左右,患儿王某准备在全身麻醉下行"左侧嵌顿腹股沟斜疝复位＋疝囊高位结扎术"。但入手术室不久,麻醉医生便通知患儿父母,王某麻醉后因呕吐误吸发生窒息,后经全力抢救后生命体征相对平稳。同时再次行左斜疝嵌顿手法复位,疝内容物完全还纳,外科王姓主任医师考虑可暂不行手术治疗,但与麻醉医生沟通后,麻醉医生表示可以手术,并告知患儿父母其孩子90%能够醒来,可以做手术,故患儿父母同意手术。手术医生与家人沟通后,家属仍坚决要求行手术治疗左侧腹股沟斜疝,并承诺发生任何意外与该外科科室无关。外科医生遂于2015年8月7日凌晨4:15开始常规碘伏(碘附)消毒手术皮肤,铺无菌巾、手术单。取左侧腹股沟斜切口,长约3 cm,依次切开皮肤、皮下组织,顺肌肉纤维走向剪开腹外斜肌腱膜,打开提睾肌,于左侧精索内侧找到疝囊,打开疝囊,见其内容物为腹腔积液。术中诊断:左侧腹股沟斜疝,决定行左侧腹股沟斜疝高位结扎术。手术于2015年8月7日4:30顺利结束,留手术室继续观察。

手术后一小时由手术室转回普通病房时患儿王某出现严重缺氧现象,刚到病房即出现嘴角抽搐并开始发热,而后手脚抽搐,患儿家属将情况告知护士及值班医生。2015年8月7日早晨7:00多,值班大夫采取了退热措施,再未进行其他治疗。早晨8点会诊并进行CT检查后王某被转入重症监护室。

死前抢救记录:患儿于2015年8月9日18:21开始心电监测提示逸搏心律,

134 次/min,呼吸 27 次/min,血压 102/52 mmHg,经皮血氧饱和度 99%,给予床旁心电图检查,急请儿科及心内一科值班医生会诊,在行心电图检查过程中,患儿心率持续下降,并出现呼吸骤停,立即给予呼吸机辅助呼吸,持续胸外按压,静脉推注利多卡因、盐酸肾上腺素及阿托品,静脉微量泵入盐酸多巴胺,积极抢救至 19:30,患儿自主呼吸未恢复,心电图提示心电静止,遂宣告患儿死亡。

最后诊断:①吸入性肺炎;②缺血缺氧性脑病;③弥漫性脑肿胀;④左腹股沟斜疝。

死亡原因:①吸入性肺炎;②缺血缺氧性脑病;③弥漫性脑肿胀。

2015 年 9 月 12 日,患儿家属委托陕西西安中恒法医司法鉴定所做出**司法鉴定意见书**[陕中恒法医司法鉴定所(2015)法医临检字 226 号],认为榆林市某医院对王某治疗存在过错。同时,患方缴纳鉴定费 6 000 元。

患儿家属认为,榆林市某医院在知道王某术前已进食情形下,急诊时未对王某采取洗胃等措施,致使其术中发生呕吐,呕吐物进入呼吸道导致窒息、缺氧,引起吸入性肺炎、缺血缺氧性脑病、弥漫性脑肿胀,最终死亡,并就该损害纠纷多次与医方协商调解未果,故诉至榆林市榆阳区人民法院。请求依法判令医方向患儿家属赔偿王某死亡赔偿金 487 320 元、丧葬费 24 426.5 元、精神损害抚慰金 50 000 元、医疗费 15 493.55 元、鉴定费 6 000 元,以上共计 583 240.05 元。

## 二、诉讼及司法判决

法院审理期间,医患双方争论的焦点在于对患儿术前禁食问题和司法鉴定结论两方面。

### 1. 患儿术前禁食问题

医方榆林市某医院辩称:患方诉请事实部分不实,诉状中陈述患儿父母术前曾告知医院主治大夫患儿王某刚进食不久,但麻醉医生与患儿父母是亲戚关系,在麻醉之前询问得知王某并没有进食,麻醉医生对王某的麻醉是基于对患儿父母的信任。医方病历有告知术前 6 小时禁食的规定,王某是 2015 年 8 月 7 日凌晨 1:00 麻醉,早晨 4:00 手术,王某禁食时间符合规定。

患方称,麻醉医生询问过是否进食,患儿父母告知当晚 10:00 左右食过米糊,但麻醉医生称米糊是半流食,不影响;手术同意书的签署不代表医方没有过错。

### 2. 司法鉴定结论

诉讼期间,医方对陕西西安中恒法医司法鉴定结论持有异议,认为该鉴定结论中未载明过错参与度。故法院于 2015 年 10 月 17 日经榆林市中级人民法院司法技术室委托陕西正义司法鉴定中心就被告的诊疗行为对王某死亡是否具有过错，及所占过错程度比例进行了重新鉴定。

2015 年 12 月 9 日,陕西正义司法鉴定中心作出陕正义司鉴[2015]临检字第 1096 号《**司法鉴定意见书**》,认定榆林市某医院医疗行为存在过错,其过错与患儿死亡之间存在因果关系,其治疗行为对造成死亡结果所占过错程度比例为 60%。

但患方对该鉴定结论提出异议,法院随后函请榆林市中级人民法院司法技术室对适用鉴定标准是否准确进行答复。2016 年 3 月 24 日,陕西正义司法鉴定中心经榆林市中级人民法院司法技术室函复榆林市榆阳区人民法院:综合患者病情症状及医疗机构医疗行为,榆林市某医院术前、麻醉前准备不够充分,造成患儿呕吐、反流、误吸以至于窒息、缺血性缺氧性脑病直至死亡。在这种情况下判定医疗行为对造成患儿的人身损害具有 60% 的参与度,鉴定书意见客观、公正。

3. **法院判决**

法院认为,行为人因过错侵害他人民事权益,应当承担赔偿责任。榆林市某医院的诊疗行为经鉴定具有过错,应当依照其过错程度对患儿家属的人身损害承担 60% 的赔偿责任,患儿家属的各项损失为:医疗费 15 493.55 元、死亡赔偿金 487 320 元、丧葬费 24 426.5 元、鉴定费 6 000 元、精神损害抚慰金 50 000 元(根据榆林市平均生活水平酌情认定),合计人民币 583 240.05 元。按 60% 的参与度计算,医方榆林市某医院应按其过错比例向患儿家属赔偿各项损失共计 349 944.03 元(583 240.05 元×60%)。

据此,榆林市榆阳区人民法院于 2016 年 6 月 28 日**作出判决**[(2015)榆民初字第 07752 号]如下:由医方榆林市某医院一次性赔偿患儿家属关于王某的死亡赔偿金、丧葬费、鉴定费、精神损害抚慰金等各项损失共计人民币 349 944.03 元。

案件受理费 9 630 元,由患儿家属负担 3 852 元,医方榆林市某医院负担 5 778 元。

## 三、司法判决的医学思考

### 1. 小儿麻醉的术前禁食和风险评估

术前禁食是小儿麻醉的重要组成部分,这主要是为了防止胃内容物在麻醉或手术过程中出现反流而引起窒息或吸入性肺炎,严重者可危及患儿生命。急诊手术时反流误吸的发生率更高,有报道儿科急诊手术与成人急诊手术误吸发生率分

| 食物种类 | 禁食时间(小时) |
|---|---|
| 清饮料 | 2 |
| 母乳 | 4 |
| 牛奶和配方奶 | 6 |
| 淀粉类固体食物 | 6 |
| 脂肪类固体食物 | 8 |

中国 2014 版小儿术前禁食指南(专家共识)

别是 1/373 和 1/4 544,新生儿及婴儿的误吸发生率约是儿童的 10 倍。因此患儿的术前禁饮、禁食非常必要,并应引起麻醉医师、相关专科医师以及患儿家属的高度重视,切忌因手术小、术程短而侥幸、贸然从事。本案例就是一个典型的不重视术前禁食而导致麻醉诱导时即出现误吸的医疗损害案例。作为患方亲戚的当事麻醉医生,应该不存在责任心不够的问题,术前也确实按常规询问过是否进食,但在患儿父母告知术前刚进食过米糊的情况下,却认为米糊是半流食、不影响手术麻醉。要么是该麻醉医生"艺高人胆大",要么是其"无知无畏"。患儿在夜间 10:00 多进食过米糊,到次日 1:00 实施麻醉,中间禁食时间都不够 3 h,麻醉医生却认为没有关系,最终出现的麻醉后反流误吸事实则证实其确实是属于"无知无畏"这一种。

禁食时间的限制是小儿麻醉最大特点之一。禁食是为了保持胃肠道空虚,预防麻醉中呕吐反流造成误吸。一般认为误吸的临界水平是胃残液量 0.4 ml/kg,pH<2.5,而常规禁食儿童的胃残液量为 0.25~0.57 ml/kg,pH:1.6~1.9,所以在允许的时间内,应尽量延长禁食时间。但由于小儿机体代谢旺盛,体液丢失快,过于苛刻禁食也会引起小儿哭闹焦躁,并易造成低血容量、低血糖、甚至代谢性酸中毒。为此,中国麻醉学界根据我国小儿发育的具体情况,相应地制定了关于小儿术前禁饮、禁食时间的指南,一般按照"禁清流质 2 h、母乳 4 h、牛奶配方奶和淀粉类固体食物 6 h、油炸脂肪及肉类食物大于 8 h(即 2-4-6-8 法则)"执行。需要指出这个指南是对没有胃排空延缓危险的健康小儿而言的,为安全起见,有排空延缓情况的仍强调术前 6~8 h 禁食水。由此可见,本案例的患者术前禁食时间明显不足,加上所患的嵌顿疝可导致肠道梗阻,极易导致患儿发生反流误吸。在此情况下实施手术麻醉风险很大,应充分评估实施紧急手术可能出现的反流误吸风险和权衡延迟手术可能导致的肠坏死风险。本案例患儿的嵌顿性腹股沟斜疝是指腹腔脏器进入疝囊后,由于外环狭窄,不能自行复位而停留在疝囊内,继而有发生血液循环障碍的风险,这是小儿腹股沟疝常见的并发症,如不能进行及时恰当的处理,往往造成绞窄性肠梗阻、肠坏死并引起严重后果。但小儿的血管弹性较好,嵌顿发展到肠坏死的进程较缓慢,不像成人嵌顿 4 h 左右即可发生绞窄坏死。所以本案例的患儿,麻醉医生是完全可以与外科医生或家属进行风险评估和商议,建议推迟手

术的实施。实在需要紧急实施手术的话,也应进行详细的风险告知和签字确认,并按饱胃患儿麻醉处理,切实做好气道的保护,如术前放置胃管、麻醉前给予 $H_2$ 受体阻滞剂(如雷咪替丁 1.5～2 mg/kg 或西咪替丁 7.5 mg/kg)、麻醉诱导时避免面罩加压给氧、采用环状软骨压迫封闭食道、行快速诱导下的气管插管等措施。本案例的麻醉医生不仅不重视小儿麻醉的术前禁食问题,还对潜在的反流误吸风险满不在乎,最后担责自然是难以避免。

2. 医疗纠纷中亲戚医生的尴尬处境

本案例的另一个比较特殊之处,就是当事麻醉医生是患儿的亲戚。在整个诊疗过程中,麻醉医生作为双重身份对具体的手术进程起了重要的推动作用:首先是在禁食时间不够的情况下,麻醉医生认为没有关系而贸然实施麻醉;其次是在出现反流误吸、经抢救后情况好转、疝内容物完全还纳时,外科医生建议暂不行手术治疗,但麻醉医生却执意表示可以手术,家属也由此坚决要求行手术治疗左侧腹股沟斜疝,并表示发生任何意外与外科无关。最后,在明知已发生了反流误吸的情况下,却仍在术后将患儿送回普通病房,而没有直接送入 ICU 治疗。这个无知无畏的麻醉医生,仗着自己是患儿亲戚和患儿家属对自己的信任,做出了一系列的错误决定,不断地违反医疗操作常规,并最终造成了患儿死亡的严重后果。

在日常临床医疗工作中,亲戚医生的角色也是不少见的。亲戚医生作为一个倡导者或者建议者应该是没有问题的,但直接充当一名诊治医生,还是存在不少争议。美国医师协会(AMA)指出:“医生不应该是直系亲属的主要或者常规医疗提供者,但是对于一些短期的小问题,可以提供日常治疗”。列举的理由包括可能缺乏专业客观性、探测敏感话题或者做太私密的检查时失败可能性较大,觉得有义务去给予一些他/她不具备资格接受的治疗。另外,还包括缺乏治疗的连续性、患者自主权以及知情同意。其他国家也有类似的政策,英国医学总会的良好医疗实践指出:“只要有可能,应该避免为和你有亲密个人关系的人提供医疗服务”。加拿大当局指出:“医生应该克制治疗本人和家庭成员”。

尽管有明确的政策反对,已有的证据却表明绝大多数医生确实会给家人治疗。一项针对美国社区医院共 465 名医生的调查表明,几乎所有医生都被家人寻求过医疗建议,超过 80% 进行了诊断而且开具了处方,15% 的医生曾在医院担任过家人的主治医生,9% 的医生对家庭成员做过手术。

其实,亲戚医生的主要问题在于:如果一旦治疗出现了问题,会使其陷于十分尴尬的处境。就本案例来说,外科医生的医疗处置没有问题,都是按医疗常规执行的,所有的问题和缺陷都落在这个亲戚医生(麻醉医生)身上了,也就是说麻醉医生应承担全部责任。在患儿死亡后,患儿父母自然无法接受这个惨痛的现实,亲戚之间撕破脸面自是难以避免。可以想象,医院与患方家属的赔偿商议中,该麻醉医生将是何等的尴尬。如采用客观中立的方式去对待,由自己来完全承担责任和赔偿,估计也没这个经济实力。而作为亲戚和全程参与者,不为亲戚(患方)说话或争取权益,可能会落得众叛亲离、遭人唾弃的结局。但如果不帮医院去搞定家属,则更可能会被领导记恨、同事奚落,因为他们会觉得你自己身为医院职工,也是其中的主要责任人,竟然不劝说家属,还任由家属来和医院闹纠纷,肯定会认为你是吃里爬外、人品有问题,这会让你在以后的工作中陷于孤立或被排斥。

相对而言,采用比较客观公正的中立态度,不偏袒任何一方,并勇于承担自己的责任可能是比较理智的处理方式。因为无论是院方还是患方,都会对亲戚医生在医疗纠纷的解决上寄予较高的期望。而作为亲戚医生,也非常有必要和双方做好及时、充分的交流和沟通,一定要尽可能多地表达自己的苦衷和为难之处,以求取得双方的更多理解,从而减少任何一方对你的过分期求。但总的来说,在国内尚无明确医务人员能否对亲属展开医疗活动的相关规定之前,亲戚医生更应严格遵守医疗法律常规和医院的规章制度,这样既是对自己所在医院负责,也是对自己亲属负责,更是对自己负责,以避免不必要的纠纷和麻烦。

3. 降低小儿麻醉临床风险的医学思考

随着麻醉技术和药物的不断进步,特别是更安全麻醉药物的应用、呼气末二氧化碳浓度监测等先进监护设备的使用以及小儿专科麻醉医师的培养等,小儿麻醉的安全性在不断提高,麻醉相关的病死率在逐年下降。发达国家小儿麻醉相关病死率已从 1961~2000 年的(0.2~2.9):10 000 下降到 2000~2011 年的(0.0~0.69):10 000。但因为与成人生理上的巨大差异,围术期小儿麻醉相关的病死率仍明显高于成人,临床上小儿麻醉不良事件更是难以避免。再加上随着小儿外科的迅速发展,开展的小儿手术越来越复杂,麻醉医生面临的挑战和压力也越大,如何有效降低小儿麻醉的临床风险也成了业界迫切需要解决的棘手问题。

更全面地识别小儿围术期的相关危险因素,提高麻醉安全意识,包括做好麻醉前准备、优化小儿麻醉方案、完善围术期患儿监护、规范儿科麻醉专科教育和培训、建立麻醉紧急事件报告制度等,都是进一步减少小儿麻醉风险、保障围术期安全的重要举措。因小儿与成人在解剖、生理、心理及药理方面存在着巨大的差别,年龄越小,差别越大。小儿年龄达 10~12 岁时,才逐渐接近成人。过去 10 多年以来对婴儿应激反应的研究也否定了以往认为婴儿不具有对疼痛和刺激产生反应的观点。相反,婴儿手术时对疼痛和刺激的内分泌反应要比成人强 3~5 倍,其伤害通路和存在于脑干的心血管及神经内分泌控制中枢之间的联系包括丘脑-垂体-肾上腺轴,甚至在早产儿阶段就已发育完好。所以在对小儿实施麻醉时应达到良好的抗伤害性刺激和镇痛程度,并把握不同年龄阶段、不同成熟程度的特点,采取相应措施,才能确保手术麻醉的安全。同时,因小儿对麻醉的代偿能力有限,麻醉期间必须严密观察,如能在出现异常反应的早期及

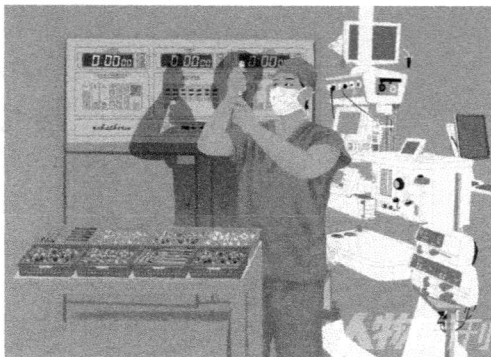

小儿麻醉之细节决定成败

时发现和处理,很多并发症是可以避免的。"细节决定成败"这句话用在小儿麻醉上是再贴切不过了,否则,一旦疏忽或没有及时处置,很容易在短时间内出现呼吸循环衰竭。年龄越小的小儿,这一过程发生越快,麻醉医师在此种情况下根本没有多少时间可以用来思考,而只能是依赖于平时积累的知识、经验和建立的条件反射,进行快速处置。但目前国内的大多数麻醉医师缺乏小儿麻醉的专门培训,累计从事小儿麻醉的例数不多,经验不足。特别是在基层医院,小儿麻醉仍多数依赖于氯胺酮,无论何种手术、手术时间多长,都是千篇一律地采用氯胺酮麻醉,从头管到尾。但目前来看这种缺乏呼吸道保护和有效呼吸支持的传统麻醉方法,其安全性并不高。一旦呼吸道并发症发生,再处理时将十分被动。因而在国内十分有必要加强和普及小儿麻醉的专科培训,以改变这些不安全的、陈旧的麻醉方式和理念。实际上,早在2011年,为进一步推动与发展中国小儿麻醉的亚专科建设,实现小儿麻醉专科医生培训的制度化与体系化,提高在职麻醉科医师的小儿麻醉水平和技能,降低小儿麻醉的相关并发症及病死率,中华医学会麻醉学分会小儿麻醉学组,已批准成立了"中华医学会麻醉学分会小儿麻醉培训基地",国内的小儿麻醉水平和安全性也随之在逐年提升。

（盛　诚　黄长顺）

# 腰硬联合齐给药　用量不分判超量

我国是个名副其实的椎管内麻醉大国。这种操作简便、效果确切、并发症较少、费用较低廉的麻醉方法，在国内的应用可谓是极其广泛，甚至一度到了泛滥的程度。至今仍有很多麻醉医生以其拥有精湛熟练的椎管内麻醉技术而自诩。但实际上，目前欧美国家对椎管内麻醉技术的实施大都持比较谨慎的态度，国内现阶段的椎管内麻醉技术应用比例也在不知不觉中渐渐萎缩。21世纪以来，国内绝大多数三甲医院的全麻比例大幅度上升，并明显超越了椎管内麻醉的比例。不单单是技术进步（如超短效全麻药物的推出和超声引导神经阻滞技术的普及），同时也迫于现实的无奈。恶劣的医疗环境迫使医院追求更安全的麻醉技术，如全身麻醉或者复合精确的神经阻滞技术。但尽管如此，椎管内麻醉在产科手术中的应用仍有其独特的优势，其地位至今无可撼动。

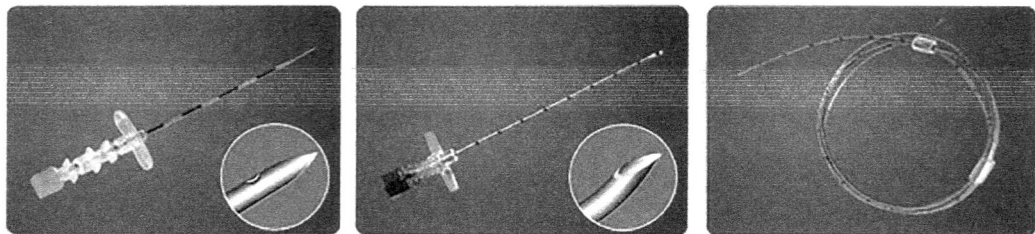

**腰硬联合麻醉穿刺针**

椎管内麻醉在产科手术的普遍应用，实际上还是让麻醉医生喜忧参半。操作是简便了，但接受椎管内麻醉的产后患者可能会出现复杂的神经功能缺陷，其原因错综复杂，可能包含有麻醉的因素，也可能由分娩本身原因诱发，但在实际工作中却很容易被全部归因于麻醉的缘故,特别是当麻醉环节存在这样或那样的缺陷时,麻醉医生更是很难洗脱罪责,有时候莫名其妙地就成了替罪羊。以下就是一例漠视椎管内麻醉的操作规范而导致索赔的案例。

## 一、基本案情

根据当事人的起诉、答辩、举证、质证、认证和辩论,一审法院对以下案件事实予以确认:

患者廖某于 2013 年 10 月 1 日因孕足月待产至吉林省白山市某某集团总医院住院治疗,入院查体 T 36.5℃,BP 110/70 mmHg,一般状态好,心肺听诊无异常,四肢活动自如,神经系统检查正常。10 月 2 日,患者在腰硬联合麻醉下行剖宫产手术分娩一男婴,术后患者未按时排尿,给予留置导尿,双下肢活动受限、麻木,会阴部及臀部痛觉减弱,同时伴有尿、便障碍,大小便时无感觉,不能控制。患者及家属向院方寻求病因,院方告知"等麻药过劲儿就好了",但患者上述症状逐渐加重。10 月 8 日出院时诊断为"巨大儿,右下肢活动受限待查",医嘱建议"转上级医院系统诊治"。患者于 2013 年 10 月 8 日转至吉林大学附属第一医院住院治疗,入院(剖宫产术后一周)检查示:右下肢肌力 3 级弱,左下肢肌力 4 级。入院一周(剖宫产术后二周)检查示,右下肢肌力 4 级,左下肢肌力 5 级。医院检查后排除了患者在脊髓方面存在结核感染和细菌病毒感染可能,于 10 月 16 日出院,诊断为"脊髓病"。出院后,患者曾至白山市中心医院、白山市中医院、白山市某某集团总医院、通化市中心医院进行门诊检查,至康远中西医诊所进行针灸、电磁疗。2013 年 10 月 15 日,患者单方申请吉林中正司法鉴定所就被告某某集团总医院对患者的治疗过程中是否存在医疗过失行为、被告的医疗过失行为与其损害后果之间是否存在因果关系、参与度进行鉴定。该所作出吉中司鉴所(2013)法临鉴字第 897 号**法医临床司法鉴定意见书**,认定"①某某集团总医院在对廖某的治疗过程中存在医疗过失行为。②某某集团总医院的过失行为与廖某的损害后果之间存在直接的因果关系。③参与度为 100%"。

## 二、诉讼及司法判决

1. 一审判决及主要依据

患方诉至吉林省浑江区人民法院,法院应医患双方申请,委托吉林公正司法鉴定中心就医疗行为对患者廖某的伤害进行伤残等级评定,对其后续治疗费用进行评估,对其出院后至定残前一日合理误工期限进行鉴定,对医方某某集团总医院的医疗行为是否存在过错进行鉴定,其医疗行为与患者廖某的损害后果之间有无因果关系及参与度为多少进行司法鉴定。该中心作出吉公正(2014)法临鉴字第 120 号医疗纠纷**司法医学鉴定意见书**,认定"①廖某损害情况可评为七级伤残;②后续治疗费按实际发生保护;③其误工损失日为 240 天;④某某集团总医院的医疗行为存在医疗过错;⑤其过错与廖某的损害后果存在直接因果关系,损害参与度为完全责任"。

一审法院审理后认为:根据鉴定部门的鉴定意见,医方某某集团总医院应就患者所受损害承担全部责任,并于 2014 年 8 月 4 日**判决**[吉林省浑江区人民法院(2014)浑民一初字第 323 号民事判决]如下:医方某某集团总医院于本判决发生法律效力后立即赔偿给患者廖某医疗费、误工费、住院伙食补助费、护理费、交通费、残疾赔偿金、精神损害赔偿金、鉴定费合计人民币 242 099.76 元。案件受理费 5 920.00 元,减半收取 2 960.00 元,由医方承担 2 326.41 元,患方承担 633.59 元。

医方不满一审判决,遂向吉林省白山市中级人民法院提起上诉,**上诉理由:**

(1)两份鉴定结论相矛盾,其中一份鉴定说明是操作不规范致其损害后果,用药合理;而另一份鉴定说明医院医疗操作规范,否定用药合理。患方提供的证据不能证明医院的医疗行为与其损害后果之间存在因果关系及过错。

(2)一审庭审过程中,限定了医院对鉴定人的提问数量。在没有质询结束时,法庭强行阻止质询,导致鉴定事项没有在庭审阶段调查清楚,最终一审法院采纳疑点颇多、争议甚大的鉴定结论。

2. 二审判决及主要依据

二审期间,某某集团总医院申请专家辅助人员王某某和金某某出庭就鉴定人

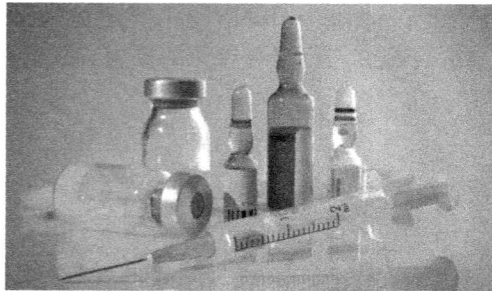

**专家辅助人员还原麻醉药物的具体配置**

作出的鉴定意见及专业问题提出意见,吉林公正司法鉴定中心鉴定人赵某甲出庭作证。专家辅助人员认为:

(1)关于患者麻醉剂用量问题。无论从麻醉解剖关系,还是审查原始病历,或是从用药的情况和患者术中血流动力学变化来看,都看不出麻醉操作不当的问题。所用麻醉药物也没有超量,并且完全可以还原麻醉药物的具体配制和用法。

(2)关于患者脊髓病与麻醉关系问题。吉林大学附属第一医院 01148861 号住院病历出院诊断脊髓病。脊髓病包括急性脊髓炎、脊髓蛛网膜炎、脊髓空洞症、脊髓亚急性联合变性、脊髓血管病、放射性脊髓病等。从病因与发病机制、病理改变及临床表现来看,腰硬联合麻醉不能引起脊髓病,可以认定脊髓病与麻醉无因果关系。

(3)关于廖某产后神经症状与体征的客观分析。根据患者剖宫产术后的特征性表现,症状发生于脊麻作用后 24 h 内,主要表现为部分感觉、运动障碍,较短时间即有明显改善及恢复,神经学检查和影像学检查无神经系统阳性改变,不能排除暂时性神经症状或短暂神经症,一般都能恢复,并且未见永久并发症的报道。由于患者为初产妇,胎儿巨大 4 400 g,考虑因胎头压迫腰骶神经丛,导致神经丛受累引起双下肢感觉、运动障碍等。患者腰椎 MRI 平扫示 L4/L5 椎间盘突出,其产后出现的神经症状、体征不能完全排除与腰椎间盘突出症有关。

医方某某集团总医院同时向法院申请到国家级鉴定机构进行重新鉴定。

吉林省白山市中级人民法院审理后查明:2013 年 10 月 1 日医方某某集团总医院在为患方手术的麻醉记录单"麻醉用药"一栏中第一行记载"1.5%利布合剂 10 ml",第二行记载"0.5%布比卡因 2 ml";"麻醉剂及量"一栏记载"2%利多卡因 15 ml,0.75%布比卡因 5 ml"。双方均认可"0.75%布比卡因向蛛网膜下隙注射不能超过 2 ml(15 mg),0.5%的布比卡因向蛛网膜下隙注射不能超过 3 ml(15 mg)"。法院认为,依据《中华人民共和国侵权责任法》第六十一条:"医疗机构及其医务人员应当按照规定填写并妥善保管住院志、医嘱单、检验报告、手术及麻醉记录、病理资料、护理记录、医疗费用等病历资料。患者要求查阅、复制前款规定的病历资料的,医疗机构应当提供。"《临床技术操作规范麻醉学分册》中关于麻醉记录的规定中也说明医生应当按照麻醉记录的规定填写手术及麻醉记录。而患者的麻醉记录单"麻醉用药"一栏中第一行先记载"1.5%利布合剂 10 ml",第二行记载"0.5%布比卡因 2 ml",注入时间均记载于同一时间栏内,麻醉记录单中没有显示出不同的药物在不同的时间注入患者身体不同的部位。麻醉记录单对麻醉用药的顺序记录颠倒,对麻醉药物注入患者身体的部位、剂量、时间没有准确、详细、完整的记录,麻醉记录不符合医学规范。患者的麻醉记录单中没有标明 0.5％的布比卡因是原液还是由 0.75％布比卡因稀释而成以及稀释方法，1.5％的利布合剂的配制方法以及 0.5％布比卡因、1.5％的利布合剂注入患者的哪一个相关部位，该麻醉记录单不符合麻醉记录规范的规定，无法证明专家辅助人员对麻醉药物的配制方法、注入部位和顺序、时间间隔解释的合理性。即使法院采纳专家辅助人员源于本案例所用麻醉剂及量的配制方法，或采纳专家辅助人员认可本案例手术中所使用的 0.75％布比卡因总量超过 2 ml、只是分别用于患者蛛网膜下隙和硬膜外腔的观点。但因麻醉记录单中没有明确说明配制成的不同麻醉剂是用于患者的不同部位，并且该记录明确记载注入的 1.5％利布合剂和 0.5％布比卡因是在同一时间栏内，鉴于专家辅助人员认可向蛛网膜下隙注射 0.75％布比卡因不能超过 2 ml，故法院认定某某集团总医院在对患者进行手术时所用 0.75％布比卡因超量。

据此，吉林省白山市中级人民法院于 2014 年 11 月 28 日**作出判决**［（2014）白山民一终字第 261 号］：维持原判。同时因某某集团总医院未能提供证据证实吉林公正司法鉴定中心的鉴定意见具有应当重新鉴定的情形，故对某某集团总医院的重新鉴定申请不予准许。二审案件受理费 5 920 元，由上诉人某某集团总医院承担。

判决后，某某集团总医院因与被申请人廖某医疗损害责任纠纷一案，不服吉林省白山市中级人民法院终审判决，向吉林省高级人民法院申请再审。

3. 三审判决及主要依据

某某集团总医院向吉林省高级人民法院提出申请再审时称：

（1）二审法院认定本次手术麻醉时使用的 0.75％布比卡因超量的医疗过错无事实依据和医学依据，麻醉记录单记载的用药部位和时间不是判断药物超量的依据：①医方在本次手术麻醉时使用的布比卡因无论是注入硬膜外腔的剂量还是注入蛛网膜下隙的剂量，都没有超过人民卫生出版社"十二五"普通高等教育本科国家级教材《麻醉学》第三版关于麻醉药最大剂量的要求，所以医方根本不存在使用 0.75％布比卡因超量的医疗过错。医方在本次手术中麻醉方式是腰硬联合麻醉，即指蛛网膜下隙阻滞和硬膜外阻滞两种麻醉方式联合使用，腰硬联合麻醉时需要蛛网膜下隙和硬膜外腔两个部位给药，根据《麻醉学》第三版关于麻醉药布比卡因剂量的要求，硬膜外腔用药最大剂量是 150 mg，蛛网膜下隙用药量为 8～15 mg，合计最大剂量 165 mg，而某某集团总医院在麻醉中硬膜外腔注入布比卡因最多 22.5 mg，蛛网膜下隙注入布比卡因 10 mg，总剂量最多 32.5 mg，并未超过 165 mg，所以某某集团总医院并不存在布比卡因超量的过错。②腰硬联合麻醉是指蛛网膜下隙阻滞和硬膜外阻滞两种麻醉方式联合使用,每种麻醉方式所使用的药物各不相同,从药物名称上完全可以判断出注入的部位,1.5％利布合剂的用量为 10 ml,完全可以判断出是在硬膜外阻滞时使用,而 0.5％布比卡因的用量为 2 ml,完全可以判断出是在蛛网膜下隙阻滞时使用,所以原审判决以麻醉记录单没有标明药物的注入部位为由来认定布比卡因超量是极其不科学的,也是非常不客观的。

(2) 吉林公正司法鉴定所的鉴定意见依据《新编实用药物学》第二版的记载,认为布比卡因在一次麻醉中的总剂量不应超过 2 ml 是完全错误的,该记载原文是"布比卡因在蛛网膜下隙阻滞:0.5％浓度用 2～3 ml,0.75％浓度用 0.5～2 ml",该记载与最新版的教科书《麻醉学》第三版关于麻醉药的要求基本一致。吉林公正司法鉴定所的鉴定意见在引用时将"蛛网膜下隙阻滞"用药量错误的当作一次麻醉中的总剂量,所以该鉴定意见是错误的,明显依据不足。由此,医方提出的鉴定申请符合《最高人民法院关于民事诉讼证据若干规定》第二十七条的规定,本案应当启动重新鉴定程序,原审对此不予支持是错误的。

(3) 患者廖某的脊髓病与医方的麻醉操作无因果关系,廖某产后出现的神经症状与体征不能完全排除与自身所患腰椎间盘突出症有关。根据《神经病学》第七版的记载,从脊髓病的病因与发病机制、病理改变及临床表现上看,腰硬联合麻醉不能引起患者脊髓病,所以廖某的脊髓病变与麻醉操作无关。廖某为初产妇,胎儿为巨大儿,胎头压迫腰骶神经丛,引起下肢感觉、运动障碍,并且廖某患有腰椎间盘突出,肌电图检查无异常,其产后出现的神经症状和体征,不能完全排除与腰椎间盘突出症有关。廖某剖宫产术后出现的感觉运动障碍,考虑为暂时性神经症状或短暂神经症可能性大。

对此,吉林省高级人民法院再审后认为:

(1) 关于某某集团总医院是否存在医疗过错的问题。患者廖某的麻醉记录单"麻醉用药"一栏中第一行记载"1.5％的利布合剂 10 ml",第二行记载"0.5％的布比卡因 2 ml",注入时间均记载于同一时间栏内,麻醉记录单中没有显示出不同的药物在不同的时间注入患者身体不同的部位。虽然医方主张从药物名称上完全可以判断出注入部位,但该麻醉记录单的记载确实不符合规定,根据《中华人民共和国侵权责任法》第六十一条:"医疗机构及其医务人员应当按照规定填写并妥善保管住院志、医嘱单、检验报告、手术及麻醉记录、病理资料、护理记录、医疗费用等病历资料。患者要求查阅、复制前款规定的病历资料的,医疗机构应当提供。"根据《临床技术操作规范麻醉学分册》中关于麻醉记录的规定,本案例麻醉记录单对麻醉用药的顺序记录颠倒,对麻醉药物注入廖某身体的部位、剂量、时间没有准确、详细、完整的记录,麻醉记录不符合医学规范。根据《中华人民共和国侵权责任法》第五十八条:"患者有损害,因下列情形之一的,推定医疗机构有过错:(一)违反法律、行政法规、规章以及其他有关诊疗规范的规定……"的规定,应当认定某某集团总医院对廖某的医疗行为存在过错。

(2)关于吉林公正司法鉴定所的鉴定意见是否正确的问题。某某集团总医院主张鉴定意见对其依据的《新编实用药物学》第二版引用错误,导致鉴定意见错误。并且依据《麻醉学》第三版布比卡因在硬膜外腔用药最大剂量是 150 mg,在蛛网膜下隙用药量为 8~15 mg,合计最大剂量 165 mg。而某某集团总医院在麻醉中硬膜外腔注入布比卡因最多 22.5 mg,蛛网膜下隙注入布比卡因 10 mg,总剂量最多32.5 mg,并未超过 165 mg,麻醉用药并未超量。法院认为,在某某集团总医院提供的《麻醉学》第三版中,虽记载布比卡因在蛛网膜下隙阻滞的成人常用剂量为 8~15 ml,在硬膜外阻滞一次最大剂量为 150 mg,但并未记载蛛网膜下隙-硬膜外联合阻滞的剂量范围,因此某某集团总医院主张联合阻滞使用的麻醉药物未超量依据不足。吉林公正司法鉴定所的鉴定意见对《新编实用药物学》第二版的引用与原文不一致,但也不能证明某某集团总医院对麻醉药物的使用未超量。现某某集团总医院没有提供有效的证据推翻吉林公正司法鉴定所的鉴定意见,其主张麻醉药物的使用未超量的依据亦不充分。

(3)关于患者自身患腰椎间盘突出症与其遭受的损害是否存在因果关系的问题。某某集团总医院主张患者的脊髓病与医院的麻醉操作无因果关系,其产后出现的神经症状与体征不能完全排除与自身所患腰椎间盘突出症有关。某某集团总医院应对其该项主张承担举证责任,但医院并未提供相应证据,其论述的理由亦不足以证明患者患腰椎间盘突出症与其遭受的损害结果存在因果关系。

综上,吉林省高级人民法院于 2015 年 10 月 13 日**作出裁决**[(2015)吉民申字第 1046 号],驳回医方的全部请求,维持原判。

## 三、司法判决的医学思考

### 1. 麻醉规范之细节决定成败

本案例中,医方某某集团总医院被患方告上法院、并在一审失利后,不遗余力地一路上诉和进行再审申请。二审庭审期间,医方还请了专家辅助人员当庭作证,试图证明其在对患方实施手术麻醉过程操作规范、用药合理,符合临床要求,并且经得起从医疗角度的分析和推断。但最终的结局比较"悲催",医方仍被判担全责。

本案例多次庭审中控辩双方的争论焦点在于医方的麻醉操作是否规范、用药是否合理。对于医方的麻醉操作是否规范问题,其实控辩双方都没有太多的客观证据,患方的主要依据是患者在腰硬联合麻醉下行剖宫产术分娩,术后出现双下肢感觉及运动障碍等神经损伤症状,术后第 6 天的腰穿脑脊液显示为淡黄色,红细胞数量高。由此认为医方在为患者实施腰硬联合麻醉过程中操作不当,致脊髓病变,双下肢感觉和运动障碍。但医方认为术后第 5 天的腰椎 MRI 平扫未见脊髓有阳性改变,只发现 L4、L5 椎间盘突出。因而患者产后出现的神经症状、体征不能够完全排除与腰椎间盘突出有关。无论从麻醉解剖关系,还是审查原始病历都看不出本案例有麻醉操作不当的问题。实际上,在这一点上双方似乎都没有什么确凿的、压倒性的证据,所以辩论的焦点主要还是落在麻醉用药是否合理、有无超量的问题上。

医方某某集团总医院所请的专家辅助人员认为本案的麻醉用药并不超量,符合临床用药常规。专家辅助人员认为麻醉专业人士可以很轻易地看清楚麻醉记录单中的具体用药情况,还进行了现场的还原和推演:

(1) 按照操作规定首先应向蛛网膜下隙注入 0.5％的布比卡因 2 ml(10 mg),时间是 23:45,这项是在麻醉单中的麻醉用药栏第二栏记载的,符合蛛网膜下隙布比卡因常规用量不超过 15 mg 的要求,因此蛛网膜下隙的布比卡因没有超过剂量。

(2) 麻醉用药的第一行记载的是硬膜外腔用药情况,1.5％利布合剂 10 ml。这是继蛛网膜下隙注药后才开始实施的硬膜外腔用药。因麻醉用药这一栏空间小,本案例的麻醉医生采用了简写(1.5％利布合剂 10 ml),完整的写法是 2％的利多卡因 10 ml＋0.75％的布比卡因 3 ml。

(3) 麻醉记录单中"麻醉剂及量"一栏记载的药物是本次麻醉使用的所有药物及量,2％利多卡因 15 ml,0.75％布比卡因 5 ml。这个量是总量,是不分部位的(蛛网膜下隙和硬膜外腔)。

(4) 药物的具体配制和用法:先用 0.75％的布比卡因 2 ml 加上 1 ml 的注射用水稀释成 0.5％的布比卡因 3 ml,而 3 ml 里缓慢推注 2 ml 到蛛网膜下隙,剩余 1 ml 丢弃;2％的利多卡因 10 ml 加上 0.75％的布比卡因 3 ml(这 3 ml 是刚刚蛛网膜下腔用的一支 0.75％布比卡因剩余的药量)总共是 13 ml,配制成 1.5％的利布合剂,推入硬膜外腔 10 ml,最后剩余 3 ml 1.5％利布合剂未用。

(5) 从用药的情况和患者术中血流动力学变化来看,麻醉医生不可能把 5 ml 即 37.5 mg 的布比卡因都用于蛛网膜下隙内,因为一旦应用最大的可能就是患者出现全脊髓麻醉的并发症,全脊髓麻醉是椎管内麻醉最严重的并发症,主要是因为短时间大量的局麻药注入蛛网膜下隙而导致全脊髓麻醉,患者可在数分钟内出现呼吸停止、血压下降甚至意识丧失,若发现不及时或处理不当可导致患者心搏骤停,而这才是蛛网膜下隙使用局麻药物过量的最初也是最危险的并发症。而本次麻醉并没有上述情况发生,所以不存在用药超量的问题。

专家辅助人员由此认为,本案例麻醉医生的用药合情合理,是符合临床常规的腰硬联合麻醉的用药习惯和规律,不存在用药超量之处。

但法院认为,按照《临床技术操作规范麻醉学分册》中关于麻醉记录的规定,医生应当按照麻醉记录的规定填写手术及麻醉记录。而本案例的麻醉记录单中"麻醉用药"一栏中第一行先记载"1.5%利布合剂 10 ml",第二行记载"0.5%布比卡因 2 ml",注入时间均记载于同一时间栏内,麻醉记录单中没有显示出不同的药物在不同的时间注入患者身体不同的部位。专家辅助人员解释的注入药物的顺序与麻醉记录单记录顺序不一致,麻醉记录单对麻醉用药的顺序记录颠倒,对麻醉药物注入患者身体的部位、剂量、时间均没有准确、详细、完整的记录,麻醉记录不符合医学规范。由此否定了专家辅助人员的意见和结论。

平心而论,从麻醉专业角度来分析,本案例的麻醉医生单纯从用药来看,应该是符合临床常规做法的,也是经得起还原和推敲的。但因其麻醉记录确实存在诸多不规范的地方,任凭医方及专业辅助人员再怎么分析,再怎么还原,最终还是百口难辩、一再落败。合情合理却不合法,这也可以说是麻醉规范之细节决定成败的又一经典案例。

### 2. 椎管内麻醉之风险考虑

我国是个椎管内麻醉大国,椎管内麻醉一直在产科、下腹部以及下肢手术中应用普遍,特别是在产科领域,椎管内麻醉有其独特的优势,占据了绝对的应用比例。而对患有重大合并症(如肥胖、重度先兆子痫、血液病以及心脏疾病等)的产妇,应用椎管内麻醉也逐渐为人们所接受。与全麻相比,椎管内麻醉应用的增加明显减少了分娩过程中母婴的并发症和病死率。然而,不可忽视的是,椎管内麻醉也可伴发一系列的并发症,虽然这些并发症大多比较轻且为自限性,但也有一些并发症会导致永久性的神经损伤甚至伤残和死亡。椎管内麻醉在产科的优势,也促使麻醉医生尽可能地应用这一技术,并

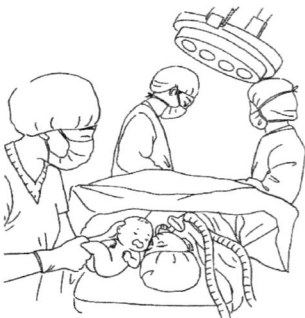
**产科的椎管内麻醉**

将许多容易诱发椎管内麻醉并发症的危险因素放在次要位置,但这就给麻醉自身的医疗安全埋下了隐患,产科手术的椎管内麻醉也成了医疗损害诉讼和赔偿的重灾区。致伤、致残后引发的大额赔偿,足以毁掉一个医院麻醉科的信心,而每年因为椎管内麻醉遗留神经损伤的医疗纠纷都会引发业内震动。更让麻醉医生不可接受的是,椎管内麻醉后产妇出现的神经功能缺陷,其原因错综复杂,有时候根本就查不清原因,但却很容易被"莫须有"地归因于麻醉的缘故。

就本案例来说,剖宫产实施腰硬联合麻醉后出现的神经并发症,从现有的病历资料来看,还真不好确定具体是什么问题。患方及独立司法鉴定机构认为,产妇在腰硬联合麻醉下行剖宫产术分娩,术后出现双下肢感觉及运动障碍等神经损伤症状,术后第 6 天的腰穿脑脊液为淡黄色、红细胞数量高,由于蛛网膜下隙穿刺针极细,如果是正常穿刺的,几个红细胞在长达一周的时间内已经吸收或恢复完毕,根本不会导致脑脊液颜色发生改变、红细胞数量高的现象。由此可以判定,这一现象是某某集团总医院在为其行腰硬联合麻醉过程中操作不当、致脊髓病变所致。常见的操作不当原因包括:①穿刺针直接创伤或导管损伤脊神经或脊髓;②硬膜外血肿;③感染致硬膜外脓肿。但医方所请的专业辅助人员分析了患者脊髓与麻醉的关系,认为吉林大学附属第一医院 01148861 号住院病历出院诊断脊髓病,而脊髓病包括急性脊髓炎、脊髓蛛网膜炎、脊髓空洞症、脊髓亚急性联合变性、脊髓血管病、放射脊髓病等。从病因与发病机制、病理改变及临床表现来看,腰硬联合麻醉并不能引起脊髓病,由此可以认定脊髓病与麻醉并无因果关系。而从患者产后出现的神经症状与体征进行客观分析:

(1)患者为初产妇,胎儿巨大 4 400 g,胎头压迫腰骶神经丛,可导致神经丛受累引起双下肢感觉、运动障碍。

(2)某某集团总医院 2013 年 10 月 7 日腰椎 MRI 平扫示 L4、L5 椎间盘突出,患者产后出现的神经症状、体征不能够完全排除与腰椎间盘突出有关。

(3)患者剖宫产术后出现的感觉、运动障碍,考虑为暂时性神经症状或短暂神经症可能性大。该患者剖宫产术后出现双下肢麻木,同时伴有尿便障碍。剖宫产术后一周检查:右下肢肌力 3 级弱,左下肢肌力 4 级。二周后检查:右下肢肌力 4 级,左下肢肌力 5 级。而腰椎 MRI 检查未见明显异常。根据患者剖宫产术后的特征性表现,症状发生于椎管内麻醉作用后 24 小时内,主要表现为部分感觉、运动障碍,较短时间即有明显改善及恢复,神经学检查和影像学检查无神经系统阳性改变,不能排除暂时性神经症状或短暂神经症,一般都能恢复,并且未见永久性并发症的报道。如当前再次进行神经学检查和影像学检查,显示患者神经系统无阳性改变,更能说明暂时性神经症状或短暂神经症的判断正确。

实际上,从麻醉医学角度分析,本案例患者由于椎管内穿刺造成机械性脊髓或脊神经损伤的可能性很小。一般椎管内麻醉操作失误,如粗的硬膜外穿刺针误入蛛网膜下隙,腰麻穿刺定位过高(L1、L2 水平以上)致穿刺针直接损伤脊髓等,确实可造成脊髓损伤和神经症状,但脊髓损伤后早期的磁共振检查多可表现为脊髓圆锥出现高信号区,后期则可呈现损伤部位的脊髓软化灶。本案例患者在麻醉实施过程中没有出现诸如反复穿刺或有过一过性麻木或放电样异感的主诉,术后第 5 天的磁共振扫描也没有发现脊髓有阳性改变,因而没有明确证据显示本案例是麻醉医生操作不当所引起的。虽然患者术后第 6 天出现了脑脊液颜色变为淡黄色、红细胞数量增高的异常情况,但脑脊液的这种变化并无特异性。当然,正如专业辅助人员所分析的那样,分娩后神经功能缺陷也最常见于怀孕和分娩对外周神经的挤压或伸展。如产程延长、大胎儿、和扁平宽骨盆等因素就容易导致腰骶干损伤。本例患者本身其术前存在的腰椎间盘疾病,也会增加椎管内麻醉后神经并发症的风险。更何况近年来临床还报道了多例椎管内麻醉后出现不明原因神经损害的案例,其麻醉操作和影像学检查均没有明确损伤证据,但术后却出现严重的脊神经损害。目前尚不清楚具体原因,而只是笼统地将其归咎于局麻药的神经毒性,或是局麻药和镇痛药等引起脊髓变态反应,或是消毒液或血液等异物刺激引起脊髓或脊神经炎症反应。很不幸的是,目前对于接受椎管内麻醉的产后患者出现的任何神经功能缺陷,都很容易被人为地、想当然地归因于麻醉的原因,而麻醉医生却缺乏强有力的反驳理由或避责依据,这一问题确实很值得引起业界的深思。

3. 椎管内麻醉之且行且谨慎

鉴于椎管内麻醉所致并发症的复杂原因,目前看来在临床实施过程中是难以完全避免的。因而,在选择实施椎管内麻醉时,麻醉医生要慎重对待,三思而后行,严格把握适应证和禁忌证,严格按操作规范进行。国内许多医院里椎管内麻醉的实施比例已越来越少,更安全的全身麻醉或者复合精确的神经阻滞技术,已被用来替代椎管内麻醉。

但由于椎管内麻醉在产科手术中拥有的独特优势,使得麻醉医生在这一领域可供选择的余地很小,问题的关键还在于目前对椎管内麻醉这种技术方法缺少全面、科学、严谨的认识,由此导致麻醉医生对可能面临的医疗纠纷缺少强有力的避责反驳依据。但从另一角度考虑,在没有其他更好备选麻醉方法的情况下,麻醉医生没有多少退路,产妇自然也同样没有退路,医患各方都需要共同来承担椎管内麻醉有可能引发的并发症风险。在这一点上,麻醉医生应该很容易与患者及其家属沟通，术前尽可能对产妇进行详细的评估，并进行相关风险告知，这些应该是麻醉医生必不可少的操作步骤和抵御策略。

而对存在椎间盘突出症、糖尿病、电击伤病史等产妇，更应充分告知术后容易出现椎管内麻醉并发症的可能，并在权衡利弊后，适当放宽这些情况下的椎管内麻醉适应证，这应该是比较容易被认同和谅解的，但前提条件仍需要谨慎的、无可挑剔的麻醉操作流程。当然，椎管内麻醉的明确禁忌证还是要作为产科麻醉的底线来执行，产妇伴有中枢神经系统疾病如脊髓多发硬化症、脑膜炎、脊柱畸形及外伤、脊柱结核及肿瘤、休克、败血症、靠近穿刺部位皮肤感染、凝血功能障碍等，麻醉医生都有充足的理由来拒绝为产妇实施椎管内麻醉。

椎管内麻醉可能引发的并发症和纠纷，特别是在产科领域的严重性，尚没有让国内的很多麻醉医生引以为戒，本案例就是一个典型的实证。更有甚者，少数麻醉医生仗着所谓的"艺高人胆大"，忽视椎管内麻醉的适应证和禁忌证，在椎管内滥用各类药物。殊不知，一旦产生麻醉并发症，到时就是百口难辩。最后还是那句话，椎管内麻醉在产科手术中的应用有独特的优势，但仍需且行且谨慎。

（徐小亮　曹　伟）

# 麻醉意外疑过敏　尸检结果现真相

　　没有任何一种医疗治疗技术，能像麻醉一样发挥如此高效和确切的立竿见影效果。现在麻醉可以轻而易举地让所有患者安然入睡，此后多姿多彩的生命形式，就不再是我们常见的喜怒哀乐、悲欢离合和爱恨情仇。生命只表现为监护仪上不断变化的心电图、血压、血氧等数据。哪个数据偏离了正常，你的生命就出现了危机。若危机出现的原因得不到正确的判断和解决，生命就开始无声无息坠落了。在这个过程中间，只有一个人在时刻关注着这些属于你的生命数据。一旦出现异常，他会默默地帮你纠正这些数据，沉着地托举你的生命回到正常的运行轨迹。这个一直守候在身边呵护着你生命的人，就是麻醉医生。

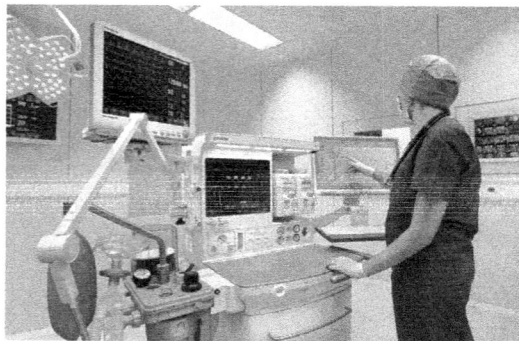

麻醉医生密切监视各项生命指标

　　但麻醉的风险和麻醉的高效如同一对孪生姐妹，如影随形，时时伴随在一起。在临床麻醉工作中，即便是实施最简单的麻醉技术操作，都有可能发生失误和危险。这种风险存在于围麻醉期的每一个环节，从术前病情评估不足、麻醉器械故障、麻醉管理不当、各种有创操作风险、麻醉苏醒问题直至临床带教等都蕴涵着风险。这些风险每天都在大大小小的医院发生,既可能发生在条件简陋、技术低下的基层医院麻醉科,也可能发生在设备优良、技术高超的顶级医院麻醉科;年轻医师因技能不够或缺乏经验而失误,高年资医师因拘于经验或太过自信而失误;择期手术因主观轻视或疏于观察而失误,急诊手术因病情复杂或处置不及而失误。如何减少麻醉失误和尽力提高麻醉安全也成了麻醉界永恒的话题。以下就是一例因麻醉失察且未能及时采取有效的处理措施而发生死亡的纠纷案例。

## 一、基本案情

谈某,女,高中在读学生。2014 年 2 月 17 日,谈某因右耳间断流脓两个多月入住新疆生产建设兵团某某集团总医院。经检查被诊断为右耳外耳道胆脂瘤,排除手术禁忌证后于 2014 年 2 月 20 日在全麻下行**"经显微镜下右耳外耳道胆脂瘤清除术"**。患者谈某于当日中午 12:45 开始实施全身麻醉,使用全麻诱导药物和肌松剂后,12:50 完成插管,听诊双肺呼吸音清晰对称,此时发现患者胸腹部出现大面积不规则红斑,持续约 2 min,未做特殊处理,后红斑消失。12:55 出现血氧饱和度、心率下降,血氧降至 80%,心率由 120 次/min 逐渐降至 80 次/min,考虑是否存在麻醉管路不畅,遂行人工通气测试呼吸管路,发现患者胸廓起伏正常,但心率、血氧继续下降,心率降至 40 次/min,血氧降至 28%,血压无法测出,此时患者口唇青紫,面色苍白,立即给予阿托品 0.5 mg 静注,无效后又给予肾上腺素 1 mg 静注(12:58),同时给予胸外按压,此时患者心率、血氧、血压已测不出,急请内一科和心内科人员会诊并参与抢救,并给予多巴胺 100 mg 静脉滴注、肾上腺素 2 mg 静注等处理,仍未测出心率、血氧饱和度和血压,持续胸外按压后,仍无生命体征表现,遂于 13:50 宣布患者谈某临床死亡。

2014 年 2 月 26 日,为查明患者谈某的死因,当地卫生局委托新疆新医司法鉴定所对患者谈某进行了尸体解剖检验,显示死者气管黏膜上皮脱落,黏膜下血管扩张充血;喉头部黏膜上皮脱落,黏膜下组织疏松水肿,伴血管扩张充血。出具的(2014)新医法病鉴字第 BLA023 号鉴定意见书认定患者谈某死亡原因为麻醉药物引起过敏反应,导致过敏性休克,呼吸、循环衰竭而死亡。

患方家属认为,谈某的死亡与医方有直接关系,并给患方造成了财产损失和精神损害,故诉至新疆生产建设兵团五家渠垦区人民法院,要求医方退还医疗费 1 500 元、赔偿死亡赔偿金 462 760 元、丧葬费 21 500 元、被扶养人生活费 272 840 元、交通费 3 000 元、误工费 10 602 元、精神损害抚慰金 50 000 元、其他损失(住宿费)2 000 元,合计 824 202 元,扣除已付 30 000 元,现应支付 794 202 元。

## 二、诉讼及司法判决

### 1. 三次司法鉴定

法院审理期间,2014 年 6 月 5 日,因医患双方均申请进行司法鉴定,法院依法委托相关单位对医方新疆生产建设兵团某某医院在谈某死亡过程中是否存在过错、过错对死亡后果的参与度进行司法鉴定。

经法院委托,新疆新医司法鉴定所做出(2014)新医法鉴字第 0516 号**鉴定意见书**,分析认为:医方新疆生产建设兵团某某医院在对谈某的诊疗过程中,疾病诊断正确,病情有手术指征,选择气管插管全麻并无不妥,麻醉诱导药物使用的品种符合用药原则,药物的剂量符合安全用药剂量;患者插管完成后,胸腹部出现大面积不规则红斑,持续约 2 min,未做特殊处理后红斑消失,提示被鉴定人(患方谈某)出现药物不良反应,红斑短时间内缓解后,被鉴定人心率、血压继续快速下降,并出现口唇青紫、面色苍白,提示被鉴定人存在急性缺氧。因医疗行为中有气管插管史,插管作用可以引起喉头黏膜损伤而引起水肿。但被鉴定喉头黏膜及其他脏器黏膜下未见有过敏反应所表现的特有嗜酸性粒细胞;如考虑药物过敏,血清 IgE 应提示明显增高;如是过敏反应,临床表现应有一个演变过程,但在麻醉记录单和抢救记录中并没有看见相应的描述。由此可见,(2014)新医法病鉴字第 BLA023 号鉴定意见书认定的谈某因过敏性休克引起呼吸、循环衰竭死亡依据明显不足。同时,结合院方抢救记录中反映的,医院当时也考虑为麻醉管路不通畅问题。故对(2014)新医法病鉴字第 BLA023 号鉴定意见结论进行修正,认定:医方新疆生产建设兵团某某医院在对谈某的诊疗过程中,疾病诊断正确,有手术指征,麻醉药物使用过程中未违反原则;在麻醉操作过程中,存在麻醉操作失误(麻醉意外)可能性大。由于未能及时发现和解决问题,最终导致谈某呼吸、循环急性衰竭而死亡,新疆生产建设兵团某某医院存在过错,过错与死亡之间存在因果关系,过错参与度考虑为50%(该比例划分仅供参考)。

医方新疆生产建设兵团某某医院辩称,谈某在医院手术时死亡,医院确实存在一定的过错,但是对患方的各项损失只应承担次要赔偿责任。并认为新疆新医司法鉴定所前后两次鉴定意见对谈某的死亡原因结论明显冲突,遂于 2014 年 12 月 9 日申请重新鉴定。

法院再次委托新疆祥云司法鉴定所对谈某的死亡原因、医院在诊疗过程中有无过错进行重新鉴定。新疆祥云司法鉴定所做出(2014)临鉴字第 631 号**鉴定意见书**,分析认为:医方诊断明确,手术指征明确,依据患方临床表现及尸检特征断定,患方死亡原因为全身麻醉气管插管失误造成患方窒息致呼吸衰竭而死亡;医方存在观察病情不仔细、未尽危险注意义务、加重患方机体损害的医疗行为过错;医方在为患方实施全身麻醉时,静脉给予药物,即行气管插管后,不但未达到有效给氧通气,反而即刻出现缺氧症状,医师在诊疗之前必须对一切可能发生的损害有所认识,并且采取措施防止此损害的发生,因此医方存在未尽结果预见和回避义务的医疗行为过错;虽然医方在为患方诊疗过程中存在医疗行为过错,但属麻醉意外的范畴,并且医疗行为过错与患方死亡结果之间存在直接因果关系。

　　医方新疆生产建设兵团某某医院对新疆祥云司法鉴定所的鉴定意见有异议,特申请本院麻醉科副主任医师何某某作为专家辅助人就鉴定意见对新疆祥云司法鉴定所鉴定人员李某进行质询。专家辅助人认为根据新疆新医司法鉴定所的尸检显示,患者气管黏膜上皮脱落、黏膜下血管扩张充血,可以认定医院在诊疗过程中导管是插入气管的,而并非气管插管失误,患者是发生药物过敏性休克后,在短时间内非常快速地出现心跳停止、呼吸衰竭而死亡,新疆祥云司法鉴定所认定患者谈某不是麻醉过敏死亡欠缺依据。

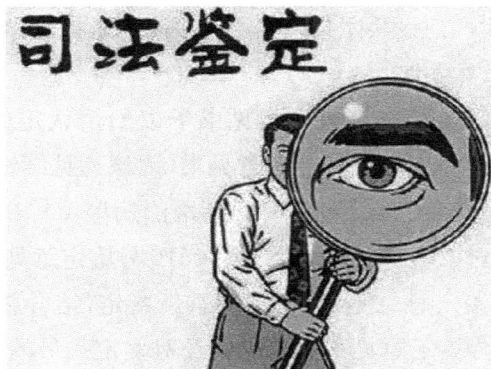

根据法医病理特征作出司法鉴定

　　针对医方新疆生产建设兵团某某医院专家辅助人提出的质疑,新疆祥云司法鉴定所的鉴定人员李某回复称:全麻前肌松药物起作用后,在无机械性呼吸给氧的情况下,患者机体处于缺氧状态,从机械性窒息的因素作用于人体开始,直至人体死亡的过程中,机体的各器官组织会发生一系列的变化,包括功能和形态学改变,其变化的程度取决于机械性窒息因素的性质、作用方式、窒息发生的速度、程度、持续时间等,机械性窒息死亡者的尸体体表和内部征象大多较为显著,如尸体体表征象为颜面部淤血发绀、肿胀,淤点性出血,尸斑出现较早、且显著,分布较广泛,尸冷缓慢,牙齿出血等,尸体内部征象为内部器官淤血,器官被膜下、黏膜淤点性出血,肺气肿、肺水肿等;过敏性休克是由于已致敏的机体对抗原物质发生的强烈全身性变态反应,抗体与抗原结合使机体释放一些生物活性物质,导致全身毛细血管扩张和通透性增加,心排血量急剧减少,血压下降达休克水平,还可发生荨麻疹、喉头水肿、支气管痉挛和呼吸窘迫。

患者谈某于12:45全身应用麻醉前肌松药物后,12:50气管插管,13:00心跳停止,其间出现过口唇青紫、面色苍白等体征,由此断定为机体呼吸功能障碍,造成患方机体出现缺氧状态。从患方缺氧的发展过程看,出现呼吸衰竭过程与缺氧窒息时间一致。而过敏性休克一般表现为立即出现休克,并出现相应症状。在尸检时未做IgE检验,而镜下检验时喉头黏膜及其他脏器黏膜下未见有过敏反应所表现的特有嗜酸性粒细胞。据此,如果患方是在气管插管的情况下,发生药物过敏性休克时,在及时有效的抢救治疗下(呼吸畅通),则不致造成患方快速死亡;如果是医方插管出现失误,造成患方窒息缺氧,则虽经及时有效的药物抢救治疗也无法挽回患方生命。依据患方临床表现及尸检特征断定患方死亡原因为全身麻醉气管插管失误造成患方窒息致呼吸衰竭而死亡。

对此,医方新疆生产建设兵团某某集团总医院再未提出异议。

2. 法院判决及主要依据

法院根据案件事实,对三份鉴定意见书予以酌情认定如下:①患方提交的(2014)新医法病鉴字第BLA023号鉴定意见书,因该意见结论已被(2014)新医法鉴字第0516号鉴定意见修正,故对(2014)新医法病鉴字第BLA023号鉴定意见书,法院不予认定;②对(2014)新医法鉴字第0516号鉴定意见书,因医方新疆生产建设兵团某某医院对鉴定意见不认可,申请重新鉴定,结合新疆祥云司法鉴定所(2014)临鉴字第631号鉴定意见书的结论以及对鉴定人员的质询,法院对(2014)新医法鉴字第0516号鉴定意见书中认定患者谈某的死亡原因为麻醉意外、新疆生产建设兵团某某医院具有过错的结论予以确认。但对鉴定意见中认定医院过错参与度为50%的意见不予确认;③对新疆祥云司法鉴定所(2014)临鉴字第631号鉴定意见书的真实性、合法性、关联性予以确认。

法院审理后认为,本案的争议焦点为:①患方谈某的死亡原因是什么?②新疆生产建设兵团某某医院医疗行为是否具有过错?③患方的各项请求能否得以支持?

针对焦点①,患者谈某的死亡原因是什么?本案中,医方新疆生产建设兵团某某医院认为鉴定机关认定患者谈某的死亡原因不是麻醉过敏死亡欠缺依据，并因新疆新医司法鉴定所的两份鉴定意见有明显冲突而提出重新鉴定要求。同时，对新疆祥云司法鉴定所(2014)临鉴字第 631 号鉴定意见提出异议，并申请专家辅助人对鉴定人员进行质询。而新疆新医司法鉴定所和新疆祥云司法鉴定所的鉴定意见中结合患者谈某的临床表现和尸检特征对医方的诊疗行为进行分析时，通过检验发现患者喉头黏膜及其他脏器黏膜下未见有过敏反应所特有的嗜酸性粒细胞，由此均认定患者过敏性休克引起的呼吸、循环衰竭依据明显不足，排除了麻醉药物过敏导致死亡的可能性。

新疆新医司法鉴定所认为患者死亡系麻醉意外所致，麻醉意外最常见的情形为临床操作失误，如插管误入食管没有及时发现，麻醉及管路堵塞或连接错误，气管导管扭曲、打折等。根据记载，院方抢救时也考虑到可能与"麻醉管路不通畅有关"，故麻醉操作失误(麻醉意外)导致死亡的可能性较大。而新疆祥云司法鉴定所认为依据患方临床表现及尸检特征断定患方死亡原因为全身麻醉气管插管失误造成患方窒息致呼吸衰竭而死亡，属麻醉意外的范畴。鉴于两鉴定机关均认为医方在麻醉操作中存在失误导致患者死亡，即麻醉意外导致死亡，法院对此予以确认。而医方新疆生产建设兵团某某医院认为鉴定机关认定死亡原因不是麻醉过敏死亡欠缺依据，但因其不能提供证据予以推翻鉴定意见，对其辩解理由，法院不予采信。

针对焦点②，新疆生产建设兵团某某医院的医疗行为是否具有过错？法院认为医务人员在医疗活动中应该具有高度的注意力，避免患者遭受不应有的危险或损害，有义务具备同一地区或相似地区并在相同条件下从业的临床医师通常所具有的学识和技术，有义务使用同一地区或相似地区并在相同条件下从业的临床专业人员在相同的病例中通常使用的技术，有义务在实施技术或应用学识时使用合理的智慧和最佳判断。本案中，鉴定机关认为医方新疆生产建设兵团某某医院在对患方谈某进行诊疗过程中，诊断正确，病情有手术指征，麻醉药物使用过程中未违反原则。但在麻醉过程中，患方出现异常情况后，医方应以高度负责任的态度积极查找原因，医方虽考虑是否存在麻醉管路不通畅问题，却未采取重新气管插管、面罩给氧或气管切开等措施，未能及时有效地发现和解决问题，最终导致患者因呼吸衰竭而死亡，新疆生产建设兵团某某医院存在观察病情不仔细，未尽危险注意义务，加重了患方的机体损害。同时，医师在进行诊疗行为之前应对一切可能发生的损害有所认识，并采取措施防止损害发生，而新疆生产建设兵团某某医院在为患者实施全身麻醉时，行气管插管后，不仅未达到有效给氧通气，反而即刻出现缺氧症状，医方存在未尽结果预见和回避义务。

　　新疆新医司法鉴定所与新疆祥云司法鉴定所均认定新疆生产建设兵团某某医院在对患者谈某的诊疗过程中存在医疗过错，法院对此予以确认。但新疆新医司法鉴定所认为医院的过错参与度为 50％，而新疆祥云司法鉴定所经分析认为医院的医疗行为过错与患者谈某死亡结果存在直接的因果关系。结合本案的具体情况及医方新疆生产建设兵团某某医院专家辅助人对鉴定人员的质询及鉴定人员的分析论证，法院认为新疆祥云司法鉴定所的结论更具有客观性，故认定医方新疆生产建设兵团某某医院应对患方的全部损失承担赔偿责任。

　　针对焦点③，患方的各项请求能否得以支持？根据《中华人民共和国侵权责任法》第五十四条、第十六条的规定，患者在诊疗活动中受到损害，医疗机构及其医务人员有过错的，由医疗机构承担赔偿责任。侵害他人造成人身损害的，应当赔偿医疗费、误工费、交通费等合理费用，造成死亡的，还应当赔偿丧葬费和死亡赔偿金。因医方新疆生产建设兵团某某医院在对患者谈某实施的诊疗过程中存在医疗过错，该过错与患者死亡的后果之间存在直接的因果关系，故医方新疆生产建设兵团某某医院应当对患者谈某死亡产生的各项损失承担赔偿责任。

　　据此，新疆生产建设兵团五家渠垦区人民法院于 2015 年 3 月 10 日作出判决［(2014)五星民一初字第 630 号］如下：医方新疆生产建设兵团某某医院赔偿患方谈某医疗费、死亡赔偿金、丧葬费、交通费、误工费、住宿费、精神损害抚慰金共计 502343.67 元。受理费 11810.8 元，由患方负担 4340.3 元，医方新疆生产建设兵团某某医院负担 7470.5 元；鉴定费 6050 元由医方新疆生产建设兵团某某医院负担。

## 三、司法判决的医学思考

### 1. 麻醉事故常与人为失误有关

　　20 世纪 70—80 年代，麻醉，尤其是全身麻醉被认为是危险性较高的医疗行为。那时的麻醉病死率可高达 1/1000，并且主要与设备、技术、药品、麻醉条件不足或者落后等原因相关。其后，随着麻醉学科的发展和进步，尤其是麻醉新药的不断研发、麻醉药理的不断深入、监测技术的不断普及、操作指南的不断完善，现代麻醉学已建立起一套比较成熟的安全模式，麻醉病死率大大降低，目前国外发达国家和国内顶级医院的麻醉病死率已降至 1/30 万～1/20 万的水平。但国内由于地域辽阔，各地的麻醉水平参差不齐，麻醉意外和事故仍层出不穷。现有的国内外各种研究资料基本一致认为人为失误占麻醉事故原因的 70％～80％。澳大利亚的一项麻醉事故监测数据分析了 2000 例麻醉事故中的 12 种常见原因，其中 80％与人为失误有关。一些专家甚至认为麻醉事故 100％与人为失误有关。由于现阶段麻醉技术已经发展到了比较高的水准，从胎儿到百岁老人，从心脏到大脑的任何部位都可以在麻醉保障下顺利完成手术。与以往不同的是，现阶段出现的麻醉事故通常都不是因为麻醉难度大而导致患者死亡，麻醉死亡病例通常都是普通手术或年轻患者。例如，震惊世界的福建三明医院的 4 例麻醉相关死亡病例分别是常见的阑尾切除术、小儿腹股沟疝修补术、全子宫切除术及颅骨修补术。究其原因，对于困难麻醉病例，患者家属及麻醉医师都有较充分的准备，而临床上占多数的普通病例，麻醉医师容易因不重视或疏忽大意而引发人为失误。本案例的情况与此十分相似，患者谈某还是一名在读高中生，十分年轻，没有心肺疾患，却在麻醉诱导后不久即出现了呼吸管路问题，并由于监测失灵和麻醉医生未加注意，而导致病情急剧恶化和死亡。麻醉记录显示，12∶45 开始全麻诱导，12∶50 气管插管，5 min 后（12∶55）患者即出现血氧饱和度和心率下降、口唇青紫、面色苍白等体征，麻醉医生发现后也试图查找是否存在麻醉管路不通畅问题，但很快，插管后仅 10 min（13∶00），患者即出现了心跳停止。从医学专业角度看，麻醉诱导后的气道管理，一般都是麻醉医生首要解决的问题，而且出现的问题（如误插入食道、管道意外脱离等）也是容易判别和纠正的。而本案例的当事麻醉医生在插管后 5 min 才发现问题，并且未能做出及时的判断和处置。确实如司法鉴定所说的，医方存在观察病情不仔细、未尽危险注意义务、处置不力等问题，所以本案例其实就是典型的由麻醉管理中人为疏忽和失误所导致的医疗纠纷。

从本案例的反思来看，麻醉事故确实多不是发生在困难的麻醉病例。只要当事的麻醉医师加强责任心，呼吸管道问题是很容易识别和处置的，这是一起完全可以避免的悲剧。但不可思议的是，即便是处在当下医患矛盾十分紧张的恶劣环境下，即便是我们一再强调提高麻醉医师的责任心问题，但这种低级错误事件还是屡屡发生了。而按照我们传统的安全事故调查分析套路，一般都能很容易地深刻挖掘出诸如当事麻醉医生业务能力不行、经验不足、责任性不够，所在科室管理混乱、设备维护不良、制度落实不严等等症结所在，但国内很少能从健全麻醉安全事件的预防控制体系这个层面上有所作为。其实，临床麻醉中出现人为失误是有其必然性和规律性的。这一点从 1999 年美国国家科学院国立医学研究院（Institute of Medicine，IOM）发布的报告题目《*To Err is Human：Building a Safer Health System*》（《人非圣贤，孰能无过：构建更加安全的卫生体制》）就可以看出，是人都会失误，都会犯错误，国内如此，国外也同样如此。早在 1982 年 4 月，美国广播公司 20/20 新闻杂志栏目播放的纪录片《*The Deep Sleep*》（《深睡》）中，节目制作人在描述麻醉事故缘由的时候，宣称因麻醉用药错误导致每年有 6 000 名美国人死于或遭受与这些差错有关的脑损伤，这一报道引起了当时整个社会的震惊和关注。美国麻醉医师协会（American Society of Anesthesiologists，ASA）随即于 1984 年建立了麻醉患者安全基金（Anesthesia Patient Safety Foundation，APSF），旨在监视麻醉差错，APSF 也率先在专业性审核组织的名称之中用到了术语"患者安全"。尽管当时的麻醉医师仅占到美国国内医师总数的 5%，但麻醉学却由此变成了率先着手解决患者安全问题的医学专业，其建立的安全预防控制体系也被全球公认是成功的典范，并在诸如增强公众医疗差错意识、建立患者安全中心、制订医疗安全执行标准、应用信息技术建立差错报告系统等方面都取得了显著的成效，建立了较完善的医疗风险监管机制。中国的麻醉界也在尝试建立类似的安全预防控制体系，以减少人为的失误。但麻醉学在我国仍面临困境，麻醉工作者严重短缺、麻醉人员长期超负荷工作等问题，使得安全预防控制体系难以真正实施。新青年麻醉论坛曾在 2014 年发起了中国麻醉科医师职业现状大型网络调查，共 12 788 位全国麻醉科医师（约占全国麻醉医师总数的 15%）的问卷结果显示，仅有 11.19% 的医师每天工作时间在 8h 以内，每周工作时间超过 40h 的占 95.76%，近 8 成医师感到"很累""压力大"。近几年来，我国更是连续发生了 10 余起麻醉医师猝死事件。毫无疑问，超时超量工作势必会增加麻醉医师的疲劳和人为失误，正如华西医院在介绍连续多年麻醉病死率＜1/20 万的经验中明确指出：尽量避免疲劳麻醉，并要求麻醉科主治医师每年平均管理手术室内麻醉不超过 1000 例，住院医师平均每周工作不超过 70h。可惜这种规章制度的制定，国内也就只有华西医院等少数几家顶层的麻醉科才能做得到，大多数医院都有意或无意地忽视了这一点，麻醉医生加班

美国 ASA 麻醉患者安全基金官方期刊

加点成了工作常态,也很少有人去关注麻醉医师超时超量工作与其低收入形成的明显反差。在此情况下,要想让中国的临床麻醉达到发达国家的低失误发生率,其难度可想而知。尽管国内麻醉界的有识之士一直在呼吁社会能够普遍关注麻醉医师这一群体,也希望国家能切实改善麻醉医师的工作状况,但总体效果并不理想。在这一现实处境得不到根本性改变的情况下,我们的麻醉医师只有不停地告诫自己,再累也要打起十二分的精神,再困也要负起十二分的责任。

**2. 隐瞒虚报不利于麻醉安全体系的建立**

俗话说,天有不测风云,人有旦夕祸福。意外医疗事件的发生,对于患者及家属、相关医务人员以及所在医院来说,都是灾祸。尤其是对患方来说,一个生命的存在或逝去,对患者本人及其亲人都是至关重要的。从这个角度看,医生从事的是对差错和失误"零容忍"的职业。这也在一定程度上造成了医疗管理者对待医疗差错的错误管理理念,即总是把医疗差错归因为当事人责任心不强、规章制度执行不严,并相应地采取各种罚款、扣薪、免职、吊销执业资格等行政、经济的方式惩戒"肇事者"。传统医疗差错处理中的这种"责备文化",会导致越来越多的人隐瞒或虚报差错失误事件,不利于人们及时识别和纠正医疗安全系统中的薄弱环节,不利于医学的发展。就像本案例一样,医方一直否认是人为差错或失误所致,而将患者的死亡原因归因于麻醉药物过敏所致,并且不愿接受由医方承担50%损害结果的鉴定意见。但最终尸检结果和鉴定意见还是还原了事实真相,即医方因气道管理失误导致患者死亡。对于医方来说,在本案诉讼过程中主观上确实存在隐瞒或虚构的现象,因为类似这样的恶性事件,其真实原因是不难查清楚的,当事麻醉医师则更是心知肚明。隐瞒或虚构的出发点自然有诉讼本身的技巧或策略的需要,但主要的目的是为了撇清关系、逃脱处罚。设身处地地想想,面对麻醉纠纷,特别是人为失误引发的责任事故,当事麻醉医师压力巨大,通常不愿意陈述实际情况或尽量选择与自己责任较轻的解释,以避免或减少所要承担的医疗责任,这也就是我们常说的推卸责任、隐瞒事实。这种情况在现实中并不少见,也是可以理解的,包括医疗之外的其他行业在出现安全事故后也会采取类似的行径。只不过如此做的话,事实便难有真相,教训也难以为戒,自然地十分不利于麻醉安全体系的建立。

必须承认的是,任何一个人,甚至是最谨慎的医务人员也会出错,并且有些医疗差错的产生并非医生的主观意识所能控制。鉴于目前人类对生命规律的掌握非常有限,诊疗过程本身也是一个不断完善、反复求索的过程。在这个过程中,关键是要总结成功的经验与失败的教训。只有这样,才能让我们的医疗服务越来越安全。因此,我们应将传统思维中"杜绝医疗差错"的理念转换为"尽可能防范和减少医疗差错"，要努力分清哪些医疗差错是可以预见并能避免的，哪些是不可预见的，并更多地从制度、体制上去分析原因。由此对于任何医疗差错或事故，医疗安全体系的建立都要基于这样一个认识：搞清问题的来龙去脉，分析差错或死亡原因，以便总结经验、吸取教训。这就需要建立起多途径的差错和安全隐患报告系统（或称不良事件上报系统），定期将差错和安全隐患报告汇总后进行分析，发布警示信息，完善制度、流程、人员配置等系统方面的改进，并跟踪整改落实情况。这类报告系统都是非惩罚性的，并要求严格保密。尽管国内外国情不同，但已有的差错和安全隐患报告系统的上报流程、分析原则以及处理与反馈机制都较为相似。只不过在国内，由于保密性以及体制上的一些原因，包括麻醉在内的差错和安全隐患实际上报率很低，并且存在报小不报大、报轻不报重的现象。这也让国内建立的麻醉安全体系的有效性大打折扣。

当然，面对医疗差错或失误，国内存在的最大问题，还是在于我们没有一个完善的保险系统和严格的法律效力。由于经济赔偿往往会成为医院甚至医生个人的重大负担，所以首先我国应考虑全面引入并完善医疗责任保险制度，帮助医生共担、转移风险。一旦出现医疗纠纷，保险公司会在医患之间充当中立的第三方，他们会进行调查和协调，而患者和家属一般不会直接找医院和当事医生，这不仅可以保护患者的合法权益，同时也保护了医务人员的合法权益，并有效降低医患之间发生直接冲突的概率。即便经仲裁或判决，医生确有责任，那也主要由保险公司来赔。其次是严格的法律效力问题。由于国外发达国家的法制较为成熟，任何医疗意外几乎都可找到相关法律保障，并有相应的执行规则。医疗事故赔偿中很大部分针对的是"精神伤害"，而暴力伤医手段会立刻抵消这部分补偿，并被认为是极其愚蠢的犯罪行为，所以中国式"医闹"基本不会发生在这些国家。但在中国，陆续出台的各种严禁"医闹"的法律文件，由于处罚力度不重、效力不高，导致"医闹"现象的发生仍屡禁不止。

### 3. 尸检的重要性和告知义务

本案在法院审理过程中，医方始终认为是麻醉药物过敏所致，并只愿意承担次要责任。虽然最初由当地卫生局委托的新疆新医司法鉴定所作出的司法鉴定也认为患者谈某的死亡原因为麻醉药物引起过敏反应，导致过敏性休克、呼吸/循环衰竭而死亡。事后来看，该司法鉴定有被误导的可能。但医方却还是不愿接受这一鉴定结果和承担50%损害结果的意见，一心想撇清干系、推脱责任，并执意申请重新鉴定。但此后的两次重新鉴定，则进一步厘清了患方的死亡原因，尸检结果还原了真相，即医方因气道管理失误导致患者死亡，而医方所请专家辅助人员的辩驳意见显得十分的苍白无力，医方以被判承担全部责任而告终。真所谓"真理越辩越明,事实越辩越清",本案例的医方看上去其实有点"聪明反被聪明误"的感觉,但由此也可以看出尸检的重要性。尸检是解剖检验已死的机体从而明确其死因的医学手段,医疗纠纷大多因医疗机构和患方家属双方对死者死因存在异议所致,而尸检则是查明死因并使医疗纠纷得到正确处理的有效途径。尸体不仅是安静的真相见证者,还提供了客观、科学的证据。关于尸体,有两种非常通俗的说法:第一个俗语是"尸体是无声的见证者,从不说谎";另一个俗语是"如果一个人学着耐心地倾听,尸体会诚实地反馈给你具有说服力的信息"。运用病理解剖的有关知识,通过检查尸体的病变和科学的分析推断,得出符合实际的病理解剖学诊断,并明确死者具体死亡原因,这对维护医疗机构、家属利益均具有积极意义,因而尸检对于解决死因有争议或死因不明医疗纠纷具有重要的、不可替代的作用,是一项最权威、最直接的明确死因的手段。同时,尸检在促进医学科学发展、保障医疗安全等工作中也起到至关重要的作用。因临床诊断死因的误诊率一般有 30% 左右,而尸检结果可以纠正临床误诊,帮助医生反向思维,进一步提高临床诊疗技术,促进临床医学的进步。

　　本案例及时做了尸检,还原了事实真相,同时也给我们一个重要提醒:由于尸检有助于还原真相、判别原因,因而在临床实践中需要注意医务人员有履行尸检告知的法律义务。我国《医疗事故处理条例》规定对于死因不明或者对死因有争议的,应当进行尸检。其中第 18 条规定:"患者死亡,医患双方当事人不能确定死因或者对死因有异议的,应当在患者死亡后 48h 内进行尸检;具备尸体冻存条件的,可以延长至 7 日。"而对于尸检的责任承担问题,其中最关键的在于界定医疗机构、患者家属在尸检过程中需承担的义务。在司法实践中,许多医疗事故损害赔偿纠纷案件因种种原因致使死者在死亡后未进行相应的尸体检验,并且由于相关资料缺乏致使死者死亡原因不明。如果是由于受民俗等传统观念的影响,死者家属拒绝死亡后的尸检,毫无疑问其责任在患方。就如《医疗事故处理条例》所明确规定的:"尸检应当经死者近亲属同意并签字。拒绝或者拖延尸检,超过规定时间,影响对死因判定的,由拒绝或拖延的一方承担责任。"当然,如因未行尸检,而医疗机构又违反相关医疗规范,造成无法查明临床诊断死因的,则由鉴定机构或法院推定医疗机构的诊疗行为与患者死亡的损害结果之间存在的因果关系和责任大小。但如患方家属对医疗诊治提出异议,医疗机构也未告知或提出进行尸检,或者医疗机构提出尸检但不能证明家属拒绝的,由于医疗机构比患方更了解相关规定,也明知尸检的重要意义,则应当由医疗机构承担相应责任。

（周雪飞　严海雅）

# 手术失败遭索赔　麻醉文书背黑锅

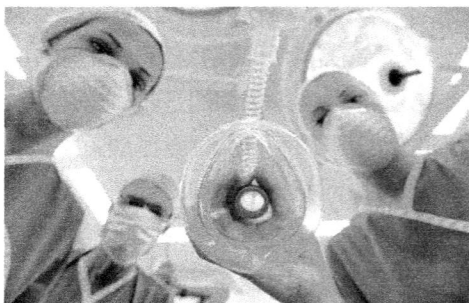

**默默守护生命的麻醉医生们**

"外科医生治病,麻醉医生保命",每一个手术的成功基本上都离不开麻醉医生的协助。但与外科医生明显不同的是,麻醉医生没有光环,没有鲜花,没有掌声,甚至因为总是戴着口罩帽子,患者们都记不清他们的容貌。他们是隐藏在幕后的英雄,不论角色,不求名利,默默地点燃患者的生命之光。手术成功了,患者安全送回病房了,默默离开的他们,留给自己的只有那掩在帽子口罩下的一张张喜悦轻松的笑脸!

但如果手术不成功、抑或是患者最后的转归不理想,并由此产生了医疗纠纷,这时候作为围术期重要环节的麻醉医生,则很有可能会被推到医疗纠纷的幕前。尽管很多时候这类医疗纠纷与麻醉本身压根就没有丝毫因果关联,但麻醉作为患者整个就医诊疗过程中特别是外科患者围术期不可或缺的一个重要环节,同样是患方寻求医疗缺陷和追责的主要突破口之一。麻醉环节存在的医疗缺陷同样会成为被司法判决医方担责的主要理由,甚至成为医方医疗官司失败的替罪羊。以下就是一例麻醉医生不幸被从幕后推向幕前并成为担责主体的医疗纠纷实例。

## 一、基本案情

患者徐某,因病于 2008 年 12 月 2 日入住淮安某某医院住院治疗。经诊断,徐某患有马方综合征、升主动脉瘤、主动脉瓣关闭不全病症。12 月 17 日 9:00,医院对患者徐某在全麻下行主动脉人造血管置换术,至 14:00 手术结束,手术记录显示"麻醉满意,手术顺利"。15:00 的术后病程记录显示:患者全麻未醒,生命体征欠平稳,纵隔引流液偏多,向家属交代病危;17:30,向家属下达病危通知单。22:00,管床主治医生告知患者家属:"人造管子与患者自身血管不投(意即不匹配或吻合不好),血输进多少就漏多少,花再多钱也没有用,若放弃治疗,还能留下一点钱。"后该医师拿出一张纸,让患者妻子王某写下"家属经商议后,决定放弃治疗",患者父亲徐某某在自己的名字上摁下指印后,医院当即开出了死亡医学证明。此后,患者家属认为医院在为徐某治疗过程中存在重大过错致徐某死亡,并存在恶意隐瞒真相的事实,遂诉至淮安市淮阴区人民法院,要求医方赔偿相关损失。

## 二、诉讼及司法判决

### 1. 诉讼双方的主要控辩要点

法院审理过程中,医方指出,心脏手术是一项专业性很强的治疗方法,实现这类手术目前没有办法保证百分之百的安全。患者的手术指征明确,手术过程符合医疗规范,患者的死亡属于正常的医疗风险,并非医疗不当或者医疗过错所致。医方在术前也多次强调了该手术的风险性很大,履行了必要的告知义务,并且书面告知均有患者家属的签名,故医方不应该承担任何赔偿责任。

对此,患方提出医院在治疗过程中具有过错并存在恶意隐瞒真相的事实,其主要理由有:

(1)病案资料不真实,其不符合病历书写与管理规范。如:病案中无死亡记录及死亡病例讨论记录;部分检验报告缺失,手术当日 19:30 病程记录上有"血气分析尚满意"的记录,但无 14:34 和 17:19 两次血气数据报告,即便科室自己有分析仪,也应该有打印的数据资料附于病案;2009 年 2 月 5 日给患者家属的病案首页与提供给法院的首页不一致,致原件与复印件都不具有真实性,医院在住院病历归档后涂改病案材料,麻醉记录出现不一致的笔迹,血压曲线连续形成的不规范,血氧饱和度在 11:15 至 12:00 被涂改等;患者家属于 2009 年 2 月 5 日复印住院病历时病案已经归档,复印件上还加盖了病案室的图章,但复印件上并无病案原件首页上的病理诊断结论。故患方有理由怀疑主客观病历的真实性。

(2)患者死亡时间并非是手术当日的 22:00。临时医嘱中有从当日 11:49 至 13:47 近 2 h 输入血浆 3 600 ml 的记录,中心静脉压数值是 6,血压和中心静脉压数值无变化,并无需要输血的指征;麻醉记录上有停止心跳、呼吸衰竭、心跳复苏药物应用等内容,但并无止血措施,手术记录上却记录着"手术顺利、止血彻底、安返回室"。另据麻醉记录,患者于手术当日 11:15 至 12:00,血氧饱和度是 60,已经处于严重缺氧、呼吸系统衰竭的症状,记录上的数据两处被涂改,从不正常改为正常。随后的 12:00 至 13:30 没有心跳记录。因此,应当认为患者于 12:10 已无心跳并死亡,更不应再有后续的病历资料。

(3)关于手术医生的资质问题,如此疑难、复杂的手术,在手术记录和术前小结上,医师胡某均以手术者身份出现,手术记录也是胡某所写,但胡某并无该手术的资质。

(4)医院所使用的医疗器械并无合法性证明,医患沟通所作的"低心排,人造血管与患者自体血管组织不能完全达到正常人的解剖结构"的回复并无依据。

据此,患方认为医方在病案资料上存在诸多缺陷、手术医生资质存在问题以及所使用的 ATS 带主动脉瓣血管无合格证明等,都成了导致患者在手术过程中死亡的原因,医方应当承担损害赔偿责任。

而医方反驳认为:

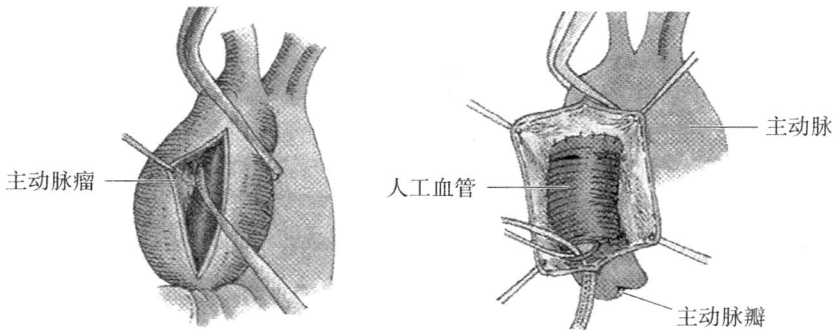

主动脉瘤

主动脉

人工血管

主动脉瓣

ATS 带主动脉瓣血管置换术

(1)医院所提供的病案资料都是真实的:①病案首页是不填写死亡日期的,而病理诊断一栏原本确实是空的,只是后补充填写,因常规病理报告在术后 5~7 天才能出来;②在麻醉记录中,整个手术过程均有患者血压、脉氧的描述,其中 12:00 至 13:30 没有心跳记录,是因为麻醉医生忘记画了,而非心跳停止;③关于血气分析问题,手术当日的临时医嘱中确有两次血气分析检查医嘱,但病历中无该检查化验单是因为该病区心胸外科自备血气分析仪,无须至检验科化验室检查,结果可直接由护理人员记录至护理记录中,无须单独打印化验单;④病理诊断报告的送检日期写 12 月 19 日是笔误,但该笔误对本案没有任何影响。病历是有瑕疵,但没有造假。

（2）关于麻醉记录单被涂改问题。将脉氧 $SpO_2$ 从 60% 改成了 100%，属于病历的正常书写改动。患者的病情是一个整体，不是通过改一个地方就能改变病情实质的，还可通过病历的多处记录进行认证。要求病历书写规范，并非不允许医生改动病历，这个改动是在治疗过程中而非发生医疗纠纷后的医方擅自改动。手术记录中，手术者是主任医师黄某和副主任医师胡某，胡某为书写者，由主任医师黄某审签，是符合病历书写规范要求的。

（3）患者是在体外循环下实施心脏手术，其血压维持是依靠体外循环机器，而不是患者本身。患者最后的病情很重，没有任何生存希望，只有靠呼吸机维持，不可能再抢救过来了，医生就建议家属放弃治疗，而一旦放弃治疗，患者就会立即死亡。最后是患者家属经商议后决定放弃治疗后自动出院的，这有患方徐某某的签字可以证明。至于患者是否当日 22:00 死亡，只能推论。

（4）关于 ATS 带主动脉瓣血管的质量问题，医方提供了一份抽检合格的检验报告，还有 2011 年 6 月 27 日厂家出具的一份外文检测报告及翻译件，患者所使用的产品批号和序列号 384994，与其所使用的产品是一一对应的。

2. 法院的判决及依据

法院经审理后认为：徐某患马方综合征、升主动脉瘤、主动脉瓣关闭不全，在淮安某某医院行主动脉人造血管和心脏瓣膜置换手术后死亡，医方应当对其诊疗过程中没有过错承担相应的举证责任。鉴于医学科学极强的专业性，因此，一般需要借助于司法鉴定这一具有专业性与科学性的专门手段，来确定医方的医疗行为是否存在过错及其与损害后果之间是否具有因果关系。本案中患方虽然提出了医学鉴定申请，但由于患方对作为鉴定依据的病案真实性不予认可，致使鉴定程序无法进行。患方质疑病案真实性的主要理由在于麻醉记录上 12:00～13:30 的心跳记录曲线一次性形成，该记录中的血氧饱和度连续两处数据存在明显改动，对此，医方解释心跳记录曲线一次性形成是因为麻醉师忙于观察和用药而忘记画线，对于数据改动则属于病历的正常书写改动。对此，法院认为，根据临床麻醉工作规范的相关规定，麻醉记录单是手术患者病历的重要组成部分，其中记载的术中处理和病情变化可作为术后处理的参考，因此麻醉记录必须全面准确、客观真实、清晰地加以填写，不得涂改和伪造。该规范同时还规定，对生命体征的监测，根据患者情况每 5～10 min 记录一次，在患者离开手术室前，监测和记录不应停止。考虑到医方为患者施行的是手术难度极大且风险极高的手术，手术中当然要尽高度注意义务，而麻醉医生居然在长达一个半小时内忙于观察与用药而忘记记录，这样的理由显然难以令人信服。而在同一次手术的同一份麻醉记录中,血氧饱和度记录连续两个数据出现涂改,如果被涂改的原始数据为实际观察数据,则对该数据的改动属于故意篡改病历资料;如果确实系数据记录错误而涂改,至少能说明记录者未尽到高度注意和仔细观察的义务,此类过错显然与医方应当具备的医疗水平不相符。因此,患方及其代理人怀疑病案的真实性也并非全无道理。

关于患方提出的其他病历资料缺陷、手术医师资质问题和所使用的 ATS 带主动脉瓣血管的质量不合格等问题,医方已提供相关证书和文件。综上,本案虽然是患方质疑病案的真实性而致未能通过司法鉴定程序确认医方的医疗行为是否存在过错及其与患者死亡之间是否存在因果关系,但考虑到患方的怀疑具有一定的合理性,本案不能进行鉴定的原因不完全在患方。根据医方确实存在的不足,并考虑该手术本来即属于高难度、高风险手术这一实际情况,法院确定对于患者死亡给患方造成的相关损失,由医方承担 30% 的赔偿责任。淮安市淮阴区人民法院据此于 2015年 5 月 13 日**做出判决**[(2014)淮民初字第 02768 号]:医院承担 30% 的责任,并酌情给予 15 000 元的精神损害抚慰金,合计一次性赔偿患方各项损失 243 799 元。

患方不服判决,随后向江苏省高级人民法院提起再审申请,江苏省高级人民法院于 2017 年 3 月 28 日作出判决[(2016)苏民申 6190 号]:维持原判,驳回上诉。

## 三、司法判决的医学思考

本案例的判决结果,让好多麻醉界的同仁直呼一个“冤”字。太冤了! 明明是一例外科手术失败的典型案例,但最后却由麻醉环节来担主责,这一结果实在是让人唏嘘不已。

### 1. 麻醉医生重技术轻文书的恶果

作为围术期最重要的一个环节,麻醉对于手术成功的影响自是毋庸多言。尽管有不少有识之士一直在为提高麻醉医生的待遇和地位而奔走疾呼,但大多数的麻醉医生已习惯了幕后英雄的角色,也很少会计较其在手术团队中的功劳地位,“不求有功但求无过”早就成了国内许多麻醉医生的普遍心态。但正所谓“从不主动去邀功,却时常莫名来担责”,说的也正是麻醉医生的普遍遭遇。本案例从外科医生手术记录上“麻醉满意、手术顺利”的表述来看,当事的麻醉医生确实有点冤,有点“替罪羊”的味道。满意的麻醉效果、且在术后顺利送回病房并完成交接后,麻醉医生的主要工作基本告一段落了(当然还应包括术后镇痛或术后随访等事项)。并且此案例从医学技术角度考虑,应该是外科手术出了问题,主要是人造血管的吻合口漏及伴发的出血问题,可以说纯粹是属于外科并发症的范畴,跟麻醉本身压根没有直接的因果关系。并且从法律角度来看,这种外科并发症也是允许的,是高难度、高风险外科手术难以避免的风险之一,一般不需要承担法律责任。正如医方强调的,医院已在术前及住院期间履行了充分的告知义务,对手术过程中以及术后可能出现的相关风险以及并发症有明确告知,对患者的诊疗也均符合医疗常规,手术方式及手术过程符合医疗技术规范,患者术后出血是由于手术并发症所导致,并非医疗不当所引起,因而无须承担责任。但恰恰是满意的麻醉给患方抓住了突破口,一个"满意麻醉"留下的诸多麻醉文书缺陷,让医方在诉讼过程中陷入了极大的被动,医方在无法自圆其说的情况下,只好给出类似"麻醉医生在手术当日 12:00～13:30 之间长达一个半小时内,因忙于观察与用药而忘记记录和画线"的这种令人难以信服的理由和解释。正如法院认定的那样,作为专业的诊疗机构,服务的对象是患者,从事的职业具有特殊性。医方在医疗活动中存在麻醉记录等医疗文书记述不够规范的缺陷,虽然上述缺陷与患者医疗损害不存在直接的因果关系,但会导致原告对医院诊疗活动产生合理怀疑,并引发医患纠纷,故法院均会酌情考虑让医方补偿患方一定的经济损失。由此来看,手术失败,让麻醉医生来担责,却又是于情合理、于法有据,并不是什么冤枉事。

　　经常被认为是介于外科医生和内科医生之间的麻醉医生,是因为其技术操作多于内科医生而不及外科医生、病理生理知识胜过外科医生而弱于内科医生的缘故。但就医疗文书而言,目前国内的麻醉医生是明显落后于内、外科医生。确实,相对于其他的临床科室而言,麻醉医生涉及的医疗文书相对来说要少得多,但或许是他们的工作节奏太快,许是他们对医疗风险的认识不够,麻醉文书的质量缺陷已成了麻醉科质控检查中最常见的通病。对麻醉文书重视不够应该是最重要的原因,很多麻醉医生很看重麻醉的临床实践和技术操作,而轻视或忽略了麻醉相关的医疗文书,并想当然地认为"只要我麻醉做得平稳顺利,手术失败或患者最后转归不利,也轮不到我麻醉医生来担责"。殊不知,麻醉是患者整个就医诊疗过程不可分割的一个环节,同样也是患方寻求医疗缺陷和追责的重要突破口。事实上,众多的现实案例也显示,虽然麻醉部分的诊疗环节与实际的医疗损害之间并没有必然的因果关系,但其存在的医

文书不详,麻醉医生背黑锅

疗缺陷同样会被判定医方担责,甚至成为医疗官司失败的替罪羊。从本案例也可以看出,虽然外科医生及病房的护理记录等文书都存在不少瑕疵,但性质都不严重,而唯独麻醉文书存在严重的缺陷,并成为患方成功索赔的关键制胜点。

2. 麻醉相关医疗文书的质控及纠纷防范

医疗文书是医院证明自己履行职责、没有过错的最重要证据,但往往也是临床实践中存在疏忽或问题最突出的环节。麻醉文书作为外科患者整个医疗文书的重要组成部分,也是医疗纠纷中最重要的法律依据之一。麻醉文书主要包括麻醉术前访视单、麻醉知情同意书、麻醉记录单、麻醉医嘱单、麻醉术后访视单和麻醉收费单、术后恢复室记录单、麻醉自费用药(器械)知情同意表、术后镇痛使用登记表等。这些麻醉文书每个环节都有因存在缺陷而导致医疗诉讼失利并担责的案例,如2015 年 2 月 26 日浙江省某某儿童医院就因术前麻醉会诊意见中没有对患儿曾经有过的甲低病史引起重视并实施风险告知义务而致医方被判存在过错和担责[(2014)浙杭民终字第 1321 号]。患儿朱某某出生于 2007 年 12 月 7 日,2008 年1 月 21 日新生儿疾病筛查提示有先天性甲状腺功能低下症,并开始服用优甲乐治疗,至 2011 年 7 月 19 日起停服优甲乐。2012 年 2 月 13 日朱某某因“发现双耳听力差 4 年余”,并申请到浙江省残联福利项目,随后被安排在医方浙江省某某儿童医院处进行人工耳蜗植入手术。2 月 15 日上午患儿在全麻下行“右人工耳蜗植入术”,术后不久朱某某出现口唇发绀及面色苍白等症状,即予心肺复苏抢救,并转入PICU 监护治疗,后患儿一直呈昏迷状态,并引发医疗纠纷和司法诉讼。浙江省杭州市中级人民法院审理后认为,甲低病史可致机体对重大手术麻醉应激能力差,容易发生低通气综合征。虽然医方对患儿术后出现的症状抢救及时,不存在过失。但医方在术前对患儿的病症存在严重的认识不足,围术期准备不足,存在过错。在落款时间为 2012 年 2 月 14 日的《麻醉会诊意见(反页)》中“其他检验异常指标”一项记载为“甲低”,但医方并未将该手术风险及时告知患儿家属,侵犯了患者及家属的知情权和选择权。由此认为医方的过错较大且与患儿的损害后果存在因果关系,应承担 70%的主要责任。从中我们可以看到麻醉文书的正确书写对于医疗纠纷防范的重要性,对一些特殊病症及其潜在的麻醉影响和风险都应进行详细的记载和明确的书面告知。而要提高麻醉相关的医疗文书质量,首先当然是要改变麻醉医生“重技术轻文书”的理念,彻底提高他们对医疗文书的规范性、完整性以及重要性的认识。从法律层面和具体的判决案例分析,也能对台下幕后的麻醉医生起到较好的警示作用,即任何轻视麻醉文书的行为,包括潦草、涂抹、后补、篡改甚至丢失等,都有可能面临担责、民事赔偿、行政处罚直至刑事处罚的风险。《侵权责任法》第58条明确规定,"患者有损害,因下列原因之一的,推定医疗机构有过错:(一)违反法律、行政法规、规章以及其他有关诊疗规范的规定;(二)隐匿或者拒绝提供与纠纷有关的病历资料;(三)伪造、篡改或者销毁病历资料。"值得引起我们注意的是,当出现诸如"伪造""篡改""销毁"病历等情况时,则无须审查诊疗行为是否正确,直接推定医疗机构有过错,必须承担法律责任,而衡量"伪造""篡改""销毁"的标准就是看是否遵守法定书写和修改制度。本案的患方就是充分抓住了这一点,无须再行医学鉴定,就直接可以让医方担责和赔偿。因为医学鉴定主要依赖病历资料,如患方认为病历资料有明显涂改、缺失、遗漏等缺陷,直接导致无法进行医疗鉴定,则根据侵权责任法及举证规则,医方将对此承担不利后果和损害赔偿责任。

　　加大麻醉质控的力度自然是最直接提高麻醉文书质量的有效措施,但在许多手术麻醉量超大、工作节奏超快的科室,要让麻醉医生高质量地完成包括术前访视、术中麻醉和术后访视等工作及相关的麻醉文书记录,在临床实践中确实有难度,并很容易导致麻醉医生的过度疲劳。目前国内多数医院的麻醉科已采用了麻醉监护信息系统,用于提高临床麻醉的工作效率,并对麻醉文书进行强制性规范。麻醉医生在术前可通过麻醉监护信息系统获取手术患者的基本信息,包括诊断、手术名称、手术部位及全部病史资料等信息,比手工方式更加方便、准确地核对患者身份与掌握患者病情。另外,系统可自动采集手术患者的床边设备数据,自动描记生命体征指标,快捷记录麻醉事件,改变过去"手工描记"的传统工作方式,避免人为记录错误的发生,这就将麻醉医生从繁杂的医疗文书书写中解脱出来,使之有更多的时间和精力去密切监护患者,集中主要精力于患者的麻醉本身,提高麻醉的工作效率和质量。同时麻醉监护信息系统还按照麻醉医疗文书书写与质量控制要求,将相关的规范与要求体现在信息系统中,如根据规范设定术前访视记录单、麻醉记录单、麻醉总结记录单、术后访视记录单的标准化模板,将医疗文书格式与内容进行了强制性规范,从而形成完整、规范的麻醉记录文书。研究显示,相对于传统的纸质文书来说,麻醉监护信息系统的推广应用,可使麻醉文书的缺陷种类和缺陷数量明显减少,缺陷率由26.16%下降为6.05%。但麻醉监护信息系统也是一把双刃剑,不少麻醉医生过分依赖其他科室采集的患者信息数据,大幅简化理应由自己去完成的病史询问和查体,甚至直接省略或跳过这一环节。殊不知麻醉需要了解的患者病史、体征以及辅助检查结果等信息,其内容和侧重点都要明显区别于其他临床科室,这也容易导致麻醉术前准备的不足和失误。

(徐小亮　曹　伟)

# 第十回

# 吸毒麻醉须谨慎　管控不严惹纠纷

　　吸毒是当今全球性公害。近年来,我国毒品吸食者数量仍在持续上升,毒品的社会危害日益严重。截至 2014 年底,我国累计登记吸毒人员 295.5 万名,但估计实际吸毒人数超过 1 400 万名,以 14 亿人口数量计,实际吸毒人数已达到全国总人口的 1‰,大概每 100 人中就有 1 人吸毒。

美丽的罪恶之花罂粟

　　吸毒患者的麻醉,你遇到过吗? 随着社会上吸毒人员数量的不断上升,需要手术治疗的吸毒患者也会增加,作为一名麻醉医生,你不得不对此有所熟悉和准备。因为此类人群不仅有其社会属性的特别之处,更有其手术麻醉的特殊性,同时也给临床麻醉工作者提出了一个新的课题。吸毒者除了神经系统的结构和功能(如阿片受体)发生改变外,心血管系统、内分泌系统、免疫系统等也可发生很大的变化,因此对于吸毒者实施择期或急诊手术麻醉时,麻醉医生需要对其复杂性引起高度重视,不然很容易出现各种意外情况和纠纷。以下就是一例贸然对吸毒患者实施静脉麻醉下胃镜取异物手术、最终导致其死亡并引发纠纷的案例。

## 一、基本案情

　　2012 年 5 月 6 日 15 时许,患者曹某疑似吸毒后产生幻觉,在家中发狂,身体多处受伤,并声称要杀人。派出所民警出警后发现曹某额头受伤,行为诡异,怀疑曹某吸毒后产生幻觉。遂在其家人陪同下将曹某送往常州德安医院行戒毒治疗,途中曹某突然惊醒跳脱，并在民警对其实施控制过程中突发狂躁，咬住钟楼分局民警赵某手指，将其左手食指末节部分咬断并吞入腹中。后公安部门将曹某紧急送至常州市某某医院。为争取尽快接上断指并固定证据，常州市公安局钟楼分局向医院提出手术并取出断指的要求。入院时曹某极度兴奋、烦躁不安，拒不配合任何检查，在公安部门要求取出断指用于取证的情况下，经家属签字同意，常州市某某医院于当日19:45分许对曹某施行静脉麻醉下内镜取异物术，取出了断指。当晚19:50至20:00之间，曹某突发呼吸停止。20:10，在曹某突发呼吸停止后10余分钟，常州市某某医院麻醉科予实施气管插管、简易呼吸器辅助呼吸。20:12，曹某心电图呈一直线，于5月7日2:30宣布死亡。

2012年7月25日，司法鉴定科学技术研究所司法鉴定中心对曹某进行尸体解剖和死因鉴定。9月7日出具司鉴中心(2012)病鉴字第177号鉴定意见书，鉴定意见为：

(1) 曹某的死亡机制为急性呼吸、循环功能衰竭。

(2) 曹某全身存在多发伤，符合钝性外力作用所致，其中双臀部及双下肢后侧皮肤、皮下及局部肌层出现范围广泛的创伤，存在一定程度上的血容量下降，可影响循环功能。

(3) 曹某死亡前曾滥用甲基苯丙胺并出现中毒症状。此外，在曹某的头发中检出甲基苯丙胺，说明曹某在近2～3个月内有甲基苯丙胺滥用史，反复滥用可引起心、脑等器官发生一定程度的损害。

(4) 曹某入院后实施静脉麻醉下行内镜检查取断指术，麻醉方式为100 mg丙泊酚静脉给药，曹某的心血中检出丙泊酚成分，血液中的浓度未超出治疗浓度范围的上限。上述麻醉药也可影响呼吸、循环系统。

(5) 尸体解剖发现，曹某多支冠状动脉粥样硬化、左前降支管腔狭窄达三级、心肌嗜伊红染色增强、局部纤维瘢痕形成、间质纤维化组织增生，符合冠状动脉粥样硬化性心脏病的病理学改变，其病变程度不足以致死，但该疾病的存在可致心脏抗应激能力下降。

(6) 尸体检验未查见机械性窒息的征象，胃内容物未检出常见药物、杀虫剂、毒鼠强成分，可排除其他毒物中毒。

鉴定结论为：曹某在患有冠状动脉粥样硬化性心脏病的基础上，在甲基苯丙胺、外伤并失血及静脉麻醉的共同作用下引起急性呼吸、循环功能衰竭死亡。

曹某家属认为钟楼公安分局强行将曹某送医院实施内镜取异物术，造成其身体严重受损。常州市某某医院在曹某身体极其虚弱和不稳定状况下，应公安部门要求,违反医疗规范,未对曹某做任何术前检查,也未采取心电监护和抢救措施,强行对其实施静脉麻醉下内镜取异物术,并且在手术过程中采用会抑制呼吸作用的麻醉剂和静脉注射方式,导致曹某手术后突发呼吸停止死亡。遂于 2013 年 1 月 18 日诉至常州市天宁区人民法院,认为钟楼公安分局和常州市某某医院共同实施侵权行为,应对曹某死亡后果承担赔偿责任,请求法院判令两者赔偿曹某家属死亡赔偿金、丧葬费、精神损害抚慰金、被抚养人生活费共计 1 042 833.5 元。

## 二、诉讼及司法判决

### 1. 一审判决及主要依据

诉讼过程中,控辩双方就常州市某某医院对曹某的医疗行为是否存在过错、该过错与曹某死亡之间是否存在因果关系、责任程度进行医疗损害鉴定。常州市某某医院辩称,曹某于 2012 年 5 月 6 日 16:38 被送至急诊科,当时其极度兴奋、烦躁,无法配合检查,因公安部门要求,必须及时取出断指用于取证,医院为此召集各科有关医生,在对曹某开通静脉、给予安定对症处理、支持生命体征的情况下,积极准备胃镜下取出断指,并将病情的危急性告知家属,也按照常规程序取得了家属书面同意后,于 19:45 许在基础静脉麻醉下用胃镜将断指取出。后曹某出现呼吸浅慢、瞳孔散大,经抢救无效死亡。曹某的死亡系其自身疾病、吸毒、外伤、麻醉等多因素导致的结果,主要原因是其自身疾病和吸毒所致。

经法院委托,常州市医学会于 2013 年 6 月 27 日作出常州医损鉴(2013)013 号**医疗损害鉴定书**,认为常州市某某医院对曹某的诊疗存在如下过错:曹某到达常州市某某医院时"血压、心率、氧饱和度($SpO_2$)、呼吸、体温检查均不配合,无法测量","有吸毒史。体检示:患者极度兴奋,烦躁不安",麻醉前"神志恍惚,叹气样呼吸",均提示其病情危重,随时有生命危险。医方未对患者进行必要的检查,亦未就其麻醉和手术的风险进行充分评估,即对其施行麻醉和手术,存在过错。丙泊酚作为常用静脉麻醉药,具有镇静、催眠及轻微的镇痛作用,一般情况下其作用效果平稳,但在特殊情况下使用可能抑制循环和呼吸功能。医方虽对曹某采用的麻醉方式正确,静注丙泊酚 100 mg 也在正常临床用药剂量范围内,但对其麻醉和手术的风险未予充分评估,即对其施行静脉麻醉(静注丙泊酚 100 mg)一定程度上影响了患者的循环和呼吸功能,故该过错和曹某的死亡之间存在一定的因果关系。根据曹某的尸检结论,其死亡系患有冠状动脉粥样硬化性心脏病的基础上,在甲基苯丙胺中毒、外伤并失血及静脉麻醉的共同作用下引起急性呼吸、循环功能衰竭死亡,结合曹某当时的病情,建议医方负轻微责任。**鉴定意见**为:常州市某某医院对曹某的诊疗过程中存在一定的过错行为,该过错行为与曹某死亡后果之间存在一定的因果关系,医方的医疗过错行为在患者损害后果中的原因力大小为轻微因素。

患方家属不满常州市医学会的鉴定意见,遂向江苏省医学会申请进行医疗损害鉴定。经法院委托,江苏省医学会于 2014 年 1 月 14 日作出江苏医损鉴(2013)172 号**医疗损害鉴定书**,认为医方在诊疗行为中存在以下过错:

(1)曹某有长期吸毒病史,入院时极度兴奋烦躁不安,无法进一步配合查体,后神志恍惚,叹气样呼吸,麻醉医生应该预见到心跳呼吸停止的高度可能,应先予以生命支持治疗,医方对此危重状态没能作出正确的评估和纠正,草率实施麻醉,存在过错。即使施行麻醉,也应先行气管插管,确保呼吸稳定。在给曹某实施麻醉前,医方没有测量生命体征,没有做体格检查,没有进行必要的实验室检查,没有询问有关进食、饮水的情况,没有给予麻醉前用药,就实施麻醉,违反麻醉常规。医方没有书写麻醉记录,没有提供麻醉记录单,没有在麻醉前、麻醉期间和麻醉恢复期监测呼吸、血压、脉搏、心电图等。医方在围术期的监测管理方面存在重大疏忽和过错,以致"20:10 患者突发呼吸停止 10 余分钟"和"20:30 患者血糖 1.5 mmol/L"这两个危及生命的病情变化均未能及时发现和处理。

(2)病历中缺少胃镜取异物前的知情同意书和胃镜操作记录。

(3)患者呼吸、心搏骤停时,医方病情记载不明,何时呼吸、心跳停止无记录,并且心跳停止后未进行第一时间的心肺复苏治疗。

江苏省医学会认为,根据尸检结论,曹某系患有冠状动脉粥样硬化性心脏病的基础上,在甲基苯丙胺中毒、外伤并失血及静脉麻醉的共同作用下引起急性呼吸、循环功能衰竭死亡。曹某有吸毒史,就诊时有毒瘾发作表现,存在外伤、冠心病等病变基础,故不能耐受镇静、麻醉药物,而医方存在的对其麻醉和手术的风险未予充分评估,即对其施行静脉麻醉,一定程度上影响了曹某的循环和呼吸系统,上述原因共同作用致曹某死亡,故医方存在的过错的原因力为同等因素。**鉴定结论**为:医方医疗行为中存在的过错与曹某死亡之间存在一定的因果关系,其原因力为同等因素。

法院认为,公民、法人的合法民事权益受法律保护,侵害公民身体造成伤害的,应当予以赔偿。常州某某医院在对曹某的诊疗过程中存在过错,该过错与患者人身损害之间有一定的因果关系,其原因力大小为同等因素,故常州市某某医院应对曹某的死亡后果承担 50% 的赔偿责任。而关于患方要求钟楼分局承担赔偿责任的诉讼请求,曹某虽存在外伤,但其系吸食毒品后自伤及与出警人员激烈对抗的结果,并且患方未提供相关证据证明出警人员存在必要的实施制服行为之外的伤害行为,故要求钟楼分局承担赔偿责任的请求缺乏事实和法律依据。

法院同时指出,本案中,钟楼分局按照法律规定向常州某某医院提出取出断指作为证据的要求,但根据《中华人民共和国执业医师法》的规定,执业医师在执业活动中需树立敬业精神,遵守职业道德,履行医师职责,尽职尽责为患者服务。执业医师作为专业医护人员,应当根据患者的情况选择合理的医疗方案,公安机关的要求不是对其医疗方案选择的强制要求。

常州市天宁区人民法院据此于 2014 年 7 月 31 日**做出判决**〔(2013)天民初字第 206 号〕:判令常州市某某医院应对曹某的死亡后果承担 50% 的赔偿责任,赔偿曹某家属死亡赔偿金 593 340 元、丧葬费 22 993.5 元、精神损害抚慰金 50 000 元、被抚养人生活费 192 140 元,共计 858 473.5 元的一半,即 429 236.75 元。案件受理费 5 077 元,鉴定费 4 900 元,共计 9 977 元,由常州市某某医院负担 4 697 元,患方负担 5 280 元。

**2. 二审判决及主要依据**

常州市某某医院对一审判决不服,遂向江苏省常州市中级人民法院**提起上诉**。认为:

(1)原审法院认定事实不清。曹某死亡是多因一果,根据司鉴中心的鉴定结论,曹某死亡是由 4 种因素所致,而与医方有因果关系的只有 4 种因素中的最后一种即静脉麻醉。江苏省医学会出具的医疗损害鉴定书认定医方过错行为与曹某死亡之间存在一定的因果关系,其原因力为同等因素,即医方只应承担四分之一因素中的 50% 责任。原审法院没有考虑其他 3 个因素即作出判决是片面的,与事实不符。

(2)原审法院采信证据错误。本案案由为生命权纠纷,不是医疗损害责任纠纷,不能简单地将江苏省医学会的医疗损害鉴定书作为定案依据。其只是对 4 种因素之一的静脉麻醉作用原因力大小认定,而对冠状动脉粥样硬化性心脏病、甲基苯丙胺中毒和外伤并失血导致死亡的原因力大小没有作出决定,针对一份单一性的原因力大小的医疗损害鉴定报告,不应当作为全面性认定依据,而应当以司鉴中心的鉴定意见书作为各自原因力大小的最终认定依据。在没有确定 4 种因素各自原因力大小的前提条件下,应当平均承担责任。

(3)原审法院认定法律关系错误。医方是应公安部门取证要求而实施的法律取证行为,不是普通意义上的医疗诊疗行为。医方与曹某之间不存在医疗服务合同法律关系,只与公安部门存在协助取证的法律行为关系。

**法院认为:**

(1)虽然曹某的死亡是多种因素共同作用导致,但并不意味着各种因素所起作用是均等的,而江苏省医学会所出具的鉴定书已明确认定医方的过错行为与曹某死亡之间存在一定的因果关系,其原因力为同等因素。原审法院据此认定医方应承担的赔偿责任,并无不当。

(2)虽然医方系协助公安部门取证,但在取证过程中需对曹某实施手术,仍应遵循相应的医疗规范。而医方在对其实施手术过程中存在过错,且造成了相应的损害后果,理应承担赔偿责任。

据此江苏省常州市中级人民法院于 2015 年 1 月 7 日**做出判决**[(2014)常民终字第 2110 号]:驳回上诉,维持原判。二审案件受理费 5 077 元,由常州市某某医院负担。

## 三、司法判决的医学思考

### 1. 吸毒患者的麻醉要谨慎对待

吸毒是中国的习惯讲法,多用在社会、法学等领域,而在医学上多称为药物依赖和药物滥用。常见的毒品可分为:阿片类如阿片、吗啡、二酰吗啡、哌替啶、美沙酮等;可卡因类如可卡因、古柯叶和古柯糊等;大麻类;苯丙胺类如麻黄素、苯丙胺、甲基苯丙胺

冰毒|罂粟籽|摇头丸|可卡因|鸦 片|大麻

等;致幻剂类如氯胺酮、麦角酰二乙胺等。既往的调查表明,吸毒者所吸毒品大多为海洛因,即乙酰吗啡,其毒性是吗啡的 10 倍。但 2016 年国家禁毒委的调查报告显示,全国吸毒人员中,以海洛因为主的阿片类毒品滥用人数增势放缓,而以甲基苯丙胺(俗称冰毒)、氯胺酮(俗称 K 粉)为主的合成毒品滥用人数增速加快,滥用新精神活性物质也有所发现,呈现出传统毒品、合成毒品和新精神活性物质叠加滥用的特点,毒品滥用结构发生了根本性变化。

吸毒者可在心理和行为上发生扭曲,表现为精神紧张、亢奋、易激惹或精神忧郁等。但其临床表现因人、毒品的种类、吸毒的途径和阶段而有所差异。本例患者曹某吸食的毒品就是甲基苯丙胺,在家中毒瘾发作后表现为精神紧张、亢奋、幻视。

民警将其强制送入急诊科后由于极其的不配合,导致医方无法检查其生命体征,这种情况在处理吸毒患者时很常见。同时由于这些毒瘾发作患者多伴有 HIV、梅毒、淋病等传染性疾病,所以医疗操作中医务人员必须加强自我保护,不宜在未控制情况下强行检查。常州市某某医院为此召集各科有关医生,对曹某开通静脉、给予安定对症处理,符合医疗常规。但后续的医疗行为确实存在很大的缺陷,主要表现在 4 个方面:

(1)吸毒者多伴有精神高度紧张、极度躁动不安、不配合检查,但使用镇静剂或麻醉药物时,要十分小心,应在确保呼吸通畅时使用,并随时准备气管插管,以防止呼吸、循环意外的发生。而本案例在医方发现呼吸抑制 10 min 后,才由麻醉科赶来行气管插管,处置不力。

(2)医方在对患者进行镇静后,没有进行全面的体格检查和辅助检查,也没有对患者的一般状况和主要脏器功能进行重点检查和评估,贸然为了赶时间,对患者实施了所谓的积极的静脉麻醉下胃镜取异物术。本案例患者还伴有全身多处外伤,是否存在颅内、胸腹腔等实质性脏器外伤,医方也没有进行相关的检查。

(3)吸毒患者的全麻药物需要量不同于正常人群,因此围术期要加强监测,包括循环、呼吸以及麻醉深度监测,这对此类患者尤为重要。常州市某某医院没有对患者进行严密的观察和监测,并导致其在术后很快出现呼吸、循环衰竭而救治不及和死亡。

(4)医方的重要医疗文书包括麻醉记录单和手术操作记录都缺失,存在重大疏忽和过错。这 4 个较为明显的缺陷和过错,也导致败诉和索赔不可避免。

总的来说,常州市某某医院的最根本问题是对吸毒患者麻醉的危险性重视不够,以为胃镜下取异物时间短、麻醉要求不高,应该跟日常实施的无痛胃镜一样不会有什么问题。殊不知,吸毒患者除了中枢神经系统有显著改变外,还多同时伴有心、肝、肾、脑等重要脏器的微循环障碍和功能受损。所以吸毒患者的病死率通常较一般人高,麻醉风险也自然要显著高于普通人群。本例患者就是在长期吸毒基础上伴有冠状动脉粥样硬化性心脏病,并在外伤、失血以及静脉麻醉的多种因素共同作用下引起急性呼吸、循环功能衰竭致死亡。这与 2009 年 6 月 25 日流行音乐天王巨星杰克逊之死十分相似。媒体报道年仅 50 岁的迈克尔·杰克逊因心脏病发作于当天在洛杉矶分校医疗中心一家医院去世。但实际上杰克逊是死于私人医生康拉德·莫里为其注射的致命剂量静脉麻醉药丙泊酚。说是致命剂量,其实当天只是静脉滴注了小剂量(25 mg)的丙泊酚。但因迈克尔·杰克逊生前就有严重的药物依赖和成瘾,并长期服用 9 种药物,包括两种镇静安眠药(阿普唑仑、肌安宁）、静脉麻醉药丙泊酚、三种麻醉性镇痛药（杜冷丁、双氢吗啡酮、维柯丁）、两种抗抑郁药（左洛复、赛乐特）以及止酸抗溃疡药洛赛克（奥美拉唑）。在长期药物依赖和滥用对机体造成损害以及多种药物相互协同作用的基础上，丙泊酚只是成了压死骆驼的最后一根稻草。从本质上说，本案例与天王巨星杰克逊之死都属于药物成瘾患者的麻醉意外。

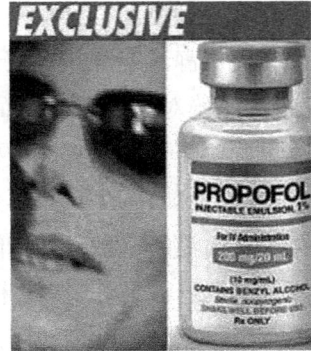

流行音乐大王巨星杰克逊
死于丙泊酚

因此，对于吸毒患者实施麻醉，一定要进行详细的评估，慎重对待，切不可粗心大意、贸然实施。

2. 吸毒患者的麻醉要严守规范

本案例实际情况确实是医方应公安部门要求，紧急实施腹中断指取出术以固定证据和进行断指移植，由此导致医方在未保证手术安全的前提下草率麻醉并最终造成曹某的死亡。法院的判决认为该案件中曹某合并有众多的致死因素，但医方的疏忽和过错与其死亡的后果密切相关，而其他的原因并不能单独导致曹某急性死亡。这一案例也给医疗机构敲了警钟，要学会权衡利弊，在不能确保手术操作安全的前提下，不能一味顺从公安机关的请求。对于本案例来说，尽快实施急诊麻醉和手术，确实有利于胃镜下断指取出的操作，也为进行下一步的断指再植创造最佳条件。但医疗机构以及执业医师还是要以确保生命安全为第一责任，特别是对于麻醉医生而言，要严格遵守医疗操作常规，尽快完善必要的术前检查和准备，选择合适的麻醉方式、严密术中监测和管理、术后进行仔细的观察和复苏。当然，详尽规范的麻醉文书记载自然也是规避风险所必不可少的。

为天王巨星迈克尔·杰克逊使用麻醉药丙泊酚而助他睡眠的私人医生康拉德·莫里，曾拥有令美国医生都极度羡慕的6位数美元月薪，但最终也是因为没有严格遵守医疗规范而被判过失杀人罪，刑期4年，禁止缓刑！其实迈克尔·杰克逊生前使用静脉全麻药丙泊酚已经有较长时间，主要用来辅助睡眠。私人医生莫里也早已注意到杰克逊有丙泊酚上瘾的倾向，并试着想要戒掉其丙泊酚成瘾。但2009年6月24日午夜时刻，迈克尔·杰克逊以一曲《Earth Song》结束彩排后，先后反复使用了安定、劳拉西泮、咪达唑仑等催眠药物，却仍然是一夜无眠，最后于25日上午10点40分，莫里自述在迈克尔·杰克逊的强烈要求下往点滴中注入了25 mg丙泊酚，观察10 min后莫里短暂离开了数分钟，返回时即发现杰克逊已没有了呼吸，经现场和送医抢救无效，杰克逊死于急性丙泊酚和苯二氮䓬类药物中毒导致的呼吸抑制和心脏骤停。莫里被判刑的依据在于：首先作为心内科医生的莫里没有使用静脉麻醉药的资质，而且使用这类药物必须进行心电监护、做好抢救准备，医生绝对不能离开。而莫里的操作完全是违反医学常规，若从这个角度考虑，莫里确实需要为杰克逊的死亡担责。

我们麻醉医生自然不会犯莫里医生的无资质和脱岗那样严重错误，但本案例在实施丙泊酚基础麻醉期间，却同样没有给予严密监护并做好抢救准备，值得引起注意和反思。另外，在临床实践中，吸毒患者一般不会主动诉说其有吸毒史，甚至还会进行刻意的隐瞒。因此在实施包括无痛胃肠镜、无痛人流、急诊介入等手术麻醉时，麻醉医师很难全面了解患者病史，但只要细心观察，往往还是能发现一些症状或迹象，例如打哈欠、流泪、头晕、皮肤瘙痒等，并且此类患者往往在四肢浅静脉、上臂三角肌皮肤、腹股沟部位等留存有反复注射的痕迹。择期手术的术前访视往往相对容易甄别出吸毒史，此时应对可疑患者进行重点询问，详细了解患者的吸毒时间、吸毒方式、毒品种类、使用剂量及频率，尤其是近期内毒品的使用情况，以便选择适宜的麻醉方法、麻醉药物种类、剂量等。对长期大量吸毒者特别要注意心、肝、肾功能受损情况，完善术前的检验检查，并作出详细的评估。本例患者的失误就是没有进行详细的术前检查和评估，想当然地以为如此简短的手术操作和短时间的基础麻醉应该不会产生什么严重问题。麻醉医生不仅误判了患者的病情，还忽视了围术期的严密监护和规范的麻醉医疗文书记录，最后的教训不可谓不深刻。

3. 吸毒患者的麻醉要深入研究

对于吸毒患者的病理生理变化及其对麻醉的影响，目前的认识还很肤浅。毒品不但可对吸毒者的神经系统、心血管系统、内分泌系统等产生广泛而复杂的病理生理改变。还由于种类繁多，其对机体的影响又存在较大差异，并且受吸毒时限的影响，机体还可对毒品呈现出依赖、成瘾、耐受以及戒断等不同症状，脏器的功能损害程度也呈现出明显的时间和剂量相关依赖性。吸毒者的这些病理生理改变，显

吸毒者可呈现出毒品成瘾、耐受及戒断症状

然都会对麻醉的实施产生或多或少的影响作用，但目前的相关研究却很少，尚需要加大研究的投入。特别是以下与麻醉紧密相关的三部分内容，更是需要进行深入的探讨，具体包括：

（1）吸毒患者的机体功能变化及其对麻醉耐受性的影响。毫无疑问，长期吸食毒品的患者，其心、肝、肾等重要脏器以及机体的免疫功能均会受到明显损害，如血管内膜广泛性感染、感染性心内膜炎、血液高凝状态、血栓形成、肺栓塞、肺心病、扩张型心肌病、中毒性心肌病、缺血性心肌病等。因此，吸毒者的实际生理年龄可能与其岁数相差很大，也很容易在日常生活中出现猝死情况，并且常规的复苏抢救成功率很低。因此有必要对吸毒者的麻醉和手术耐受性进行量化的评估研究，或出台详细的临床指南。

（2）吸毒患者对全麻药物的敏感性变化。我国吸毒者吸食的毒品中，绝大多数为阿片类成分。K粉除主要成分为氯胺酮外，也含有阿片类成分。其他毒品如冰毒、摇头丸等，也多含有阿片类成分。长期阿片类药物滥用可使体内脑啡肽、内啡肽含量降低，机体对阿片类药物产生耐受和交叉耐受性，对疼痛的敏感值增加，导致术中使用正常剂量的镇静镇痛药可能无效，麻醉用药量需明显增加，而且可能麻醉效果仍不满意，但包括呼吸循环抑制在内的麻醉风险却明显增加。其他毒品对中枢的作用更为复杂，且目前瘾君子多混合使用多种毒品，加上毒品掺杂成分的复杂性，毒性之间还可相互作用产生"协同效应"，混合性毒品的中枢作用对全麻药物的影响会显得极其复杂，所需的全麻药物剂量难以预测，需要在术中通过监测来进行个体化剂量调控。但目前这方面的经验和研究很少，需要展开深入探究。相对来说，倒是局部麻醉药在吸毒者中的使用影响和差异性较小。由于局部麻醉药是通过抑制神经细胞的钠离子通道而阻断神经兴奋与传导作用，其与氯胺酮、丙泊酚、依托咪酯、苯二氮䓬类及阿片类药物的作用机制均不相同，不会产生交叉耐受性，不受中枢神经系统对药物依赖性的影响，故其在吸毒者中的使用与常人相似。

（3）围术期戒断症状的防控。吸毒患者的麻醉处理，不仅要求麻醉平稳，效果满意，还要求术中、术后能有效控制戒断症状，如焦虑、流泪、出汗、呼吸道分泌物增多、呼吸加深、脉搏加快、躁动等。因吸毒患者多伴有精神紧张，对痛觉敏感、疼痛的耐受性差，选择全麻或联合应用区域阻滞或局麻可能是比较好的麻醉方式。虽然吸毒对局麻药的影响不大，但单独采用区域阻滞或局麻，则要防范术中出现戒断症状和场面失控现象，因为此类患者即使麻醉效果良好，其对身体不适的耐受性也较差，不易合作。若麻醉效果欠佳，则极易引发戒断症状，有可能出现难以控制的躁动和挣扎,让手术麻醉医生十分被动。虽然对吸毒患者而言,若能在戒断症状出现前及时处理,一般多可避免其发生,但经验性的药物应用,如芬太尼、吗啡、氯胺酮等,是否合乎规范,有无更好更有效的治疗措施,均有待于进一步的研究确定。

(徐 蓉 曹云飞)

# 第十一回

# 诱导插管出问题　巨额赔偿尤未了

"只有小手术，没有小麻醉"，这是从事麻醉工作的医务人员经常挂在嘴边的一句话，这句话概括了麻醉工作的重要性，同时也是一种警示和提醒。是的，确实是这样，如果用"风"来比喻麻醉，那么麻醉顺利时就像微风吹拂在脸上，让患者在不知不觉中睡着，如沐春风般醒来；麻醉意外时则如暴风席卷而来，让患者如风筝断线一般，在死亡线上苦苦挣扎。只是谁也不知道何时徐徐清风会变成麻醉风暴。

普通喉镜下的常规气管插管操作

一切都来得太突然了，麻醉风暴的出现可以毫无征兆，让人猝不及防。本案例就发生在一例并不复杂的耳鼻喉科手术麻醉，在绝大多数麻醉医生都很习以为常、司空见惯的麻醉诱导后实施气管插管的短短 16 min 内，医患双方都被卷入了一场无尽的深渊和灾难。

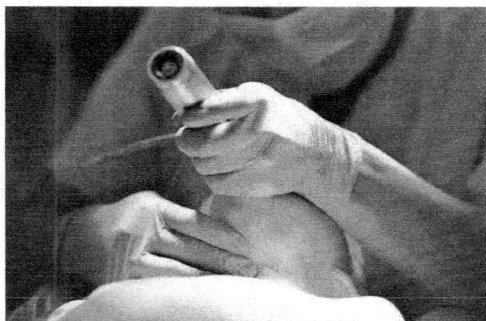

## 一、基本案情

金某，男，29 岁，因鼻中隔偏曲、过敏性鼻炎、下甲肥大，于 2005 年 12 月 7 日到温州某某医院住院，欲行鼻中隔偏曲矫正术。同年 12 月 12 日 11:45，金某进入手术室，12:00 开始麻醉诱导，12:16，金某出现心搏骤停，经心肺复苏后，于 12:30 恢复自主心跳。金某心肺复苏后，因缺血缺氧性脑病，神智呈浅昏迷（"植物人"状态）

至今。

2006年12月8日金某家属向温州市中级人民法院提起诉讼称：温州某某医院的行为给金某及其家人造成了巨大的财产损失和精神痛苦，根据《医疗事故处理条例》第五十条、最高人民法院《关于审理人身损害赔偿案件适用法律若干问题的解释》（以下简称人身损害赔偿司法解释）第十七条的规定，请求：

（1）判令温州某某医院赔偿金某4 936 412.82元（包括医疗费1 344 173.52元、误工费248 625元、住院伙食补助费及陪护人员的伙食补助费95 220元、陪护费1 414 020元、残疾生活补助费422 730元、营养费1 168 000元、被扶养人生活费126 819元、交通费20 974.3元、住宿费41 958元、精神损害抚慰金42 273元、鉴定费翻译费11 620元）。

（2）判令金某继续在温州某某医院处治疗，或因病情需要转其他医院治疗的后续医疗费全部由温州某某医院垫付，待实际发生后另行起诉。温州市中级人民法院于2008年12月31日作出（2006）温民一初字第219号**民事判决**，认为，温州某某医院在治疗过程中的操作失误以及此后在医学处置上的缺陷，是导致金某目前呈现持续植物生存状态后果的主要原因力，故此，确定温州某某医院应承担80％的赔偿责任，赔偿金额2 249 946.89元。另外，温州某某医院还应赔偿金某精神损害抚慰金42 273元，以上两项合计2 292 219.89元，扣除温州某某医院为金某治疗垫付的医疗费、专家会诊及到外院治疗费用、护工费用以及生活补助费用等，温州某某医院还应支付金某734 020.67元。关于患方请求继续在温州某某医院治疗的问题，金某是否继续留在温州某某医院住院治疗宜由双方协商解决。患方请求温州某某医院垫付其因病情需要转其他医院治疗的后续费用，因金某是否有转院治疗的需要尚不确定，并且相关费用亦未实际发生，其该项请求无事实和法律依据，不予支持。案件受理费23 071元、浙江省医学会鉴定费3 500元、法源鉴定中心司法鉴定费8 000元，均由温州某某医院负担。患方和温州某某医院均不服该判决，并向浙江省高级人民法院提起上诉。省高院立案受理后，依法组成合议庭，于2009年5月12日公开开庭审理了本案。

患方家属还于2009年7月12日向温州市鹿城区公安局提出刑事控告，要求对麻醉科主治医师马某等人以医疗过失罪立案。2009年11月17日向温州市人大常委会反映此事。2010年1月5日向温州市鹿城区人民检察院检察长反映此事……

患方的追诉和索赔至今仍在继续。2017年7月温州市鹿城区法院判决温州某某医院赔付金某自2008年11月～2017年7月期间的住院伙食费共计75 936元

［(2017)浙 0302 民初 7142 号］。

## 二、诉讼及司法判决

### 1. 三次医疗鉴定

温州市医学会于 2007 年 6 月 12 作出温州医鉴(2007)025 号**鉴定书**,鉴定意见:患者使用麻醉药物后出现药物过敏反应、严重的支气管痉挛、心跳呼吸骤停、脑功能损害。(植物人状态)是由于其特殊体质所致,与医方的诊疗行为无直接因果关系,该病例不属于医疗事故。

患方及其代理人对该鉴定结果提出异议,申请浙江省医学会再次鉴定。浙江省医学会于 2007 年 12 月 13 日作出浙江医鉴(2007)119 号**鉴定书**,认定:

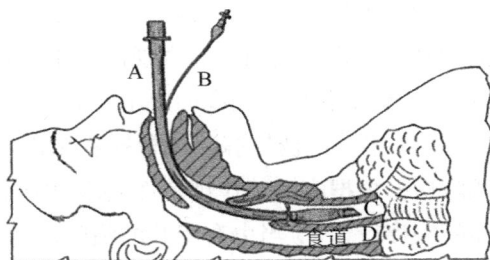

一膜之隔的食道与气道解剖结构示意图

(1) 医方对患者的原发疾病诊断明确,手术有指征,麻醉方式选择正确。

(2) 麻醉过程中首次插管后出现"气道"阻力大,氧饱和度下降,呼末二氧化碳没有出现,考虑为导管误插入食管的可能性较大;第二次气管插管位置正确,但患者出现严重的气道痉挛反应,导致呼吸心跳停止,心肺复苏后因缺氧性脑病成植物人状态。

(3) 医方在麻醉过程中对患者的呼末二氧化碳监测不够密切,病历记录上不明确第二次气管插管的时间,麻醉记录不完善;患者出现心跳呼吸停止后,医方的抢救过程基本符合医疗规范,但"解痉药"的使用较局限。

(4) 根据目前医疗条件,气管插管误插入食管在临床操作上难以完全避免,患者二次气管插管后出现严重的气道痉挛反应原因复杂,分析认为与患者本身的体质(患有过敏性鼻炎)、插管的刺激和药物等因素有关,但医方在麻醉、抢救过程中存在的不足与患者的损害后果之间存在一定的因果关系。

结论:本病例构成一级乙等医疗事故,医方承担次要责任;建议对患者加强护理。

患方及其代理人对上述鉴定中有关构成一级乙等医疗事故的结论没有异议,但对医方承担次要责任的结论提出异议,认为该结论违背事实和科学,申请就医方医疗行为造成金某损害后果的原因力、其定残后的护理人数和营养费等问题进行司法鉴定和评估。

温州市中级人民法院依患方申请,委托北京法源司法科学证据鉴定中心(以下简称法源鉴定中心)进行鉴定。该中心于 2008 年 7 月 14 日作出鉴定结论,分析如下:

(1) 审查麻醉记录,可以确定患者在诱导麻醉过程中出现麻醉不良事件。根据所记录血氧饱和度迅速下降、呼气末二氧化碳未出现的特点分析,符合第一次气管插管误入食管情形,并且在该误插事件后对患者再次进行了气管插管。但在具体气管插管细节和次数上不能确定。医方在麻醉术后书写的手术护理记录单、医疗记录麻醉异常过程分析以及危重患者报告单、病情知情同意书均未详细如实地记载麻醉插管出现问题的客观医疗事实,不符合《执业医师法》和《病历书写规范》等法律、法规和规章制度的要求。

(2) 第一次诱导麻醉气管插管系由实习生操作,无疑增加了麻醉不良事件的风险性。根据麻醉工作规范性要求,因气管插管属于一项对技术和熟练程度要求高的医疗行为,应当由有经验的临床医师担任。

(3) 审查病历材料中涉及本次手术麻醉异常情况的记载,对使用麻醉药物后的常规操作细节和相关步骤未能清晰反映出来。因此,本次鉴定无依据判断在给患者麻醉药物后,麻醉医疗人员插管实施的具体时机,有无进行过度通气及次数以提高患者在无通气期间的氧储备能力,插管时临床医师的监督和指导,插管后按"视、听"常规对插入口腔的气管导管是否在气管内进行确认的医疗行为,发现患者情况不良的最初时间和采取保证有效通气的步骤,第二次插管的时间和效果,第三次插管的时机、原因和患者状况等内容。本次鉴定认为现有病历记载的医学事实与陈述客观事实和审查所反映的医疗事实具有明显差异性。

(4) 在患者血氧饱和度骤降期间,临床医师考虑为支气管哮喘发作并给予抗过敏治疗,但根据支气管哮喘疾病的发生和发作特点,患者缺乏明确的支气管哮喘病史,转入 ICU 病室时肺部听诊记载也进一步排除支气管哮喘的诊断。依据现有材料患者气管插管时出现支气管哮喘的诊断缺乏足够的依据。患者出现的异常情况符合支气管痉挛特点,但临床未针对此给予支气管平滑肌解痉松弛和扩张支气管的药物,在抢救治疗上存在缺陷。

(5) 卡肌宁(阿曲库铵)过敏具有注射药物后迅速发生、患者上胸部及双上肢出现皮疹、持续性低血压、激素治疗有效、术后皮试阳性等特点。但依据现有病历记载内容,缺乏诊断卡肌宁过敏的足够依据。

结论：患者在接受手术麻醉治疗过程中发生第一次气管插管误入食管的操作失误以及此后在医学处置上的缺陷，是导致麻醉不良事件和患者呈现持续植物生存状态后果的主要原因力。患者现处于持续植物生存状态（俗称植物人），具有完全护理依赖情形，需要两人给予疾病照料、康复理疗活动和一般生活护理。患者现疾病状态除接受半流质软食维持生命活动外，还具有进一步添加营养成分和物质的必要性。营养费标准尊重医患双方达成的协商意见，或请法院结合当地生活标准给予最终确定。北京地区在司法鉴定实践中的营养费标准（40～60 元/天）以供参考。

在随后的诉讼过程中，法源鉴定中心还就其出具的［2008］医鉴字第 08014 号法医学鉴定意见书中未提及的次要原因力，于 2009 年 5 月 30 日出具一份补充意见，内容如下：医疗行为的实施首先建立在患者自身疾病需要得到医学救治的基础上。在对患者的救治过程中，因医疗行为具有风险性、实践性、经验性的特点，加之患者个体的不同，临床医学行为难以保证得到 100% 的安全可靠，所以手术麻醉前的告知和签订同意书即表明医患双方对于这种风险性的认识和共同面对的心理准备。对具有经验性的麻醉医师操作而言，在实践中亦有可能出现插管失败的情形。因此，本次鉴定书所未提次要原因力即为患者本身疾病具有必须接受手术麻醉医疗行为的必要性，也为接受手术麻醉医疗行为的前提和基础，这也是与一般民事侵权伤害行为的差异。其次为手术麻醉本身具有的风险性，即使熟练的麻醉医师操作也可能出现，对此医患双方在术前告知、签署手术麻醉同意书中得到体现。

2. 法院判决及主要依据

温州市中级人民法院审理后判定，医方温州某某医院在医疗活动中违反诊疗护理规范，造成患者金某人身损害，并构成一级乙等医疗事故，应承担 80% 的赔偿责任。但医患双方均不服上述判决，并分别向浙江省高级人民法院提起上诉。

患方上诉称：温州某某医院应承担完全的民事赔偿责任，原审判决温州某某医院承担 80% 的赔偿责任显失公平。其理由包括：①科学的司法鉴定是温州某某医院应当承担完全民事赔偿责任的主要事实依据。法源鉴定中心作出的法医学鉴定意见书，虽然表述了温州某某医院的医疗行为是造成金某人身损害的主要原因力，但从该鉴定书的全文来分析和理解，不难看出导致金某人身损害的后果完全是温州某某医院医疗技术水平差、医务人员严重不负责任、严重违反医疗常规造成的，意见书无患者本人对该后果的造成存在任何缺陷的表述。②温州某某医院事后协商期间对一级乙等医疗事故、全部责任的承认，应当是其承担完全民事赔偿责任不容置疑的事实。温州某某医院给其协商回复的电子邮件的真实性，已通过原审法庭上的证据交换得到确认。双方对民事赔偿责任的协商一致,是诉前得知事故发生真相后多次协商确定的结果,并不是温州某某医院为达成调解协议或者和解目的而作出妥协所涉及的对案件事实的认可。故坚持要求医方温州某某医院赔偿患者金某医疗费、误工费、住院伙食补助费、陪护费、残疾生活补助费、营养费、被扶养人生活费、交通费、住宿费等 9 项共计 3686857.82 元。

温州某某医院答辩称:患方金某家属要求由医方承担全部赔偿责任没有任何依据,而原审判决由医方承担 80% 的赔偿责任也是错误的。其理由包括:①原审判决认定医学会的鉴定结论不能作为本案确定当事人民事责任的有效依据,是错误的。②医学会作出的医疗事故技术鉴定书中认定的医方的责任程度应当作为医疗事故损害赔偿纠纷案件确定赔偿数额的依据,而浙江省医学会作出的医疗事故技术鉴定书认定"本病例构成一级乙等医疗事故,医方承担次要责任"。因此,其只能在 40% 以内承担赔偿责任。③法源鉴定中心的鉴定没有事实和法律依据。本案是医疗事故,已进行了两级医疗事故技术鉴定,明确了患者金某的残疾程度以及温州某某医院的责任程度,原审法院再委托法源鉴定中心进行鉴定没有法律依据。并且该鉴定结论无论从鉴定程序还是鉴定内容上看,均不合法。原审将其作为审理判决的依据显然是错误的。为此,医方温州某某医院请求撤销原审判决,依法改判。

浙江省高级人民法院根据双方当事人的诉辩主张和理由,审理后认为:患方金某家属上诉主张温州某某医院应承担全部赔偿责任,而医方温州某某医院上诉主张其只能承担 40% 以内的赔偿责任,这其中涉及浙江省医学会的鉴定与法源鉴定中心的鉴定如何认定的问题。法院根据法源鉴定中心作出的[2008]医鉴字第 08014 号法医学鉴定意见书和补充意见,对导致本案医疗事故发生的主要原因力和次要原因力进行了分析,主要原因力在于温州某某医院,次要原因力则是由于患者本身疾病具有必须接受麻醉医疗行为的必要性,以及手术麻醉本身具有的风险性。此外,浙江省医学会作出的浙江医鉴(2007)119 号鉴定书,也对该医疗事故发生的原因力作出了分析。其中第 4 点载明:"根据目前医疗条件,气管插管误插入食管在临床操作上难以完全避免,患者二次气管插管后出现严重的气道痉挛反应原因复杂,分析认为与患者本身的体质(患有过敏性鼻炎)、插管的刺激和药物等因素有关,但医方在麻醉、抢救过程中存在的不足与患者的损害后果之间存在一定的因果关系"。结合上述法源鉴定中心和浙江省医学会的鉴定意见,可以认定在对金某的救治过程中,由于存在上述鉴定报告中所涉及的非医院方面的因素,故可以减轻温州某某医院应承担的责任,原审判决由其承担 80% 的责任是恰当的。金某在医疗事故中没有过错责任,但本案并不是以其存在过错来判决由其承担次要责任的,故金某以其没有过错要求温州某某医院承担全部责任的上诉理由不能成立。

另外,审理期间,患者金某代理人认为温州某某医院在对金某施行麻醉过程中连续3次将气管导管插错,导致金某严重缺氧致植物人,申请法院向有关知情人员进行调查。法院认为,对于金某的医疗鉴定,先后有浙江省医学会和法源鉴定中心作出了鉴定,对导致金某呈植物人状态的原因已经作出了鉴定结论,无须再向有关人员调查,故对金某代理人提出的该申请不予照准。

据此,浙江省高级人民法院于2009年6月21日作出终审判决[(2009)浙民终字第48号]:驳回上诉,维持原判。一审案件受理费23071元,由金某负担12358元,温州某某医院负担10713元;浙江省医学会鉴定费3500元、法源鉴定中心司法鉴定费8000元,由温州某某医院负担。二审案件受理费、患方金某上诉部分17352元,由金某负担;温州某某医院上诉部分21289元,由温州某某医院负担。

## 三、司法判决的医学思考

### 1. 惨痛代价背后的真相探讨及医学反思

一个极其普通的耳鼻喉科短小手术,一次极其常规的麻醉诱导插管,却在短短的16 min时间内,从徐徐清风般的快速序贯麻醉诱导,突然转变为疾风暴雨般的紧急气道危情抢救。尽管动用了整个麻醉科的最强力量,应该说是尽到了最大的努力,但结果仍造成了极其惨痛的代价,由此也让医患双方都卷入了一场旷日持久的医疗诉讼,至今仍无法脱身其外。患方因家人不幸沦为植物人,自然有其悲愤的诉求和索赔的权利。而对于医方特别是麻醉业界来说,本案例也确实有太多值得探讨和反思之处。本案例的赔付金额之大,诉讼历时之长,都是麻醉纠纷和诉讼中极其罕见的。

从医学专业角度分析,这应该是一起比较少见的紧急气道事件。麻醉诱导后先是由实习医生温某行气管插管操作,插管后发现出现"气道"阻力大,氧饱和度下降,呼气末二氧化碳没有出现,考虑导管误插入食管,予及时拔管并由带教老师重新实施气管插管。作为教学医院,这是再正常不过的带教方式,是属于可控的、不会造成明显损伤的教学行为。但按患方的说法,随后应该是出现了困难气道问题,并分别由麻醉科的3名资深医生(主治医师马某和两名上级医师)接力实施气管插管。虽然最终气管导管插入成功,但不幸的是,患者还是在麻醉诱导后第16分钟出现了呼吸、心搏停止。从患方描述来看,本案例应该是属于在麻醉诱导后出现了未能预知的紧急气道危象，即"无法通气无法插管状态"（cannot intubate and cannot ventilate，CICV）。当然也不能排除存在卡肌宁等麻醉药物过敏及第一次实习麻醉医生插管误入食管等引起喉头水肿的可能性，这些因素本身也可诱发或加重 CICV 危象。

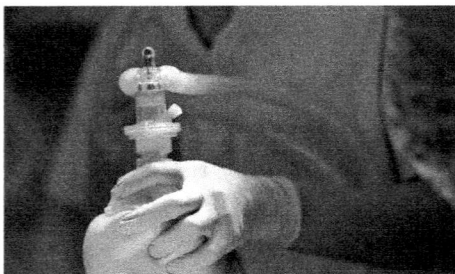

紧急气道 CICV 是一种绝对的临床危象

既往多将面罩通气困难或插管困难都统称为困难气道，发生率约在 0.5%～10%。但事实上，面罩通气困难与插管困难二者之间具有重要的联系，一旦二者同时发生，即出现紧急气道状态（CICV）。CICV 是绝对的临床危急情况，如果没有迅速正确的补救措施，将会导致巨大的麻醉灾难，常常以永久性脑损伤或死亡收场。目前统计的 CICV 发生率约为 0.01%～0.07%。CICV 可在麻醉诱导后立即发生，也可能发生于反复气道内操作之后，术前正确评估困难通气及困难插管当然十分必要，但遗憾的是，至今尚没有特异的预测评估方法。因此，麻醉医生在日常的临床工作中必须做好充分的应对准备。并且，根据"ASA 困难气道处理指南"，一旦发生插管失败、面罩通气不充分的情况，下一步应考虑插入适当型号的喉罩或食管-气管联合导管 Combitube®。但随后的插管尝试应是有限度的，以尽量将气道损伤减至最小。Scott 曾提出很多患者其实并不是死于插管失败，而是死于不断的插管尝试。但如果喉罩或 Combitube® 还是不能保证充分通气和氧合的话，麻醉医师就面临 CICV 紧急气道危象。在这种少见但危及生命的情形下，麻醉医师必须有充分的准备、并能紧急插入声门下通气道，如经皮环甲膜穿刺导管置入、经皮环甲膜扩大开放术、环甲膜切开和气管切开术等。类似情况下的应对，加拿大麻醉医师选择最多的是环甲膜穿刺静脉导管置入（51%），其次是经皮环甲膜扩大开放术（28%）和气管切开术（7%）。按患方的陈述，本案中医方进行了反复的插管尝试（至少 4 次），也没有使用喉罩或果断开通声门下通气道，这确实是不明智的做法，甚至可以说是失误或失策之处。因为按照困难气道的指南，一旦发现 CICV 危象，麻醉医生应尽量减少重复操作（任何重复操作不要超过 3 次），尽早使用喉罩等气道设备。反复的常规喉镜插管尝试，尽管有可能像本案例一样最终取得成功，但窒息和缺氧的危险性也在随着尝试次数的增加而急剧升高，最后很有可能如本案例一样得不偿失、酿成恶果。不过，临床上确实有很多麻醉医生，即便是在这种危急情况下，也总是不甘失败而冒险进行反复的尝试，有可能是出于过分的自信，也有可能是疏于使用或缺少唾手可得的 CICV 通气手段。

如本案例确实发生了 CICV 这种难以预料且十分凶险的紧急气道危象，那么医方是不应承担如此高的责任和赔偿。按照我国的《医疗事故处理条例》第33 条第 2 项规定，在医疗活动中由于患者病情异常或者患者体质特殊而发生医疗意外的，不属于医疗事故。所谓医疗意外，是指医务人员无法预料的原因造成的，或者根据实际情况无法避免的医疗损害后果。2010 年出台的《侵权责任

可视插管技术设备日新月异

法》第 60 条第 1 款第 3 项规定的"限于当时的医疗水平难以诊疗"的医疗行为也可以免责。CICV 在很多时候确实是突然发生、无法预料，且救治现场可以凶险和紧迫到不允许有过多的思考时间。因此，对 CICV 的处置应该也归入可以免责的医疗行为，即其损害后果的发生属于医疗机构或医务人员难以防范的。比较幸运的是，本案例发生前后，可视喉镜、新一代的声门上气道工具（Supraglottic，SGA）等气道设备开始推广使用，困难气道问题大大减少，插管成功率明显提升，类似的气道医疗风险也得到了明显改善。

2. 法律事实角度的证据呈现及诉讼策略

本案例诉讼过程中，医方温州某某医院一直坚持是由于使用麻醉药物后出现过敏反应和支气管哮喘并致严重后果的观点，最初的温州市医学鉴定［温州医鉴(2007)025 号］也认可这一说法。但患者家属应该是直接或间接地获知了麻醉诱导期间的现场救治情况，也明确指出现场进行了至少 4 次的气管插管尝试，并具体到插管操作者的名字和顺序，由此坚决认定是医方气管插管失败等人为过错导致的植物人后果。但从法律事实和证据呈现来看，医患双方都没有太多的客观证据。医方描述实习生首次插管失误后，主治医生即在 1 min 内正确完成第二次插管，这是不是客观事实不好说，但绝对不是法律事实，患方也同样不会认可。所谓法律事实，是指依照法律程序和被合法证据证明了的案件事实，即法律事实的形成必须符合法律规定的形式并受制于法律的评价。本案法院查明的法律事实是：实习生误插事件后，医方对患者再次进行了气管插管，但具体的气管插管细节和次数上不能确定，因医方在麻醉术后书写的手术护理记录单、医疗文书记录中的麻醉异常过程

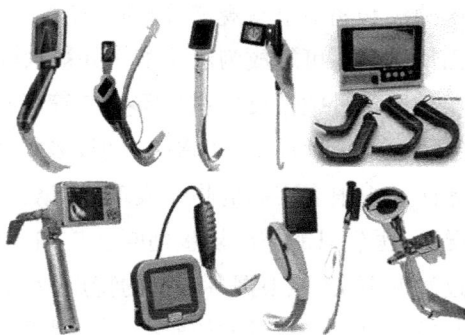

分析、危重患者报告单、病情知情同意书均未详细如实地记载麻醉插管出现问题的客观医疗事实。可以说,由于包括麻醉记录单在内的医疗文书均存在不符合执业医师法和病历书写规范等缺陷,使得现场的救治过程难以被还原,医方的这种单方面说法也不可能成为法律事实并被法院所采信。至于医方一直强调患者是基于卡肌宁所致过敏性反应和严重支气管哮喘而导致的呼吸心跳停止,并辩解称:"卡肌宁所致过敏性反应"的临床表现,多数药物首发过敏的情况属于鉴定书所述,但临床医学中很多疾病的临床表现具有众多不确定性、特殊性,因此在临床工作危急情况下,医生只能作出初步判断。该临床麻醉中使用的异丙酚、芬太尼、卡肌宁均有过敏的事实,但根据各药物的特点、发生率及临床资料,推断卡肌宁属于最大嫌疑,其发生可能与患者的体质有关。但医方的上述辩驳因没有临床证据支持,实在是显得过于苍白无力。正如法源鉴定中心作出的[2008]医鉴字第 08014 号法医学鉴定意见书所指出:卡肌宁过敏具有注射药物后迅速发生、患者上胸部及双上肢出现皮疹、持续性低血压、激素治疗有效、术后皮试阳性等特点。但依据现有病历记载内容,缺乏诊断卡肌宁过敏的足够依据。同时结合患者既往无过敏和哮喘病史、抢救期间并无平喘药物应用、转入 ICU 时也没有闻及肺部哮鸣音的临床病历记录,也进一步排除了支气管哮喘的诊断。由此可见医方的这个辩解观点只是一种推测,完全缺乏充足的法律依据,也不可能为法院所采纳。当然患方认为实习生首次插管失误后,医方又进行了起码由 3 名医生实施的 3 次以上插管。尽管其说法有名有姓,也很符合临床的救治常规,应该不是那种捕风捉影或空穴来风的恶意诬陷,但也是因缺乏相应的客观证据而不为法院所采纳。本案例虽然医患双方都缺乏靠谱的法律事实,但医方因为须承担自身没有医疗过错的举证责任,所以在诉讼过程中显得更为被动和劣势。这也进一步说明,医务人员在临床实践中,一定要注重证据的保存和医疗文书的完整,使之成为法律事实,这样才能在医疗纠纷或法律诉讼中有足够的底气和把握。

本案中,医方的诉讼策略也有待商榷。医方温州某某医院一直坚持是由于使用麻醉药物后出现过敏反应和支气管痉挛并致严重后果的观点,而患方则认定是气管插管失败导致的人为过错。鉴于 CICV 的紧迫性和严重性都要明显高于过敏及支气管哮喘等问题,所以可能从 CICV 角度提出辩解比较好,也更有助于减轻医方的责任。但长期以来的传统观念认为,由正常使用药物引起的不良反应导致严重后果的,医方只需承担救治不力的过错,相对来说责任会轻一点。而由于操作失败导致严重后果,则容易被归于人为过错,承担责任也会重一点。实际上,临床上的一些疑难医疗操作,如心脏大血管手术、脑或脊髓深部结构手术等,都是在一定范围内允许操作失败的,在法律上属于可以免责或只需承担次要责任的范畴。同样,对于本案例这样的紧急气道,医方在第一时间动用了全科的最强力量来解决这个紧急气道问题,尽心尽职地实施了救治。当然由于事发突然凶险,时间又十分紧迫,最后的救治结果(植物人状态)不甚理想,救治过程中也确实存在难以避免的瑕疵或不足。但从医学角度考虑,本案例医方应该是尽到了积极的救治义务;从法律角度考虑,也应该是属于免责或轻责的范畴,因此,从 CICV 角度来应诉或辩解可能会更有利。至于本案中医方坚持的由麻醉药物引起的过敏反应,通过停用可疑药物,积极抗过敏和抗休克,一般都能获得良好的救治效果。而气管插管后因刺激咽喉、气管和支气管引发的支气管哮喘,通过去除诱因(清除分泌物、调整气管导管深度等),加深麻醉(包括给予小剂量氯胺酮及吸入麻醉药),加强对呼吸道的管理(手控呼吸、加压给氧等),必要的药物治疗措施(糖皮质激素、解痉平喘药物等),也完全可以得到缓解,而不至于造成严重后果。最要命的是,本案例的医方文书中基本没有应用这些救治措施的详细记录,这也是医方在诉讼过程中底气不足并处于不利地位的一个主要原因。比较起来,从 CICV 角度提出诉讼,不仅可取得患方的部分认同,也更容易申辩和减轻医方的责任。

3. 实习带教问题的医学规范与法律冲突

本案例中出现的实习医生问题,也确实是个不容回避的临床难题。医方在法庭上辩解称:鉴定机构关于"气管插管应由有经验的临床医师担任"的观点是对医学发展的不了解。根据目前的医疗实践,麻醉学专业实习学生在麻醉科实习期间要求"最低完成气管插管 30 次",而本次手术中进行气管插管的实习生在事发前已独立完成气管插管 50 次以上。并且实习生首次插管失误,其后主治医生已在 1 min 内正确完成第二次插管,因此,第一次插管失误与最终患者的预后之间没有相关性。平心而论,法医鉴定机构关于本案"第一次诱导麻醉气管插管系由实习生操作,无疑增加了麻醉不良事件的风险性。根据麻醉工作规范性要求,因气管插管属于一项对技术和熟练程度要求高的医疗行为,应当由有经验的临床医师担任"的观点,还是比较客观的,也符合我国现行的医疗法规要求。即便是如医方所说,该实习生在事发前已独立完成气管插管 50 次以上,这同样改变不了其实习医生的性质,也不符合气管插管应当由有经验的临床医师担任的法规要求,医方仍需要对这一违法情形担责。不过,这一问题在很大程度上是由于国家制度设计的缺陷所造成的,而并非是医院和科室的过失。并且,这一现象也并非是麻醉学科所独有,几乎所有的临床科室都存在和面临这个实习带教难题。

按照 1999 年 5 月 1 日实施的《中华人民共和国执业医师法》第 2 条第 2 款规

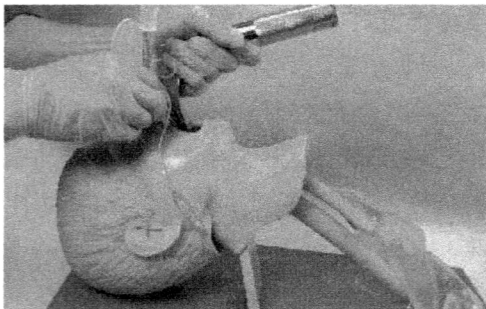

实习学生在模型上进行气管插管练习

定："本法所称医师,包括执业医师和执业助理医师。"第 14 条第 2 款规定:"未经医师注册取得执业证书,不得从事医师执业活动。"可见,法律上所称的"医师"的含义是特定的,实习医生显然不具备医师资格,也不是法律上所称的医生。但我国卫生部(现卫健委)颁布的《全国医院工作条例》第 2 条规定:"医院必须以医疗工作为中心,在提高医疗质量的基础上,保证教学和科研任务的完成,并不断提高教学质量和科研水平"。第 17 条规定:"医院要在保证医疗质量、完成医疗任务的基础上,积极承担高中等医药院校学生临床教学和毕业实习以及在职人员进修培训任务。"可见,完成教学任务又是医疗机构的一种职责和法定义务。由于医学专业本身的特殊性,决定了实习的主要目的就是实现学生向医生的转变,这种转变中包括作为医生必备能力的学习和操作。如根据目前的医疗实践,麻醉学专业实习学生在麻醉科实习期间要求"最低完成气管插管 30 次"。这种法律和制度设计上的不统一甚至冲突现象,在临床实践中会让教学医院和带教老师左右为难,并面临违法的风险。以至于许多院校和医院为了规避法律风险,都尽量采取以模具或模型为主的模拟医学教学,实习医生反而没有真正临床操作的机会,各类穿刺操作不能做,手术全程在拉钩,甚至连最后的缝皮机会都没有,医学生的临床实际动手能力也难以得到有效的提升。

因此,国内应从法律角度为医学生的实习和医疗机构的教学提供法律保护,加快医学临床实践教学工作的立法,以统一的法律法规形式明确实习医生的身份、权利与义务,以及临床实践的管理等,以避免出现本案中所涉及的因实习医生操作而增加麻醉风险的违法可能性。

(吴　祥　夏贵华)

# 第十二回

# 腰麻术后脑血栓　麻醉尽职免担责

医疗行业面临的是疾病的挑战和生命安全的保障,其风险程度之高位居各行各业之首。而作为围术期最重要的麻醉环节,需要让机体平稳度过外科干预所带来的复杂而剧烈的病理生理变化,其风险程度更是高于其他的医疗专业。麻醉医师是名副其实的"生命保护神",他们不但要保证患者免受手术的"皮肉之苦",更要保护其围术期的生命安全和顺利康复。

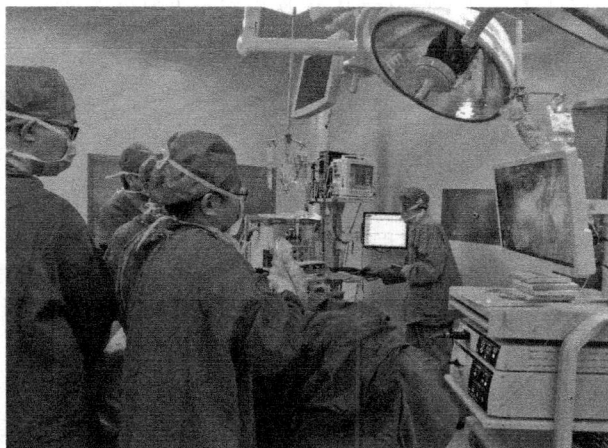

麻醉医生是不起眼的生命保护神

但麻醉的复杂性和高风险,还远远没有被民众所理解。他们往往把"手术刀"放在很重要的位置,而忽视了麻醉所起的作用。即便是在签署麻醉知情同意书时,患者或家属对于麻醉中可能会出现的麻醉意外和麻醉并发症大多不以为然,认为这只是走个形式,反正要做手术,就必须麻醉,任凭麻醉医师怎么解释和告知都觉得无所谓,一签了事。但如果围术期一旦出现麻醉相关的意外情况,则往往不能接受。轻则痛斥麻醉医生没有尽到详细告知的义务,没有尽到高度重视生命的职责,重则出现暴力伤医事件。殊不知,有些麻醉并发症或意外,在很大程度上是跟患者自身的特殊体质相关。即使麻醉医师无失职行为或技术过失,就目前的医疗技术水平而言,也是难以完全避免的。在此情况下,严格按照医疗规范操作就成了重中之重的避责措施,麻醉医师只有做到了这一点,才可能避免承担不必要的风险和责任。以下就是一例国内顶级医院因麻醉操作规范而免于担责的案例。

## 一、基本案情

患者曾某,女,31 岁,因"宫内孕 39$^{+4}$ 周、阴道流液 1 h"于 2015 年 7 月 6 日 0:24 到达北京协和医院急诊妇科,1:36 在急诊做 B 超检查后收入产房待产。产前异常情况:亚临床甲减、胎膜早破、不良孕史。入院后待产情况:监测胎心,待产。临床异常情况:因持续枕后位,经过多次尝试自然分娩未能成功,行剖宫产终止妊娠。7 月 7 日 0:34 经剖宫产顺利产下一男婴。麻醉方式:腰硬联合麻醉。麻醉过程:右侧卧位,一点法 L3/ L4 腰麻针内单次给药,硬膜外置管,头向 3.5 cm、无异感,麻醉平面 T6~L5。术后医嘱:去枕平卧 48 h。术后随访:术后当日,患者平卧感头晕、恶心,无呕吐、头痛不适,嘱继续平卧休息。7 月 7 日的医嘱单显示:2:03 静脉输液 5%葡萄糖注射液 2 000 ml。术后第一日,患者平卧仍伴头晕,侧卧也出现轻微头痛。嘱患者从平卧位转坐位时动作减慢,防止突然变化体位,如有特殊不适,随时联系。7 月 10 日 8:04 病程记录:术后第三日,患者坐位时头痛明显。指示:继观,半坐卧位,逐渐增加活动量。7 月 13 日 11:49 病程记录:术后第六日,无发热,无胸闷心悸,无腹痛腹胀,但坐位及立位仍自觉头痛,无呕吐、晕厥,大小便正常。请麻醉科会诊,结论为暂不需要特殊处理,必要时止痛治疗,若症状加重及时就诊。内科电话咨询建议进一步检查 D-二聚体及双下肢静脉彩超。患者拒绝进一步检查,要求出院。请示上级医师后予以出院。嘱注意休息、卫生、避孕,适当活动避免产后血栓形成,产后第 42 天门诊复查。有异常情况随诊。7 月 13 日麻醉科会诊记录:术后第六日主诉半坐位无明显不适,但坐位及立位明显头痛,无呕吐等,考虑与腰硬联合麻醉有关,目前继续保守治疗,暂不需要特殊处理,如需要可口服非类固醇类(NSAIDS 类)镇痛药,以减少疼痛,嘱患者如有症状加重等及时联系。

2015 年 7 月 20 日,该患者再次被送到北京协和医院急诊抢救室,急诊主诉:剖宫产术后头痛 13 天,意识不清伴肢体抽搐 3 h。现病史:术后出现持续性头痛,站立时严重,平卧后减轻,伴有恶心,无呕吐,无发热,未行处理,症状逐渐缓解。2 天前,再次出现头痛加重,以左侧头痛明显,伴恶心、未吐,左侧肢体无力,无意识不清,无饮水呛咳,未处理。3 h 前患者出现意识不清,伴有牙关紧闭,口吐白沫,肢体抽搐,为求进一步治疗来诊,门诊以"抽搐原因待诊"收住入院。入院诊断:抽搐原因待诊,剖宫产术后,甲状腺功能减低。7 月 20 日 20:11 病历记录:患者目前颅内静脉窦血栓不除外、头痛癫痫不除外。请神经内科会诊,警惕再次出现癫痫,警惕痰堵、窒息,密切观察病情变化。7 月 22 日病历记录:患者 MRI 检查提示颅内静脉窦血栓形成,遵神经内科意见应用甘露醇脱水、华法林钠片抗凝、开浦兰抗癫痫等治疗。8 月 10 日病历记录:神清语利,颅神经(一)。四肢肌力 V 级,肌张力正常,双侧腱反射对称引出,双侧病理征(一)。感觉、共济可,颈软,病情好转,今日出院。嘱继续口服华法林钠片 3 mg,qd,监测 INR,根据监测结果调整剂量;继续口服开浦兰 0.5 g,bid,定期监测血常规及肝肾功能,神经内科门诊随诊。2016 年 4 月 20 日协和医院病历记录:无不适,已停华法林钠片。EEG:轻度不正常。ALT、血糖正常。INR 0.97。

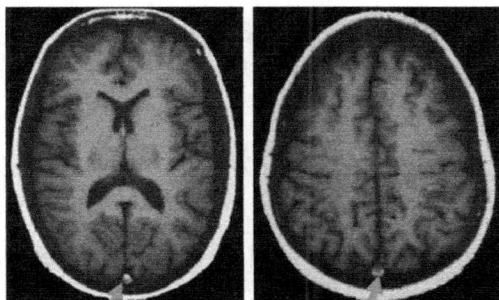

箭头所指为上矢状窦血栓形成

患方认为院方存在如下过错导致原告颅内静脉窦血栓形成:①医院在麻醉过程中因过失导致患者脑脊液渗漏;②患者脑脊液渗漏后,医院未采取任何有效措施;③麻醉过失后未如实告知患者及家属;④医院未如实记录脑脊液渗漏的情况。遂起诉至北京市东城区人民法院,要求协和医院赔偿残疾赔偿金 550 000 元、医疗费 352 000 元、误工费 197 672 元、精神损害抚慰金 600 000 元,索赔金额共计达 1 699 672 万元。

## 二、诉讼及司法判决

患方提起诉讼的同时，也申请了医疗过错司法鉴定，鉴定事项为：①协和医院的诊疗行为是否存在过错；②如存在过错，该过错与损害后果之间的因果关系及责任程度。经法院摇号确定中天司法鉴定中心为指定鉴定机构。

2017 年 3 月 15 日，中天司法鉴定中心出具鉴定结论：

（1）患者入院诊断胎膜早破，予监测胎心、待产等处置不违反诊疗常规，后因持续性枕后位行剖宫产，适应证明确，手术操作不违反诊疗常规，手术顺利。

（2）医方剖宫产选择腰硬联合麻醉不违反诊疗常规，医方术前履行了相应的风险告知义务，并取得了患方签字确认。

（3）患者术后头痛考虑与硬脊膜穿破后脑脊液渗漏有关，属于麻醉难以完全避免的并发症。医方术后随访积极，并给予相应处理，如嘱平卧、多运动及补液。

（4）颅内静脉系统血栓形成（CVST）是指多种病因引起的以脑静脉回流受阻、常伴有脑脊液吸收障碍导致颅内高压为特征的特殊类型脑血管病。病变部位可原发于脑内浅静脉、深静脉和静脉窦。常见的危险因素有手术、创伤、感染、妊娠、遗传性易栓症等。本病少见，临床表现缺乏特异性，诊断困难，极易漏诊和误诊，有一定病死率和致残率，无证据支持与脑脊液渗漏相关。

（5）医方术后考虑脑脊液渗漏在病历上未予明确，与患方的沟通不足，视为过错，但该过错与患者发生 CVST 无关。

综上所述，协和医院对患者的诊疗行为存在一定的过错，该过错与患者颅内静脉系统血栓形成无关。

鉴定结果出来后，患方于 2017 年 4 月 21 日提出**书面质询**，内容为：

（1）医院针对脑脊液渗漏这一麻醉意外未采取补救措施和治疗。

（2）患者麻醉意外后致长时间平卧，无法下地活动，是否加大了产妇产生凝血、造成血栓的风险，故脑脊液渗漏与静脉血栓形成有因果关系。

（3）"医方术后随访积极，并给予相应处理，如嘱平卧、多运动及补液"与事实不符。医院并未采取积极有效的防止患者高凝血的治疗措施。

（4）医方未如实记录麻醉意外的情况，故也就无法对麻醉意外采取必要的治疗措施。脑脊液外溢与脑脊液渗漏是两个完全不同的概念。

（5）手术发生意外后，患者有知情权，但医院未进行告知。

针对上述质询问题，中天司法鉴定中心于 2017 年 5 月 16 日**书面回复**：

（1）患者术后主诉头痛，医方给予了相应处理，如嘱平卧、多运动及补液。

（2）妊娠和分娩是 CVST 的好发因素，而产妇是 CVST 的高发人群。长期卧床是静脉血栓形成的危险因素，理论上不除外脑脊液渗漏所致的卧床是发生血栓的因素之一，但是无脑脊液渗漏与 CVST 相关的报道。

（3）脑脊液渗漏是麻醉常见并发症，因个体差异，部分患者渗漏多，部分渗漏少，部分有临床表现，部分没有临床表现，多数患者术后 2～3 天头痛即好。剖宫产术后患者医嘱平卧 48 h，超常规剂量补液等非常规处理，均是针对手术后头痛的对应处理。

（4）脑脊液外溢和脑脊液渗漏没有区别。

（5）医疗过错鉴定原则是过错责任原则，有过错才承担责任。

患方认为鉴定机构的回复中医嘱内容平卧和多运动是相互矛盾的，正常产妇出现此种情况时可以平卧，患者当时的情况不可能再运动，病程记录中也没有超常规补液的内容。但患方在鉴定意见出具后经法院释明法律风险，变更了诉讼请求，将索赔金额从 1 699 672 万元降为 36.5 万元（医疗费 15 000 元、误工费 50 000 元、精神损害抚慰金 300 000 元）。

医方认为其对患者的诊疗符合诊疗常规，充分履行了注意义务和告知义务，不存在医疗过错。硬膜穿透为腰硬联合麻醉后常见并发症，因脑脊液外漏导致的低颅压头痛是属于可以预见、难以完全避免的并发症。患者颅内静脉窦血栓形成属于产后高凝状态导致的自身疾病，两者均非有过错的诊疗行为所致。关于术后头痛原因告知问题，腰硬联合麻醉后头痛属于麻醉操作的常见并发症，为避免加重患者心理负担，考虑到产妇的恢复和抚育新生儿的需要，临床实践中不会常规告知硬膜穿透情况。加之头痛属于主观症状，强调头痛和头痛原因，存在诱发或加重主观感受的可能，故临床一般采取保守治疗、随访等措施。颅内静脉窦血栓与高凝状态有关，与硬膜穿透无关。本案例硬膜穿透后出现低颅压头痛，之后出现颅内静脉窦血栓，属于偶合，相互之间不存在因果关系。颅内静脉窦血栓发生率较低，多发生在产褥期，早期临床症状缺乏特异性，极易漏诊或误诊，往往预后不良，并可存留不同程度的功能障碍，甚至危及生命。目前患者神经系统查体完全恢复正常，抗癫痫药物也不需终身服用，正是医院及时准确诊断、治疗后的结果。对此，医疗机构不应承担赔偿责任。

法院审理后认为，患者在诊疗过程中受到损害，医疗机构及其医务人员有过错的，由医疗机构承担赔偿责任，医务人员在诊疗活动中应当向患者说明病情和医疗措施，需要实施手术、特殊检查、特殊治疗的，医务人员应当及时向患者说明医疗风险、替代医疗方案等情况，并取得其书面同意。不宜向患者说明的，应当向患者的近亲属说明，并取得其书面同意。医务人员未尽到前款义务，造成患者损害的，医疗机构应当承担赔偿责任。本案中双方争议的焦点包括：

（1）被告医院在麻醉中造成脑脊液渗漏是否存在过错，未在病历中记录及告知患者实际病情是否存在过错。

（2）患者 CVST 与脑脊液渗漏是否存在因果关系以及脑脊液渗漏后医院是否采取积极治疗措施。根据鉴定机构出具的鉴定意见以及鉴定人书面回复的结果，鉴定人认为脑脊液渗漏是腰硬联合麻醉难以完全避免的并发症，医方给予相应的积极处理不存在过错。患者 CVST 诊断困难，极易漏诊或误诊，无证据支持与脑脊液渗漏相关。医方在病历中未予明确脑脊液渗漏，与患者沟通不够，存在过错，但该过错与患者发生 CVST 无关。患方坚持认为 CVST 与脑脊液渗漏后医嘱要求平卧 48 h 之间具有因果关系，同时认为院方未能采取积极救治措施以防止脑脊液渗漏造成的不良后果，但根据鉴定人的意见以及相关病历材料的内容，医院在患者脑脊液渗漏后采取了平卧、超常规补液等措施予以处理。虽然产妇是高凝血的高发人群，但因 CVST 在临床中少见，早期临床缺乏明显症状，极易漏诊或误诊，且病因较多。即使长期平卧系产妇 CVST 的危险因素，医院也仅能针对患者当时脑脊液渗漏采取医嘱平卧 48 h 的应对措施。如不采取该措施，患者头痛症状将会持续，相信患者及其亲属同样不会认可，此时就不能苛求医生能够兼顾脑脊液渗漏后的应对以及预防临床中难以明确诊断且当时并未明显呈现相关症状的 CVST。医院当时的应对措施是合理的，与患者 CVST 的损害后果之间并无明确的因果关系。

综上，法院认为协和医院存在履行告知义务不足、未在病历中明确记载病情的过错，但该过错与患者的损害后果 CVST 之间不存在因果关系，协和医院的诊疗行为不存在过错。但鉴于院方存在告知不足的过错从而引起患方的合理怀疑，作为具有专业知识的医务人员即使出于保护产妇产后恢复的良好愿望，亦应在病历中如实记录病情或者及时与家属进行沟通，以引起医务人员的足够重视，并取得患者家属的充分理解，减少患者及其家属对病情不确定性的猜疑，故判决医方承担患方鉴定费 1 万元，以警示协和医院及其他相关医疗机构在此类问题上引起充分的重视，不断加强病历书写管理和履行充分的告知义务，减少医患纠纷的发生。

据此，北京东城区人民法院于 2017 年 6 月 15 日**判决**［（2016）京 0101 民初 6962］如下：驳回患方全部诉求，案件受理费 6775 元，减半收取 3 388 元，由患方负担。鉴定费一万元，由协和医院负担。

## 三、司法判决的医学思考

### 1. 极度医学无知与超强维权意识的反差

本案例中最让医务人员印象深刻的一点，应该是患方匮乏的医学知识与其超强的维权意识之间的反差。患方及其家属、律师均咨询过相关的医务人员，在其恢复良好、无明显后遗症的情况下，仍提出高达 169 万多的赔偿要求。而起诉的四点理由：①医院在麻醉过程中因过失导致患者脑脊液渗漏；②患者脑脊液渗漏后，医院未采取任何有效措施；③麻醉过失后未如实告知患者及家属；④医院未如实记录脑脊液渗漏的情况。还有质询司法鉴定机构的"脑脊液外溢和脑脊液渗漏是两种完全不同的概念"等。这在任何一位麻醉医师看来，都显得十分的幼稚和外行。

众所周知，腰硬联合的椎管内麻醉确实可伴发一系列的并发症，有些并发症比较轻且为自限性（如本案例中的低颅压头痛），但也有一些并发症会导致永久性的神经损伤甚至伤残和死亡。权衡之下，其利远大于弊，这也使得椎管内麻醉在产科领域仍具有独特的优势，并占据了绝对的比例。与全身麻醉相比，椎管内麻醉方式的采用大大减少了产妇的并发症和病死率。因此，国内外的产科麻醉指南都将椎管内麻醉作为剖宫产手术的首选麻醉方式。

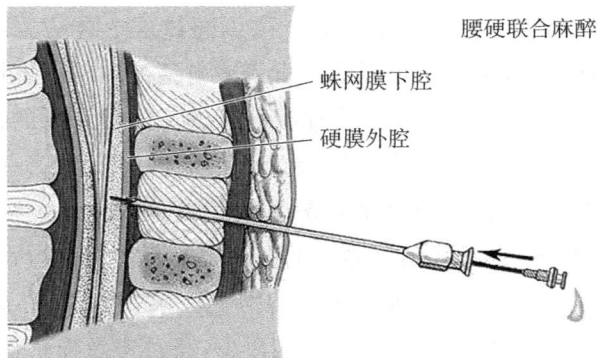

腰硬联合麻醉

蛛网膜下腔

硬膜外腔

**腰硬联合麻醉的细针必然需要穿破硬脊膜**

腰硬联合阻滞麻醉必然需要进行硬脊膜穿刺，随之伴有或多或少的脑脊液渗漏，这是技术要求，除非是不采用这一麻醉方式，所以本案例的麻醉方式根本谈不上有什么医疗过失。更何况 2000 年前后，随着腰硬联合穿刺技术"针内针"法的出现和"笔尖样"脊麻针的改进，穿刺后的脑脊液渗漏已明显减少，头痛的发生率也从既往的 19%～25% 降低至 0.82%～2.3%。另外,这种穿刺后的头痛大多具有自限性,只要给予卧床、补液、适当镇静/镇痛就可以了。因为机体内的脑脊液是处于不断产生、循环和回流的平衡状态。正常成年人的脑脊液 100～150 ml,而人体每天能产生约 450 ml 左右的脑脊液,所以脑脊液是"活水",能时时刻刻、周而复始地保持着恒定的量。腰麻后出现的脑脊液渗漏,只是让脑脊液总量短暂地下降了。一般只要平卧 6～48 h,或者输入液体,那个小小的硬膜穿刺口就会很快痊愈,头痛就会缓解,而且不会留下后遗症。实验研究显示,目前应用的穿刺脊麻针是如此之细,以至于连续刺穿硬膜多次也未见有明显的脑脊液渗漏,因此也有临床麻醉医师干脆废弃了穿刺后要求去枕平卧 6～48 h 的麻醉后医嘱。而本案例中,患方针对脑脊液渗漏这一点大放厥词,根本无视基本的医学常识,也无视司法鉴定意见,提出的起诉理由及高额赔偿要求令人咂舌。

不过这个案例也带给我们很多思考。产后颅内静脉窦血栓形成若不及时医治,有可能造成严重的后果甚至死亡,而此患者虽然在腰硬联合麻醉下实施剖宫产术后发生了颅内静脉窦血栓形成,但最终的预后良好,并没有造成严重后果或伤残,这应该是件很值得庆幸的事情。也许有很多医务人员对患方提起的诉讼和高达 169 万元的索赔感到不可思议、甚至倍感愤怒。但应该看到,随着民众的法律和维权意识的普遍提高,医疗诉讼案例也日渐增多,患方动辄起诉并高额索赔,司法的判罚金额也是屡创新高,这其实就是法制进步的必然结果。平心而论,相比"医闹"来说,医疗诉讼才是正道,不仅患者可以通过这个合法渠道解决问题,而不用在医院"喊打喊杀";医院也可以通过诉讼来自证清白,妥善处理纠纷。相对来说,通过法院审理判决的案子也还是比较公正的。值得注意的是,出现麻醉意外或并发症,并不意味着医方一定存在过错。鉴定机构或法院主要是对医方有无违反技术操作规范、有无尽到诊疗义务,发现麻醉意外或并发症后是否进行积极诊治处理、是否及时请会诊、是否尽到了告知义务等方面进行审查。而即使医方有过错,也仅在医方的过错导致了患者的损害后果(两者存在因果关系)的情况下,才需要承担赔偿责任。而赔偿额度的多少,与过错及损害后果的关系密切程度直接相关。因此,通过对诉讼案例的反思,可以使麻醉医师回顾并审视自己的行为,帮助我们在日后的工作中避开"陷阱",谨慎行医,减少医疗风险。目前国家已走上法制化进程,麻醉医师也要紧随其后,踏上法制化旅程,学会用法律武器保护自己。

**2. 严格诊疗行为是规避风险的挡箭牌**

本案例给我们另一个深刻的印象,就是作为国内顶级医疗机构的协和医院,在医疗行为的规范化方面做得确实很好。医方在整个诊疗过程中，包括急诊、妇科、麻醉科、神经内科在内，都严格按照医护操作常规进行，基本没有缺陷。特别是其中的麻醉环节，严格按照《临床技术操作规范麻醉学分册》中的规定进行操作和详细记录，会诊及时，处置规范，随访积极，整个诊疗过程都经得起还原和推敲。即便是司法鉴定专家出具的、非常苛刻的诊疗行为评议结论——"认为当患者出现并发症后，医方并没有在病历中明确记载，不符合病历书写的相关规定。并且，医方与患方沟通不足，没有充分尽到告知的义务，导致患者及家属存在误解。"就这一点来说，也实在是有点"鸡蛋里挑骨头"的味道。因为患方在诉讼理由里指出："手术后被告知必须平卧 48 h，前 24 h 必须去枕，并可能会出现头痛。患者平卧 48 h 后仍感到剧烈头痛无法坐立。经询问医生，医生回复剧烈头痛是在麻醉时出现脑脊液渗漏导致的，麻醉科医生说这种情况一般会在几日内自行恢复，可以正常出院。"可见，其实麻醉医生是有过详细的告知和沟通，并且在患者的住院病历中对患者的头痛情况及处理意见，每日也有详细的记载。

至于患方坚持认为，患者麻醉意外后致长时间平卧、无法下地活动，可加大产妇产生凝血，造成血栓的风险，故 CVST 与脑脊液渗漏后医嘱要求平卧 48 h 之间具有因果关系。法院根据司法鉴定意见及相关病历材料的内容，作出了比较客观公正的分析，认为医院在患者脑脊液渗漏后采取了平卧、超常规补液等处理措施。虽然产妇是高凝血的高发人群，但因 CVST 在临床中少见，早期临床缺乏明显症状，极易漏诊或误诊，并且病因较多。即使长期平卧系产妇 CVST 的危险因素，医院也仅能针对患者当时脑脊液渗漏采取医嘱平卧 48 h 的应对措施，如不采取该措施，患者头痛症状将会持续，此时就不能苛求医生能够兼顾脑脊液渗漏后的应对以及预防临床中难以明确诊断且当时并未明显呈现相关症状的 CVST，医院当时的应对措施是合理的，与患者 CVST 的损害后果之间并无明确的因果关系。确实，在临床实践中，实施医疗操作后经常会出现各种各样的并发症，有些并发症是常见的，有些是非常罕见的；有些并发症通过采取积极的术前准备、必要的预防措施、术中谨慎操作、术后加强监护治疗等方法可以避免；有些则很难预料、无法完全避免。本案例中，患者在术后先是因为麻醉出现脑脊液渗漏引发头痛，而后可能由于手术、妊娠等危险因素的存在而发生血栓性疾病，但这两种并发症都是难以完全避免的。医方的诊疗行为并无失当的情况，反而是因为医方技术高超，第一时间诊断并发症并及时治疗，才避免患者出现严重的损害后果。而且患方一厢情愿地提出脑脊液渗漏与 CVST 相关，但实际上根本找不到两者相关的报道。因此法院判决医方不应为患者的并发症负责是有根据的，符合情理，也体现了公正。

也正是有了这些严格的诊疗行为和完整的医疗文书,协和医院才让患方无机可乘、诉讼完败。可见,尽管医疗风险或并发症难以完全避免,但严格规范的诊疗行为却是我们规避风险的最好挡箭牌。

3. 医院级别对鉴定和判决的潜在影响

本案例审理中,鉴定机构和法院都认为"虽然产妇是高凝血的高发人群,但因CVST 在临床中少见,早期临床缺乏明显症状,极易漏诊或误诊,且病因较多……不能苛求医生能够兼顾脑脊液渗漏后的应对以及预防临床中难以明确诊断且当时并未明显呈现相关症状的 CVST"。这个观点比较符合临床医学的实际情况,可能与司法鉴定机构和法院对医学实践有比较客观的认识有关,也可能归结于协和医院是国内顶级医疗机构的缘故吧。因为对于不同类型的并发症,法律的要求也不同,原则上要求诊治医生要达到当地、同级的医疗水平,以这个标准来认定医院是否尽到了高度谨慎的注意义务,是否需要对并发症负责任。对于这种比较少见的、临床症状不明显的 CVST 并发症,协和医院已经尽到高度谨慎的注意义务,漏诊或误诊情有可原,更何况医方在汇合麻醉科和内科会诊后,建议进一步检查 D-二聚体及双下肢静脉彩超,但患者拒绝进一步检查并要求出院,所以医方无须担责。

腰硬联合麻醉下行剖宫产后发生 CVST 并发症的案例,虽然少见,但并非只发生在协和医院一家,湖南新化县某镇卫生院也发生过类似的并发症并被起诉索赔。2011 年 12 月 23 日下午 5:00,患者邹某某到湖南新化县某镇卫生院实施子宫下段剖宫产术分娩,术后第一天(24 日)5:00 许出现呕吐、头晕、怕冷的症状,经诊治后情况未见好转,术后第 6 天患者出院。不久又因相同症状前去湖南新化县某镇卫生院门诊治疗。2012 年 1 月 11 日(术后 19 天)下午患者被亲属送往湖南湘雅二院门诊就医,经检查诊断为颅内静脉血栓。后经湖南省芙蓉司法鉴定中心鉴定,并于2013 年 1 月 5 日作出[2012]法临鉴字第 1516 号**司法鉴定意见书**,认为患者邹某某剖宫产术后颅内静脉窦血栓形成系妊娠并发症,属于自身疾病,与剖宫产手术无关,也未构成伤残。医方对静脉血栓形成认识不足,未及时进行相关检查明确诊断以便使用肝素、低分子肝素等安全有效的抗凝治疗,导致诊断及治疗延误。医方的医疗行为存在不足,与患者病情的进展、医疗费用的增加有一定的因果关系,建议医方承担次要责任,医疗过错责任比例可酌情参考 25% 左右。新化县人民法院由此**判决**[(2012)新法民一初字第 771 号]湖南新化县某镇卫生院在本案中承担次要(25%)的赔偿责任。患方对此赔付比例仍不满意,并提出上诉。湖南省娄底市中级人民法院审理后于 2013 年 5 月 27 日作出二审判决[(2013)娄中民一终字第 140号],驳回上诉,维持原判决。

　　两个十分类似的病例,都是剖宫产术后 6 天出院,都是术后 10 余天才确诊 CVST,最后的恢复都不错,均未构成伤残。但由于湖南省新化县某镇卫生院级别较低,没能及时诊断出这种少见、极易漏诊和误诊的 CVST,结果就被判医方对静脉血栓形成认识不足,未及时进行相关检查明确诊断以便使用肝素、低分子肝素等安全有效的抗凝治疗,导致诊断及治疗延误,而被判承担 25% 的赔偿责任。协和医院则基本被判无责。比较来看,湖南省新化县人民法院和娄底市中级人民法院的判决多少有些偏离公正。对基层医院而言,要求其及时诊断出这种少见、极易漏诊和误诊的 CVST 并发症,多少有点强人所难的味道。但从另外一个角度来看,对于中层和基层医院来说,更应遵守好医疗规范,因为只有严格的诊疗行为才是规避风险的最好挡箭牌。

（裴晴晴　陈骏萍）

## 第十三回

# 送回病房误吸死　麻醉管理缺陷多

当了这么多年的麻醉医生，说不定到了哪天，你忽然被改称为"围术期医生"。到时真不知道有多少麻醉医生会很享受这个新称呼，也不知道有多少麻醉医生会觉得别扭和唐突呢？

米勒（Ronald Miller）教授2004年在北京全国麻醉年会作报告

但无论如何，历史的潮流是任谁也阻挡不了的。近10多年来，麻醉学科基本达成了一种共识：麻醉医生应对手术患者的围术期安全承担更多的责任，并在其并发症的评估与处理中起主导作用。早在2004年，米勒（Ronald Miller）教授曾在北京召开的全国麻醉年会上预言："未来25年，麻醉医生将成为手术患者围手术期医学的专门人才"。现如今，国外一些麻醉科确实已经更名为"围术期医学科"（department of perioperative medicine）。国内西京医院及延安大学附属医院也都已成立麻醉及围术期医学科。从这一点来看，麻醉学已经进入"围术期医学"时代。

遗憾的是，目前仍有不少麻醉医生还停留在旧的观点和理念上，其麻醉工作目标仍限于达到完成手术操作的最低要求，希望手术后尽快交班并将患者脱手，根本没有"围术期医学"的概念，也不了解目前推崇的诸如"促进术后快速康复"（enhanced recovery after surgery，ERAS）以及"快速康复外科"（Fast track surgery，FTS）等新型医疗模式。这也是目前围术期并发症和病死率仍居高不下的重要原因之一。以下就是一例麻醉医生不注重围术期处理而致患者术后反流误吸和死亡的纠纷案例。

## 一、基本案情

患者张某某,男,50岁,以"间断发热4月余"为主诉,于2012年4月25日在天津市某某医院办理入住手续,床号为G01,入院诊断为:十二指肠乳头占位。2012年4月27日病理诊断:(十二指肠)腺癌。2012年5月14日在全麻下行"胰十二指肠切除术",手术结束时间为当日下午16:30,麻醉时间共7小时30 min。术后未清醒直接推入C9病房,过床后患者发生了急促呼吸、脸色青紫、心率达169次/min、血压偏低、血氧饱和度降低,伴有酸中毒、顽固性低氧血症等情况,后转入ICU重症监护科,病床号为18床,重新行气管插管并吸出较多呼吸道内分泌物。后经积极抢救无效,于2012年5月15日21:05死亡。

患方认为由于天津市某某医院严重不负责任,未履行法定职责,处置不当,造成了受害人死亡的严重后果,遂向天津市河西区人民法院提起诉讼,请求判令医方赔偿:① 按照100%比例赔偿医疗费69 976.14元及与鉴定有关的费用17 431.80元。②按照80%比例赔偿护理人员误工费5 339.26元、住院伙食补助费840元、丧葬费23 458.80元、交通费463.60元、精神损害抚慰金88 435.20元、死亡赔偿金831 943.87元、复印费568.80元、咨询费1 040元、被抚养人生活费98 261.28元。以上合计要求赔偿1 137 758.75元。③诉讼费由医方承担。

## 二、诉讼及司法判决

1. 一审判决及主要依据

诉讼期间,天津市河西区人民法院依据患方的申请,依法委托司法鉴定科学技术研究所司法鉴定中心对患者张某某的死亡原因、医疗过错、过错与死亡的因果关系、过错参与度进行了鉴定。2012年12月18日司法鉴定科学技术研究所司法鉴定中心出具司鉴中心(2012)病鉴字第323号《鉴定意见书》,意见内容:

(1) 本例患者手术时间较长(约7 h),术后患者发生呼吸道内容物反流误吸,与院方未能采取有效的防护措施有关,说明院方未尽到高度注意义务。

(2) 本例手术结束时间为2012年5月14日4:30PM,返回病房后即出现血氧饱和度低等现象,院方未能及时发现患者呼吸道反流误吸,直至转入ICU行气管插管后才吸出呼吸道内分泌物,一定程度上延误了对患者的抢救时机,造成了不可逆的肺部损伤。

（3）患者手术历时约 7 h，术中仅输液 2 500 ml，补液量不足，可能与患者之后出现酸中毒及血压低有一定关系。

（4）患者术后 3 h 血气分析提示酸中毒，之后血气分析结果也显示有酸中毒，但院方的相应治疗措施仅在术后 8 h 才给予患者静脉注射碳酸氢钠 100 ml，救治措施欠积极。

（5）审查院方的麻醉记录单发现麻醉时间 7 小时 30 分钟，但血氧饱和度和呼气末二氧化碳分压仅记录到入手术室后 2 小时 45 分钟，并且气管拔管时间记录不清楚，不符合麻醉记录书写规范。

天津市河西区人民法院据此审理后作出（2012）西民四初字第 725 号民事判决，但患方不服该判决，上诉至天津市第二中级人民法院。天津市第二中级人民法院以（2013）二中民四终字第 549 号民事裁定将该案发回重审。重审期间患方向法院递交了《对参与度补充鉴定或补充说明申请书》，认为医方应负 85%～90% 的责任，故要求鉴定机关对该所出具的司鉴中心（2012）病鉴字第 323 号鉴定意见书的参与度进行补充鉴定或补充说明。

2014 年 1 月 8 日，鉴定机关回函，做了如下说明：

（1）有关手术方式问题，本中心鉴定意见书中已经说明，该案院方对患者张某某行"胰十二指肠切除术"符合诊疗常规。

（2）有关患者术后发生误吸问题，本中心鉴定意见书中也已进行详细阐述，认定与院方未能采取有效的防护措施有关，并且未能及时发现呼吸道反流误吸，一定程度上延误了对患者的抢救时机，但客观上患者处于麻醉苏醒期，咽喉反射尚未完全恢复，诊断有一定难度。

（3）关于参与度问题，本中心鉴定意见书中也进行了说明，参与度评定尚属于学理性探讨内容，参与度大小的把握存在一定的主观因素，鉴定人对于参与度的评定仅为供审判参考的学术性意见，而非确定审判赔偿程度的法定依据。

天津市河西区人民法院重审后认为，患者张某某因病到天津市某某医院就医，双方已形成医患关系。由于医疗行为的过失及因果关系的认定属于医学领域，具有很强的专业性，在当事人存在争议的情况下，仅凭法官的良知、知识和社会经验对此无法作出准确的判断，审判实践中一般都要通过鉴定方式予以认定。因此，医疗鉴定结论作为医疗纠纷案件的重要证据形式，其证明力的认定成为医疗纠纷案件处理的关键所在。根据司法鉴定科学技术研究所司法鉴定中心出具的司法鉴定意见书，天津市某某医院对被鉴定人张某某的医疗行为存在明显不足（医疗过失），与张某某死亡之间存在直接因果关系。建议天津市某某医院对患者的医疗过失行为参与度为 60%～80%。考虑到天津市某某医院的诊疗过失,患者死亡的后果及诊疗过失与死亡后果的因果关系,法院酌定天津市某某医院对于患者张某某的损害按照 70% 比例予以赔偿。据此天津市河西区人民法院又作出(2013)西民四重字第 9 号**民事判决**:判令天津市某某医院向患方赔偿医疗费、护理费、住院伙食补助费、丧葬费等费用共计 570 311.94 元。案件受理费 15 040 元,患方负担 8 398元,医方天津市某某医院负担 6 642 元。鉴定人出庭等费用 7 470 元由医方天津市某某医院负担。

法院判决后,患方及医方均不服,并分别向天津市第二中级人民法院提起上诉。

2. 二审判决及主要依据

天津市第二中级人民法院于 2014 年 7 月 15 日受理案件后,依法组成合议庭,于 2014 年 8 月 11 日公开开庭审理了本案。患方认为:

(1) 司法鉴定书认定张某某死亡和医院医疗行为存在直接因果关系,但过错参与度与结论不妥,过错参与度偏低使得患方得不到公平的维权。

(2) 天津市某某医院麻醉医生王某某严重不负责任,渎职脱岗,促使外院医生黄某违法行医,违反了《执业医师法》第十四条相关规定,但原审法院却未予审理。

(3) 麻醉医生王某某在患者送回病房病情急剧恶化时,存在恶意掩盖麻醉误吸问题并干扰延误其他医务人员按照麻醉误吸进行抢救的事实,但原审法院却未予审理。

医方天津市某某医院则认为:

(1) 原审法院对本案的审理存在错误解读司法鉴定结果,判决标准违背医疗损害程度的事实。

(2) 鉴定报告中以可能性结论作为鉴定依据,与司法鉴定通则违背。希望能够重新鉴定。如果不重新鉴定,要求按照鉴定报告的 60% 的责任比例进行判决。

天津市第二中级人民法院经审理查明的事实与原审法院查明认定的事实一致。二审期间,医患双方均未提交新的证据。天津市第二中级人民法院认为,对于医疗行为是否存在过失及因果关系的认定属于医学领域,具有很强的专业性,在当事人存在争议的情况下,一般都要通过鉴定方式予以认定。因此,原审法院委托进行医疗鉴定,并以结论作为医疗纠纷案件的重要证据形式,其证明力的认定成为医疗纠纷案件处理的关键所在。根据司法鉴定科学技术研究所司法鉴定中心出具的司法鉴定意见书,天津市某某医院对被鉴定人张某某的医疗行为存在明显不足(医疗过失),与张某某死亡之间存在直接因果关系。建议天津市某某医院对患者的医疗过失行为参与度为 60%～80%。原审法院据此酌定天津市某某医院对于患方的损失按照 70% 比例予以赔偿是比较适当的。而医方天津市某某医院提出要求重新进行司法鉴定,但因其不能提供推翻司法鉴定报告的相关证据,故其请求缺乏事实和法律依据,法院不予支持。至于患方所提关于麻醉医生王某某在麻醉期间渎职脱岗,以及使用外院麻醉医生黄某独立操作违法行医的事实并要求法院进行审理的诉讼请求,因非法行医问题的认定与处理属于医院的行政主管机关职权范围,法院不宜进行认定处理。据此,天津市第二中级人民法院于 2014 年 10 月 14 日作出终审判决[(2014)二中民四终字第 537 号]:驳回上诉,维持原判。二审案件受理费共计 21 395 元,由医方承担 9 644 元;患方承担 11 751 元(免收)。

## 三、司法判决的医学思考

### 1. 麻醉是围术期安全的重要保障

这是一例比较典型的因围术期严重并发症而引发医疗纠纷的案例。无论从哪方面来说,麻醉医生在其中都难辞其咎。虽然历经多次诉讼和重审,但司法鉴定和法院的判决都算是比较客观公正的。本案例的医方(主要是麻醉医生)无论是术中的监测管理、麻醉文书的规范书写,还是术后并发症的及时处置等方面都存在严重缺陷。但考虑到患者自身疾病等因素,司法鉴定和法院判决都没有让医方承担全部责任。所以本案例从法律层面来说,没有特别的分析价值。并且由于只有患方单方面的指控,所以也不去讨论本案例当事麻醉医生有无真正渎职脱岗或存在外来麻醉医生单独操作的细节问题。

单纯从医学角度分析本案例的患者安全和麻醉处理问题,医方实施的手术指征明确,麻醉方式选择正确,麻醉诱导也顺利。但从后续的麻醉管理来分析,确实存在较多缺陷。胰十二指肠切除术是胃肠外科里的大手术,如此长时间的复杂开腹手术必然会对机体造成巨大的创伤,麻醉医生对此理应高度重视,竭力维护好患者术中的生命体征和内环境平稳,并让其安全过渡到术后康复阶段。本案例的麻醉医生在责任心和规范性两方面都存在问题,如血氧饱和度和呼气末二氧化碳分压仅记录到入手术室后 2 小时 45 分钟、麻醉结束后气管拔管时间记录不清楚、还被患方指责渎职脱岗等,这都不是一个合格麻醉医生的尽职行为,并且与其麻醉操作技术水平基本无关,纯属于责任心和工作态度欠缺的问题。而最后凸现的致命的术后反流误吸并发症,其根本原因还是在于麻醉医生的围术期管理欠缺,主要表现在:

（1）术中的液体治疗和管理不足。在缺乏目标导向液体治疗的情况下，本案例的麻醉医生显然没有对患者麻醉手术期间的液体需要量进行仔细的估算，包括正常生理需要量、术前禁食所致的液体缺失量或手术前累计缺失量、麻醉手术期间的液体再分布、麻醉导致的血管扩张、术中失血失液量及第三间隙丢失量等。以至于在长达 7.5 h 的复杂手术麻醉期间，仅补液 2 500 ml，导致手术结束时患者体内液体缺失严重、总体血压水平偏低。

（2）苏醒期管理不当。在患者未清醒、没有达到拔管指征的情况下草率拔除气管导管，并直接送回病房。以至于患者尚处在麻醉药物（特别是肌松药物）残余、气道保护性反射未完全恢复的情况下，在病房过床后即发生了反流误吸这样的严重并发症。这种全麻未清醒直接送回病房的苏醒期管理缺陷现象，即便是放在十多年前或是偏远落后地区，也不太多见，但却仍能出现在 2012 年的天津市区大医院内，让人仿佛看到了繁花似锦大都市里尚未改造的城中村或脏乱的棚户区。

（3）术后并发症处置不力。患者在送回病房过床后即出现了急促呼吸、脸色青紫、心率快、血压低、顽固性低氧血症等情况，随行的麻醉医生没有准确判断出反流误吸并发症，也未及时予以清理咽喉及气管内分泌物或进行气管插管等积极有效的救治措施，直到转入 ICU 重症监护室后，才重新行气管插管并吸出较多呼吸道内分泌物。但为时已晚，后续的积极救治已无力回天。

从本案例可以看出，麻醉是围术期安全的重要保障，本案例的麻醉医生对于如此复杂的长时间胃肠道手术，不仅没有引起足够的重视，也没有在围术期的安全中承担起更多的职责，反而给人有主观上想在手术后尽快交班并将患者脱手的那种急不可待的嫌疑。

**2. 围术期安全与麻醉医生职责**

现代麻醉经过 150 多年的发展，其安全性和有效性在不断地提高。20 世纪初，美国的麻醉病死率仍高达百分之一，直到 20 世纪如 60 年代才达到千分之一，80 年代后降为万分之一。近 20 年来，随着新技术和新理念在临床的应用，麻醉的安全性和有效性进一步提高，单纯由麻醉引起的病死率（ASA I 级的健康患者）已降至 1/200 000 的国际水平，麻醉看似已经变得十分简单和安全了。但随着外科技术的进步，手术禁区不断被突破，越来越多的疑难疾病能够通过外科手段加以干预治疗。并且人口结构愈趋老龄化，致使老年手术数量和比例也明显增加，这必然会带来重大手术和危重患者日益增多的局面，从而也给围术期手术麻醉安全性带来了巨大挑战。著名杂志《柳叶刀》2008 年报道的一项涉及世卫组织（WHO）56 个成员国、共计 23 420 万例手术的数据显示，围手术期并发症高达 3%—16%，其中致死及永久性致残率0.4%—0.8%。而纯粹的麻醉相关死亡率仅0.000 8%。外科患者在围术期出现并发症甚至死亡，究其原因有时很难从专业角度加以区分。患者的最终转归多是由外科疾病与手术、并发症以及麻醉共同作用的结果。从目前的数据和存在的一些事实来看，麻醉安全和质量还存在很大的提升空间。已有的研究显示，围术期低血压等生理改变与术后病死率密切相关。对手术期间急性创伤、应激反应进行调节，有助于改善患者转归。术前适应性训练、采用安全手术方案、关注围术期机体内环境稳态和治疗术后疼痛等措施，均有助于降低并发症的发生率和患者的病死率。因此，手术结束远不是麻醉工作的终点，麻醉医生应该在改善手术患者转归上承担更多的责任。麻醉学科也应以"提高患者安全和改善麻醉质量"为核心，建立并实践"围术期医学"观念，有效改善手术患者的转归和预后，降低围术期并发症的发生率和病死率。

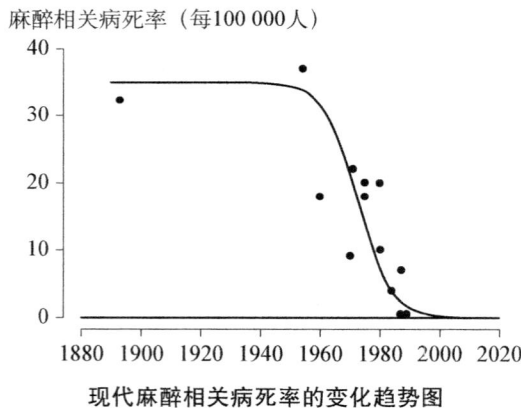

现代麻醉相关病死率的变化趋势图

尽管"围术期医学"理念已在国内麻醉界得到了大力的宣扬和推广，不少医院的麻醉科也随之改名为"麻醉及围术期医学科"。但我们也应该清醒地看到，受历史影响，中国的麻醉医生入门起点高低不一、培训经历各不相同，这使得不同医院甚至同一医院不同的麻醉医生所提供的麻醉服务质量差别较大。可以说目前国内正处于麻醉师、麻醉医生和围术期医生三代麻醉人共存的时代，仍有相当一部分麻醉医生，特别是偏远落后地区基层医院的老一代麻醉医生，还停留在早期的麻醉技术和理念上，认为只要能够完成椎管内穿刺和气管插管，基本就可以胜任全部麻醉工作，即凭借一枚"针（椎管内穿刺针）"一根"管（气管导管）"的手艺，就可以行医养家糊口、享用终身，他们比较符合带有一点贬义的"麻醉师"这个称呼。这一称呼其实也包括了一小部分的年轻麻醉医生，他们的麻醉目标大多还处于追求基本的技术操作上,以拥有熟练的硬膜外穿刺、深静脉穿刺、气管插管、区域神经阻滞等技术而自诩不凡,却轻视麻醉的管理和质量控制。实际上,随着麻醉设备的不断革新,特别是可视化系统(如可视喉镜和 B 超引导)的广泛应用,这些炫技派的麻醉医生可炫耀的机会也越来越少。而 20 世纪 90 年代前后,接受过正规麻醉教育和培训的麻醉医生,不仅理论扎实、技术规范,还具备现代麻醉管理理念,其综合实力明显高出一筹。他们可称得上是国内真正意义上的"麻醉医生新一代",也是国内外麻醉接轨和同步的最主要标志。以国内最早开始麻醉医生规培的华西医院为例,2000 年,麻醉科接受规范化培训(以下简称规培)的医师比例为 0,麻醉病死率为万分之一;2006 年,10%～20%的麻醉医师接受过规培,麻醉病死率为 5 万分之一;2010 年,接受规培的麻醉医师比例上升到 40%,麻醉病死率降为 20 万分之一;2014 年,科室内有 60%的医师接受过规培,全年麻醉科零投诉、零赔付、零死亡。不难看出,随着我国麻醉医生准入和培训制度的日益规范和成熟,总体上的麻醉安全有了大幅度的提高,象华西这样的顶级医院甚至已超过国外发达国家的水平。但目前仍有不少麻醉医生,其麻醉理念仅局限于手术室内,还是习惯于手术结束后将患者安全交回病房就算完成任务。至于患者术后恢复是否良好,那就是外科医生的事了,似乎跟麻醉医生无关。作为新一代的麻醉医生,应该重新定位自己的职业使命:不仅仅只是麻醉和复苏患者,也应该和外科医师一样,在维护患者健康、保护患者医疗安全上承担起更多的职责,其关注点应该重点向术后恢复的方向延伸。这就要求麻醉医生不仅要树立"围术期医学"的理念,更要因地制宜、千方百计地去践行,诸如成立"麻醉及围术期医学科"并主动参与到患者的术后康复工作中,致力于围术期并发症的防治和病死率的降低,真正成为围术期医学的领导者和真正意义上的"围术期医生"。

3. 围术期医学是麻醉的未来发展方向

围术期医学是指贯穿于包括术前优化、术中安全、术后康复在内的整个围手术期的医疗活动。其中心内容在于围术期患者的整体状况,特别是生命器官和生命系统的功能维护,以降低目前仍然处于高位的围术期并发症发生率和病死率。事实上,目前医学领域对围手术期的生存、术后恢复质量以及患者远期生存质量的关注度也日益增加,围术期医学的建立已发展成为整个医学领域的共识。特别是10 余年来,有关患者医疗安全与预后改善已成为外科医疗的热点和核心,麻醉医生与外科医生正在共同倡导临床多学科合作,大力开展和推广"快速康复外科"(enhanced recovery after surgery,ERAS)与"外科手术的围术期医疗模式"(perioperative surgical home,PSH)。ERAS 是指在术前、术中及术后采用一系列

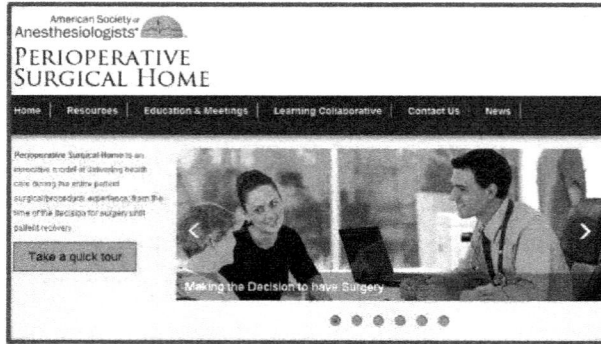

美国 ASA 官方网站上 PSH 板块截图

具备循证医学证据的围术期优化措施,最大限度地减少患者围术期应激反应,促进器官功能早期恢复,从而降低术后并发症的发生率和病死率,其促进术后康复的临床意义已在多个手术领域得到肯定。PSH 是 2012 年在 ERAS 基础上提出的当今围术期管理的新理念与手术诊疗新模式。其主要内容是以手术患者为中心,以特定医生(可能是专门的围术期医生,也有可能是麻醉科医生)为主导,在整个围术期内共同决策、多学科合作优化,为手术患者提供无缝式、连续性的医疗服务,以实现"提高临床医疗服务质量、改善患者健康及降低医疗费用"的目标。2017 年初,上海长海医院成立麻醉学部,下辖临床麻醉科、重症医学科、疼痛中心、手术中心、日间病房、麻醉学教研室与实验室,进一步拓展了麻醉学科的范畴。虽然这还没有达到围术期医学要求的涵盖手术决定后的所有围术期任务,但相关理念已开始付诸实践。以日间病房为例,日间的短小手术首先被纳入麻醉科管辖,其实质就是凸显麻醉医生在围术期的重要作用。日间手术通常周期短,管理不复杂,这就可以积累一定的经验来涉足整个围术期的管理目标,不会出现"术前一套、术中一套、术后一套,衔接不起来"的弊端。

中国医师协会麻醉学医师分会会长米卫东主任最近也再一次明确提出:围术期医学是麻醉学科未来的发展方向。自然,在麻醉科被拓展为麻醉与围术期医学科的同时,新的医疗模式和理念也对麻醉医师提出了更高的要求,未来的麻醉医师需要具备更为全面的素质。除了提升专业知识水平,还要加强对围术期医疗系统的整体把握,特别是要让麻醉医师具备"围术期医学专家"的理念,更主动地肩负起建立和管理围术期医疗系统的重任。对此,麻醉医生,不,应该是围术期医生,你准备好了吗?!

(徐　蓉　黄长顺)

# 第十四回

# 美容诊所忙走穴　麻醉致死禁执业

　　"走穴"是业内对医生私下到其他医院行医的俗称。众所周知,由于中国内地医疗资源的严重不均衡,催生了医生"走穴"市场这一灰色地带,并且早已是一种非常普遍的现象。很多三甲医院高职称医生到下级医院或民营医院冠以"周末门诊""专家指导"等名义的"走穴",更是成为常态。医学论坛网站"丁香园"在 2013 年曾做过一项有 3 000 多名医生参与的调查,结果显示,55％的医生认为"所在医院医生'走穴'现象普遍",近三成医生表明"本人曾'走穴'"。但严格来说,在 2015 年医师多点执业政策出台前,"走穴"都属于违法行为。1999 年出台的《执业医师法》明确规定,在第一执业地以外为患者看病,属非法行医。只不过,一方面因为数量巨大,另一方面由于能缓解民众"看病难"的矛盾并提高基层医院诊疗技术水平,"走穴"一直处于灰色地带和被默许状态,无论是官方还是医院,都对这种行为"睁一只眼闭一只眼"。

　　显然,"走穴"是一把双刃剑:一方面让基层医疗机构暂时获得了优质医疗资源的支持,另一方面却也提高了医疗行为的风险。因为"走穴"医生很难全面动态了解患者的情况,当地医院有没有必备的设备和药品,手术团队的配合是否默契,术后有无重症监护条件等,这些问题都是未知数。所以不少手术都是在不熟悉当地的环境、设施、人员的情况下冒着风险勉强进行的,并且"几乎所有的'走穴'医生都遇到过这种

医生走穴是常态

风险"。以下就是一例麻醉医生美容诊所"走穴"致患者死亡的医疗纠纷案例。

## 一、基本案情

王某某,女,46岁。因于2006年底看到一则北京联帮医疗美容诊所的美容广告,决定前去该诊所咨询有关除皱的美容项目。2007年1月1日上午,王某某按约定来到位于朝阳区静安庄一公寓6层的联帮诊所,准备接受"全颜面部除皱术、隆下颌术"。上午10:00,王某某躺到了手术台上,准备接受手术所需的全身麻醉。麻醉医生是张某某,来自北京朝阳区某某医院麻醉科,他给王某某注射了静脉麻醉针(丙泊酚)。但随后,王某某的呼吸和心跳都停止了,急救车将王某某送到了北京煤炭总医院。1月13日中午,王某某经抢救无效死亡,原因是"呼吸、心跳停止引发脑衰竭"。其间用去抢救治疗费、药费等费用共计65 144.69元,北京联帮医疗美容诊所先行支付了其中的49 000元。

## 二、诉讼及司法判决

对王某某的死亡,患者家属一致认为是医疗事故,因此他们到卫生部门投诉。王某某的母亲还请求朝阳区卫生局做医疗事故鉴定。

2007年4月17日,朝阳区卫生局给北京联帮医疗美容诊所下达了《行政处罚决定书》,认定北京联帮医疗美容诊所开展静脉麻醉超出了核准登记的诊疗范围,处以3 000元罚款。1个多月后,麻醉医师张某某也接到了朝阳区卫生局的《行政处罚决定书》。卫生局认定张某某自行携带麻醉药品,到不具备相关资质的诊所为患者实施麻醉,并且没有开具麻醉药品处方,违反了《执业医师法》。朝阳区卫生局对其予以"责令暂停6个月执业活动"的处罚。

同时,王某某的母亲接到朝阳区卫生局《中止医疗事故鉴定技术鉴定通知书》。因为北京联帮医疗美容诊所并未给王某某建立完善的病历卡,因此无法取证鉴定。

王某某的母亲接到通知后,一纸诉状,将北京联帮医疗美容诊所诉至朝阳法院,王女士的母亲和女儿认为医方在手术中采用静脉麻醉超出了其核准登记的诊疗科目范围,并造成了王女士最终死亡的严重后果,对此医方应承担赔偿责任,诉请法院判令医方赔偿患方医疗费65 144.69元、护理费1 440元、交通费3 025元、死亡赔偿金399 560元、精神损害抚慰金500 000元等各项费用共计1 035 510.6元。

案件审理过程中,北京联帮医疗美容诊所的代理人称,诊所给患者注射静脉麻醉属于"超范围失误",但麻醉师张某某是国家正规三级甲等医院的麻醉医生,个人能力和资质不存在问题。因此,诊所不认可王某某家属提出的百万赔偿金额。该代理人还说,北京联帮医疗美容诊所已经开始停业整顿。

北京朝阳法院酒仙桥法庭经审理后认为,医方对王女士进行静脉麻醉超出其《医疗机构职业许可证》核准登记的诊疗科目范围,造成了王女士死亡,所以医方应承担赔偿责任。对于患方诉请的医疗费,依据票据金额,扣除医方已支付的 49 000元,认定为 16 144.69 元;对于患方诉请的护理费,依据王女士住院时间和通常标准认定为 720 元;对于患方诉请的交通费,依据票据认定为 3 026 元;对于患方诉请的死亡赔偿金,依据相关标准认定为 399 560 元;对于患方诉请的被抚养人生活费,依据相关标准认定为 18 531.25 元;对于患方诉请的丧葬费,依据相关标准认定为20 058.5 元;对于患方诉请的精神损害抚慰金,依据被告过错程度等酌定为150 000 元。上述共计 608 040.44 元,应由医方北京联帮医疗美容诊所向患方承担赔偿损失。2007 年 11 月 14 日上午 10 点,朝阳法院酒仙桥法庭宣判了此案。其中,法院酌情将精神抚慰金从患方家属要求的 500 000 元降到了 150 000 元。

## 三、司法判决的医学思考

### 1. 基于司法判决

本案例是一个比较少见的、通过司法诉讼途径解决的整形美容麻醉致死医疗纠纷判决。少见的原因,不是因为美容麻醉致死情况发生率低,而是其发生后一般通过私了而很少会经司法诉讼途径来解决。原因很简单,因为这类的美容麻醉致死医疗纠纷,从司法角度来看,最后的医疗损害责任划分基本上没什么悬念,由于美容整形机构自身存在诸多的硬伤或缺陷,包括超范围执业、无资质经营、医疗设备人员配置不足、不符合医疗规范及诊疗常规、不能提供规范合格的医疗文书等问题。而不符合法律法规、医疗规范及诊疗常规的诊疗行为,均应承担相应的侵权责任。所以整形美容麻醉致死医疗纠纷均是由美容整形机构承担主要责任或完全责任,剩下的只是赔偿金额的核实或裁定问题。即便是像本案例中的当事麻醉医生来自正规的三甲医院,其个人能力和资质应该不存在问题,但这也丝毫不能减少医方的责任和承担比例。因此,在现实情况下,多数的类似情况都是以医患双方的协商赔偿来解决。

2010 年一个鲜活的生命不幸消逝,这就是到现在还让大家记忆犹新的"超女王某"之死,这也是一个典型的通过医患双方协商解决的整形美容医疗纠纷案例。

"阳光让我温暖,唱歌让我快乐",这是当年 24 岁该"超女"在日记中写下的一句话。歌声仍在萦绕,但斯人早已远去。2010 年 11 月 15 日,"超女"随其母到武汉中燠整形医院接受整形手术,后因手术麻醉意外不幸身亡。事后死者家属始终没有启动司法程序,而是平静地接受了武汉中燠整形医院的大额赔偿,为此死者家属也饱受诟病,并被指冷血。但实际上,这种看似平静或冷血的应对,也不失是一种良策。在责任划分没有异议、赔偿额度也远超司法核实裁定数值的前提下,协商"私了"是快捷、简便和有效的途径,并使得该事件能尽快平息。而本案例之所以诉至法院,其最根本的原因是美容整形机构(北京联帮医疗美容诊所)不能接受患者家属提出的赔偿额度。最后的判决结果也证实,通过司法途径解决的赔偿额度一般都会明显低于患者家属的期望值。

国内的美容整形行业,在近 20 年来获得了迅猛的发展,甚至可以说是"畸形的膨胀"。私营的小型美容整形诊所遍地开花,而公立医院除了大型三级医院还常规设有整形美容科室外,很多中等以下规模的公立医院目前基本没有整形美容科室,以至于不少麻醉医生对整形美容麻醉缺少了解。当然与常规的手术麻醉相比,整形美容麻醉并没有本质上的区别,但仍存在一些特殊之处。首先,美容整形多是以青年女性为主,可能由于身体某部位的畸形,或容貌上的某些缺陷,或生活中一些不如意的原因,造成其精神或心理上的创伤,并表现为多变化的心理及术前的忧虑、紧张不安。其次,整形美容的手术部位多是头面部、胸部、四肢等的特定部位,其中面部轮廓整形的风险最高,因其手术部位与麻醉管理、操作范围相互重叠,使得麻醉医生与患者头部的距离相对较远,这就给术中的观察和紧急处理带来了很大的不便,增加了麻醉管理的难度,也增大了麻醉风险。再者,整形美容手术比较精细,手术时间相对较长,在简易的条件下既要有效减轻疼痛、减少躁动,又要保证安全,其对麻醉的要求很高。甚至不少手术医生为了便于手术操作、减少出血或手术损伤,而要求麻醉医生实施控制性降压等技术处理,由此也对麻醉的安全性提出了更高的要求。最后,除了麻醉风险外,整形美容手术本身也可带来致命性的危险。虽然整形美容开展的多为体表手术,但因手术切口小、暴露不全,深部操作多在盲视下进行,容易发生出血或止血困难。以鼻部口腔内的手术为例,口底和咽喉部堆积 30~50 ml 的出血或分泌物,就很容易导致上呼吸道梗阻和呼吸困难,若不能及时发现和处理,将造成严重后果甚至死亡。2010 年"超女王某"死于整容手术事件曾引起了社会的高度关注,其真正死因就是源自气道梗阻问题。

当然,整形美容麻醉还存在其他的特点或风险,例如手术麻醉的实施场地多不在正规医院内。外表装饰豪华的整形美容诊所,其内部的医疗设施多比较简陋。

出于成本等考虑，多数美容整形机构都没有配备专职的麻醉医生，而只是在手术需要时由多位麻醉医生来轮流"走穴"。即使是规模比较大的一些美容整形机构，虽配备了正规的麻醉医生，但仍存在麻醉设备、药物、抢救设施不足的问题，这也是整形美容麻醉死亡事故频发的客观原因。本案例的北京联帮医疗美容诊所就设在朝阳区住宅公寓的六楼，由"走穴"的朝阳区某三甲医院麻醉医师张某某自带麻醉药品前去实施麻醉操作，并在麻醉诱导过程中突发出现心跳、呼吸骤停后，因缺乏有效的抢救设备和措施而导致死亡。而2010年为"超女"实施麻醉的则是湖北省某某医院口腔专业医师汪某某，他还不是一名麻醉专业医生。从某种角度来说，这些都可以说是制度和监管缺失导致的社会悲剧。

2. 基于行政判罚

本案例除了司法判决外，也夹带了行政处罚的信息。事件发生后，王某某家属向当地卫生部门投诉。随后朝阳区卫生局给北京联帮医疗美容诊所下达了《行政处罚决定书》，认定北京联帮医疗美容诊所开展静脉麻醉超出了核准登记的诊疗范围，处以3 000元罚款。当事麻醉医师张某某也接到了朝阳区卫生局的《行政处罚决定书》，认定张某某自行携带麻醉药品，到不具备相关资质的诊所为患者实施麻醉并导致患者死亡，已经超出合理失误范围，并且没有开

非法执业的医务人员受到行政判罚

具麻醉药品处方，违反了《执业医师法》，朝阳区卫生局对其予以"责令暂停6个月执业活动"的处罚。平心而论，朝阳区卫生局依据相关条例给出的行政处罚还是偏轻，特别是给诊所作出的三千三罚款，实在是太轻了，根本起不到应有的惩戒和震慑作用，这可能也是多年来国内美容整形机构一直乱象丛生的原因所在。

中国整形美容行业在近30年不到的时间里，呈现了高速增长态势。20世纪90年代，公立医院成立的整形美容科往往和烧伤科并在一起，那时候的整形美容科大多门庭冷清、生意清淡，整形医生有时也去做一些"普外小手术"以支撑门面维持生计。但随着国内经济的快速增长，民众对美容的需求量也急速增大，现有行业规模根本无法满足市场需求，于是各种民间资本和投资主体一哄而上，各种规模的整形美容机构遍地开花。一时间，有资质的医生、专业的管理人员等从业人员根本跟不上整个行业的发展速度，由此，导致大量非专业医生和管理人员混迹在这个行业内。据中国整形美容协会统计，中国整形美容手术每年以超过200%的速度增

长。2009 年,中国整形美容机构达 87 万家,营业收入 1 782 亿元。2014 年中国的整形手术业价值大约在 4 000 亿元左右。估计到 2019 年,中国的整容手术业规模将扩大一倍,达到 8 000 亿元,成为世界第三大整容市场。但由于监管不力等问题,纵观国内的美容整形行业,虚假宣传、超范围执业、无资质经营现象普遍存在,如本案例的北京联帮医疗美容诊所就没有实施静脉麻醉的资质,尽管当事麻醉医生来自三级甲等医院,具有相关手术麻醉的经验和资质,但设在住宅公寓的这些简陋美容诊所本身并不具备实施静脉麻醉和抢救的相应措施和能力。当年为"超女王某"实施整形手术的武汉中墺整形医院的级别也只是门诊部,同样不具备开展面部磨骨的资质。下颌角、颧骨磨骨手术在手术分级中是属于级别很高的三级手术种类,三级综合医院专科或是整形外科专科医院才能相应资质和权限实施此类手术,而门诊部级别的医疗机构是无资质做三级以上整形手术的!

下表显示为整形美容机构分级与可承担的整形手术级别

| 医疗机构分级 | 可承担的整形手术级别 |
| --- | --- |
| 医疗美容诊所 | 1 级手术 |
| 医疗美容门诊部(设麻醉科) | 1 级、2 级手术 |
| 整形美容医院 | 1～3 级手术 |
| 三级整形外科医院 | 1～4 级手术 |
| 一级综合医院美容整形外科 | 1 级手术 |
| 二级综合医院美容整形外科 | 1 级、2 级手术 |
| 三级综合医院美容整形外科 | 1～4 级手术 |

因此,为了促使整形美容行业健康发展,有关部门应该进一步加大对这一行业的监管,并实施一些硬性的规定,取缔不合格的美容整形机构,以避免类似的悲剧一再重演,切实保护广大民众的美丽与健康。

至于对麻醉医生的处罚。因医师多点执业政策直到 2015 年才正式出台,在此之前,"走穴"都属于违法医疗行为。医生"走穴"现象也一直是一个敏感话题,由"走穴"引发的医疗责任事故,更是会引起社会的广泛关注并牵动公众神经。发生于 2007 年的本案例当事麻醉医生,自然是要受到行政处罚。因 1999 年出台的《执业医师法》明确规定,在第一执业地以外为患者看病,均属非法行医。而如果按非法行医并致人死亡来处罚的话,则本案例的判罚也明显偏轻,严厉一点的话很可能要入刑。同样,2010年为"超女王某"主刀的整形医生其行医资格注册地在广州,却在武汉行医1年多。而对于其异地行医是否备案的问题,作为主管部门的武汉江岸区卫生局却表示并不知情。为"超女王某"实施麻醉的医师汪某某其执业地点也同样不在武汉,而是在湖北某某医院,这两起事件也让医生多点执业的尴尬问题再次暴露出来。"让医生成为自由职业者"一直是国内医疗界的呼声,而"大牌医生满天飞地挣钱"也是不争的事实。从均等化医疗资源上讲,医生多点执业乃至自由执业是今后的一个发展方向,是有利于老百姓的好事。2015年以后,"新医改"开始推广一种名为"医师多点执业"的新制度,营造让医生"合法走穴"的白色地带,其目的是缓解当前国内医疗资源分配的不均衡矛盾,并让患者就近得到高质量的诊疗服务。

医生多点执业新制度

卫生管理部门放开医生多点执业,确实给缺乏优质医疗资源的民营医院带来了活力,但难免也会触动公立医院"大佬"的利益。公立医院的医生工作压力大,任务繁重,时间支配紧张。多点执业政策并没有对公立医院采取相应的政策鼓励和支持,反而增加了医院的管理难度,由此导致公立医院对这项政策普遍比较"感冒",也并不买账。医生作为"单位人",是公立医院赖以生存的根本。公立医院承担了医生的培养、薪资、社保、住房公积金等所有开支,因此不会愿意自己培养的医生分散精力去别的地方执业。因此,公立医院大多对本单位医生的多点执业存在抵制心理,并可能会对当事医生自身职务、职称晋升等造成潜在的不良影响。事实上,从近几年的实施情况看,受到公立医院抵制、医生缺少积极性、监管陷入盲区等因素影响,多点执业政策在许多医疗机构遇冷,而游走在法律灰色地带的医生"走穴"仍生意红火,医生还是更愿意选择有高额回报的"走穴行医"模式。

卫生主管部门有必要深化这一制度的改革,本着"利益共享、风险分担、完善监管"的原则,从服务价格、利益分配、医生多点执业的注册、培训、分期考核、监管、问责等环节进行调整和修订,以有效维护和均衡医生、医院以及患者的多方权益。

（吴　蕾　陈骏萍）

## 第十五回

# 苏醒延迟现脑病　麻醉规范全免责

鉴于医疗机构的诊疗行为具有高度的专业性,所以法院对于医疗损害纠纷案例的司法判决一般都依赖于医学会或司法中心的专业鉴定意见。而作为重要参考依据的医疗损害鉴定基本上都是从造成的损害结果进行反向推论,逐一找出整个诊疗过程中的缺陷和问题,并进行因果关系分析或原因力评估。但鉴于当前的医学尚存在很大的局限性和诸多未知因素,因而在实际的临床诊疗工作中,医务工作者很难做到面面俱全、样样规范。由此在出现严重医疗损害后果时,医疗损害鉴定机构总是能挑出不少缺陷和毛病,并指出哪些诊疗环节不符合规范或存在过错。所以如果选择司法途径解决医疗纠纷的话,最后也往往是医方因存在这样或那样的医疗缺陷而承担或多或少的责任和赔款,这也几乎成了普遍的规律和常识了,由此也导致医方在很多情况下愿意与患方私了,或在医调会(医患纠纷人民调解委员会)主持下协商解决。

而对麻醉医生来说,这方面的压力就显得更为明显。因为麻醉管控着手术期间患者的全部生命体征和指标,所以患者如果术前没有什么问题,而在术后出现了与手术无关的并发症或医疗损害,一般都会被归结为麻醉环节出了问题,并且麻醉医生也都很难自证清白或洗脱责任。除非麻醉医生能在围术期的各个环节都严格遵守规范操作,并及时发现和处置出现的问题。这个前提说起来容易,做起来太难了。但华西医院的麻醉医生却神奇地做到了,以下就是一例因无懈可击的规范麻醉而

中国特色的医患纠纷人民调解委员会

完全免责的少见司法判决案例。

## 一、基本案情

2011 年 10 月 25 日，患儿廖某某因"发现左肩胛部包块伴压痛 6 月余"到华西医院就诊，诊断为"左肩胛骨包块，血管瘤可疑"并于当日办理入院手续。入院后进行了手术前的一系列检查和治疗，于 10 月 27 日在全麻下行"**左肩胛部包块切除术**"，术后麻醉复苏过程中患儿出现自主呼吸停止、代谢性酸中毒、低血糖、高乳酸血症等表现，遂转入 ICU 治疗。10 月 29 日转入儿外创伤科普通病房。10 月 31 日出院，出院诊断为："左肩胛骨包块，血管瘤可疑"手术顺利，术后伤口敷料干燥，无渗出，予以出院。

出院后 5 天患儿出现面部抽动、失语、四肢无力不能行走、饮水/吞咽困难等症状，为求进一步治疗再次入院。复查生化，血气分析，结果各项指标基本正常。经小儿神经内科、普儿科、小儿传染科、麻醉科多科会诊，出院记录病情及诊治经过载明："目前患儿诊断不明确，考虑可能的诊断：①变态反应性脑炎？②遗传代谢疾病（线粒体肌病）？③病毒性脑炎？"

2011 年 11 月 9 日，患儿转入四川大学华西第二医院治疗。入院诊断为："四肢无力待诊：①变态反应性脑损害？②特殊代谢疾病？③周围神经病变？"胸椎脊髓 MRI 示：颈椎及胸椎未见明显异常。头部 MRI 增强示：双侧内囊、苍白球区约 2.3 cm×1.8 cm×1.3 cm 高低混杂片状影，双侧对称，FLAIR 相呈混杂高信号，边界较清，增强扫描呈明显均匀强化。入院后，该院给予神经营养药物，并予康复训练，患儿四肢肌力较前好转，进食吞咽可，无发热、咳嗽，二便正常。但出院时仍有嘴角抽搐、失语、四肢无力不能行走等症状。住院期间院方怀疑患儿的酸中毒是属于遗传性代谢疾病，为此该院于 2011 年 11 月 17 日将其血液及尿液样本送北京杰友康医学检验所（敏路思）进行了检测，检测结果排除原告为遗传性代谢疾病的可能。尿液结果分析报告载明"此次尿的检查结果，未发现异常代谢产物，可以除外本所设定的代谢病的可疑，较多的甘露醇和维生素 C 考虑是外源性的"。血液检查意见："本次血的检查结果，如附表所示，Orn、Ser、Tyr、Orn/Cit、C5、C5/C4 增高；C8/C10 降低，但是未发现其他异常改变。结合尿筛查结果，考虑上述改变为肝功能异常、酮症酸中毒以及饮食用药引起的，但是需要除外与 C5 高值相关的有机酸血症和短支链脂肪酸代谢异常以及继发性或者一过性高酪氨酸血症的可疑，请结合临床其他检查综合判断并建议复查确认。"

随后院方于 2011 年 11 月 22 日准予患儿出院。出院诊断为"①变态反应性脑损害？②特殊代谢性疾病？"

患儿出院后分别到重庆医科大学附属儿童医院做了 MRI 检查和头部 CT 检查,重庆医科大学附属儿童医院 MRI 影像诊断为："双侧苍白球异常信号影,软化灶,请结合临床除外遗传代谢性脑病"。患儿后又到四川省人民医院做了 MRI 检查,报告意见为："①双侧基底节区(苍白球)对称性异常信号,考虑陈旧性梗死可能性大。②鼻咽顶壁小囊肿"。

随后患方(患儿家属及其代理人)向成都医学会申请医疗鉴定,并支付了医疗事故鉴定费 2 500 元。2012 年 5 月 9 日,成都医学会出具了成都医学会医鉴(2012)028 号《医疗事故技术鉴定书》,认为无法判断医患双方的争议是否属于医疗事故。

患方认为,导致患儿出现代谢异常和酸中毒并致大脑受损的原因,就是其在华西医院进行肩胛部包块切除手术的过程中,出现了自主呼吸停止,从而导致其大脑因缺氧受损,这表明华西医院在手术过程中存在严重过错。其过错行为给患儿造成了严重的损害后果,医疗过错行为与患儿损害后果之间因果关系明确。故诉至成都市武侯区人民法院请求判令:医方赔偿患方医疗费、误工费、住院伙食补助费、交通费、残疾赔偿金、护理费、残疾用具费、精神损失费、鉴定费等各项费用共计 979 130 元,并承担本案诉讼费用。

## 二、诉讼及司法判决

诉讼过程中,成都市武侯区人民法院根据医患双方的申请,并会同双方对相关病历资料进行确认后,委托北京明正司法鉴定中心就医方华西医院对患儿的诊治过程是否存在过错,如有过错,与患儿的损害后果之间是否存在因果关系及其参与度进行鉴定,并由患方支付了医疗过错鉴定费 12 200 元。

北京明正司法鉴定中心于 2014 年 4 月 9 日出具了京正(2013)临医鉴字第 113 号司法鉴定意见书,其分析说明认为:

(1) 关于麻醉和手术。华西医院手术指征、麻醉方式选择符合诊疗常规。全麻过程中用药规范,监测记录全面,未发生缺氧、低血压等情况,术后出现高乳酸血症、苏醒拔管延迟等异常情况时,诊断及时,处置得当。

(2) 关于患儿所患疾病。根据送检材料,复习病史,体格检查,实验室检查及就诊资料,综合临床经过,考虑为线粒体脑病。

（3）关于医方医疗行为与患儿发病的诱因问题。本例患儿发病的诱因可能与其术前饥饿及手术本身对身体的应激刺激有关。鉴于患儿既往无神经系统疾病病史，术前禁食、禁水为麻醉安全所必需的措施，为无法预料的个案。医方在麻醉知情同意书中进行了告知，并且经患儿监护人签署。因此，医方不存在过错。

（4）关于病因诊断问题。北京杰友康医学检验所检查结果报告的尿有机酸分析是针对甲基丙二酸尿症等 34 种有机酸代谢筛查的手段，血氨基酸、肉碱谱分析（串联质谱）可排除苯丙酮尿症、原发性肉碱缺乏症等小分子代谢病，对线粒体病没有诊断价值。因此，不能仅凭这两组结果排除"代谢病"。

综上，患儿手术复苏过程中出现呼吸异常、代谢异常和出院后 5 天出现的神经系统症状、体征，考虑为线粒体脑病。其术前禁食、禁水为麻醉安全所必需的措施，饥饿及手术本身对身体的应激刺激诱发线粒体脑病，此为无法预料的个案。华西医院在麻醉知情同意书中进行了告知。患儿身体目前状况是线粒体脑病病程进展的结果，医方不存在过错。鉴定结论为华西医院对患儿廖某某的医疗过程中不存在医疗过错，医方医疗行为与患儿目前身体状况之间不存在因果关系。

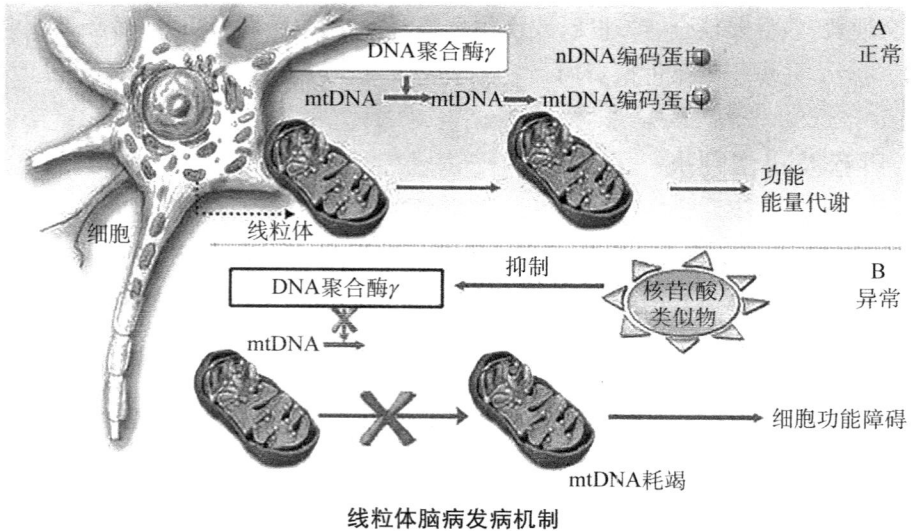

线粒体脑病发病机制

成都市武侯区人民法院据此认为，当事人对自己提出的诉讼请求所依据的事实或者反驳对方诉讼请求所依据的事实有责任提供证据并加以证明。没有证据或者证据不足以证明当事人的事实主张的，由负有举证责任的当事人承担不利后果。

基于医疗技术的复杂性、医疗活动的专业性等特性，医疗纠纷中医疗单位有无过错以及医疗行为与损害后果之间有无因果关系均需借助专业、权威的机构进行鉴定。本案中，北京明正司法鉴定中心的分析意见及鉴定结论是医学专家针对专门案件所作的专业意见，具有权威性，可以作为审理本案的相关依据。根据北京明正司法鉴定中心司法鉴定意见书的分析意见，华西医院手术指征、麻醉方式选择符合诊疗常规。全麻过程中用药规范，监测记录全面，未发生缺氧、低血压等情况，术后出现高乳酸血症、苏醒拔管延迟等异常情况时，诊断及时，处置得当。患儿手术复苏过程中出现呼吸异常、代谢异常和出院后 5 天出现的神经系统症状、体征，考虑为线粒体脑病。患儿身体目前状况是线粒体脑病病程进展的结果，华西医院对廖某某的诊疗过程中不存在医疗过错，医方医疗行为与患儿目前身体状况之间不存在因果关系。患方虽然表示上述鉴定结论缺乏依据、罔顾事实而不予认可，但患方提出的理由尚不足以否定北京明正司法鉴定中心的上述分析意见和鉴定结论，并且未提供充分有效的证据反驳上述分析意见和鉴定结论的证明力，法院依法不予采纳。

法院据此于 2014 年 9 月 3 日**做出判决**［（2012）武侯民初字第 153 号］如下：驳回患方的诉讼请求。案件受理费 1 740 元，由患方负担。

## 三、司法判决的医学思考

这实在是一份十分少见的司法判决，医方完胜！一向十分挑剔的权威司法鉴定机构竟然对华西医院的整个诊疗过程（特别是麻醉部分）打了满分，没有挑出一点点的毛病。这实在是太罕见了，从中也可以见证华西麻醉的神奇之处。

1. 完美的麻醉只是一个传说

2011 年的 *Best Practice & Research Clinical Anaesthesiology* 杂志，刊登了一篇有关麻醉并发症的现状与未来（Mobidity in anaesthesia：today and tomorrow）的专业文章。在总结了围术期出现麻醉并发症的种类与概率后，作者（Haller G）认为麻醉如同药物或者手术操作一样，肯定会给患者带来这样或者那样的问题，小问题多见，越严重的问题越少见。作者在文章最后感叹，完美麻醉只是传说。确实，尽管当前的麻醉安全已经达到了相当高的水准，但不可否认其还是会给机体带来或多或少的损伤或影响，甚至可激发体内潜在的缺陷或疾患。就本案例来说，患儿术后出现的异常情况及其最终遗留的脑部损伤后遗症，不管是否如医方一直所怀疑的代谢性疾病或线粒体脑病，但至少可以确定是由手术麻醉所诱发的，至于医方要不要担责，那只能看是不是符合《侵权责任法》的免责条款。虽然

完美的麻醉只是一个传说

术后患儿辗转多家医院诊治，但造成患儿脑部损害的原因最终还是一个谜。对于医方而言，还是有理由（包括术后的高乳酸血症和脑部影像学病损等）相信是由先天性代谢性疾病受到激发所导致的，尽管患儿的血和尿样检查并不支持代谢性疾病的诊断。而对患方而言，同样有理由相信是术中的缺氧性损伤所致，肩胛部包块切除小手术后即出现苏醒延迟和自主呼吸停止征象，并伴有高乳酸血症和酸中毒，出院后又表现出脑部受损症状，并且缺乏代谢性疾病的诊断依据，这些征象均比较支持缺血缺氧性脑损伤的推测，只是脑部的局限性病损不支持缺血缺氧性脑损伤所特有的弥漫性影像学表现。既然医患双方都没有确凿的理由支持自己的观点，本案最后也只能在具体病因不明的情况下进行判决。类似这样的"无头案"，医方避责的唯一前提就是其实施的全部诊疗过程没有缺陷或过错。

严格遵守诊疗规范，是每家医疗机构都一直在强调的医疗准则，也是每位医务人员都要执行的基本要求。但在国内多数医疗机构都已不堪重负、超负荷工作状态下，确实很难做到全部诊疗都没有缺陷的标准程度，这也是摆在医疗质量管理部门面前最为棘手的难题之一。

2. 麻醉规范是避责的重要前提

本案例从司法鉴定到最后的判决，华西麻醉均成功避责。不难看出，麻醉规范在其中起了至关重要的作用。不过单一的案例可能具有偶然性，也并不能反映问题的全部。还是让我们以评估临床麻醉工作质量的最重要核心指标——麻醉病死率来看一组数据。四川大学华西医院麻醉科的麻醉病死率经历了 2000—2001 年 1/10 000，2002—2005 年 1/50 000，2006—2008 年 1/200 000 的快速提升和飞跃过程。其中 2006—2008 年的 3 年里，共完成手术室内各种麻醉 15 万余例（包括局麻监测约 1.5 万例），手术室外麻醉 5 万余例，麻醉总数大于 20 万例，没有一例麻醉死亡。其后华西医院麻醉科持续保持了高水平的临床麻醉工作质量，连续 10 年麻醉病死率 <1/200 000。2014—2016 年的华西麻醉科更是连续 3 年取得了"三个零"（零医疗纠纷、零赔付、零麻醉死亡）的神奇业绩。这里，麻醉死亡是指麻醉（包括恶性高热和麻醉用药过敏等）及其所有失误（包括用错药物和麻醉机械故障等）作为直接主要原因导致的患者死亡。而同样按照这个标准，国内只规定三甲医院的麻醉病死率应小于 1/5 000；亚洲发达国家是 1/50 000～100 000；欧美发达国家

是 1/200 000；全球最好报道成绩是 1/300 000。从上述数据来看，华西麻醉已位居世界之巅、堪称神奇。

华西麻醉的安全和质控能做到世界顶尖水平，自然有其很多独到的管理经验。而从本案例的分析也不难看出，严格执行规范的麻醉工作无疑是其最重要的决胜之道。实际上，早在 2000 年，华西麻醉就率先提出住院医师规范化培训（后简称规培）试点工作，所有注册的住院医师、进修医师和临床研究生统称为住院医师，都要接受严格全面的住院医师规范化培训，并实行严格的主治医师负责制，所有手术患者一定有一位主治医师对其麻醉安全负法律和医疗责任（完成了规范化住院医师培训的所有主治医师、副主任医师和主任医师统称主治医师），随后其科室的麻醉安全也与接受过规培的医师占比同步快速增长。2000 年，华西麻醉科接受规培的医师比例为 0，麻醉病死率约为 1/10 000；2006 年，科室内有 10%～20% 的医师接受过规培，麻醉病死率约为 1/50 000；2010 年，科室内接受过规培的医师比例上升到 40%，麻醉病死率降为 1/200 000；2014 年后，科室内有超过 60% 的医师接受过规培，并连续 3 年无麻醉死亡，估计其科室的麻醉科死亡病例讨论记录本已蒙上了灰尘。由此也可以看出住院医师规范化培训对麻醉安全的重要性。除了人员的规范化培训之外，华西麻醉连仪器设备也实行了规范化管理。统一常用临床设备，规范各麻醉地点的小环境，尽量将麻醉的人为失误降到最低水平。2014 年起，华西麻醉还率先开展麻醉监测护士培训和麻醉专科医师规范化培训工作，华西麻醉的规范化之路还在不断地拓展和深化之中。

（盛　诚　曹　伟）

# 第十六回

# 休克产妇椎管麻　麻醉禁忌责任大

　　"麻醉上手快",这是很多年轻医生入行麻醉职业的最基本想法和理由。他们其实并不是真心喜欢麻醉这个行业,毕竟国内麻醉职业的低待遇和低地位都是不争的事实。他们只是觉得麻醉工作最容易上手,刚毕业不久的小医生就可以很快独立实施麻醉了,而不像外科住院医生起码要拉上5年的拉钩,才会有放手做一些深部组织手术操作的机会。但实际上,麻醉是一门技能性很强、风险又极高的专业,麻醉医生必须掌握丰富的全科知识和快速的应变急救能力,而这两项恰恰又是不少麻醉医生最为欠缺的短板所在。

硬膜外打一针就OK

有些麻醉操作相对容易上手

　　所谓"麻醉容易上手",这只是指单纯的麻醉操作技术而言。事实上,很多麻醉操作技术,如气管插管、深静脉置管、椎管内穿刺等,并非为麻醉科所独有或垄断,包括重症医学科、急诊科和神经内外科等在内的好多临床医生都会操作和应用这些技术。因此,任何的麻醉实施绝不是单纯的技术操作问题,麻醉的"精髓"在于深入掌握疾病相关的临床病理生理知识并能恰到好处地灵活运用各类麻醉技能,以帮助患者安全舒适地度过围术期。掌握了麻醉精髓的优秀麻醉医师,往往能紧密结合当前的病情做出最优的麻醉处理,这不光是要有过硬的技术操作能力,还必须拥有渊博的临床知识和丰富的经验积累。以下就是一例因麻醉选择错误而导致患者产后大出血死亡并引发医疗纠纷的典型案例。

## 一、基本案情

　　患者王某某,女,42 岁。2012 年 3 月 21 日,因足月妊娠至高唐某医院待产,上午 10:00 产下一男婴,10:20 出现阴道流血增多症状,11:50 被急送至手术室欲行子宫切除术,11:55 王某某出现心搏、呼吸骤停,立即予心肺复苏、经口气管插管、电击除颤等抢救措施,12:17 患者自主心搏恢复,处深昏迷状态,给予子宫全切术后,于下午 15:00 转入该院 ICU 科进一步治疗。2012 年 3 月 22 日因王某某病情严重,而该医院技术力量有限,遂将王某某转入千佛山医院 ICU 病房接受继续治疗。

　　2012 年 4 月 2 日,王某某病情危重,已处于脑死亡状态,并引发了尿毒症等并发症。千佛山医院认为其生存下来已无可能,患方也无力负担每日近万元的治疗费用,随即同意放弃治疗,王某某于放弃治疗后很快死亡。

　　患方认为,由于高唐某医院未能及时采取有效措施,致使王某某产后发生失血性休克,造成心跳停止长达 20 多分钟。转入千佛山医院治疗过程中,由于千佛山医院的错误治疗,致使王某某病情继续恶化。两医院在治疗过程中,都存在严重的医疗过错,正是这些过错造成了王某某的死亡,医方对王某某的死亡负有不可推卸的责任。遂诉至济南市历下区人民法院,请求法院判令:①两医方依法赔偿患方医疗费 121 807.13 元、交通费 2 000 元、死亡赔偿金 455 840 元、住院伙食补助费 360 元、住宿费 700 元、陪护费 585 元、被抚养人生活费 320 342 元、精神损害赔偿金 10 万元、鉴定费 12 000 元、丧葬费 19 507 元,共计 1 033 141.13 元。②本案诉讼费由医方承担。

## 二、诉讼及司法判决

### 1. 医方的举证和答辩

　　诉讼期间,高唐某医院辩称,患者王某某于 2012 年 3 月 21 日因足月妊娠入住该院待产,4 月 2 日在千佛山医院死亡是事实。患方认为医院存在医疗过错并要求医方进行赔偿,根据侵权法第五十四条"患者在诊疗活动中受到损害,医疗机构及其医务人员有过错的,由医疗机构承担赔偿责任",又根据我国民事诉讼法"谁主张,谁举证"的基本原则,患方应当举证证明医院存在医疗过错,但患方没有证据证实,故请求法院驳回患方的诉讼请求。

千佛山医院辩称,患方所述与事实不符,本案基本事实如下:患者王某某于2012年3月22日因"产后出血、心搏呼吸骤停、心肺复苏后、子宫全切术后"由高唐某医院转入千佛山医院ICU进一步抢救。患者入院时已处于深昏迷状态,对疼痛刺激无睁眼反应,球结膜水肿,瞳孔散大固定,直径约6 mm,直接及间接对光反射消失。经口插管接呼吸机辅助呼吸,无自主呼吸。生理反射及病理反射未引出。入院诊断为:①产后出血,失血性休克,继发性贫血(中度);②心跳呼吸骤停,心肺复苏术后,缺血缺氧性脑病,呼吸衰竭,急性肾功能障碍,急性肝功能障碍;③子宫全切除术后。

入院后在完善相关检查的同时,医方立即进行积极抢救,给予补充血容量及改善凝血功能、呼吸机辅助通气、亚低温治疗降低脑代谢、脱水降颅压、营养脑细胞、改善循环、抗感染、纠正贫血、保护重要脏器功能、营养支持、纠正水电解质紊乱等积极治疗。2012年3月25日患者出现血压降低(89/57 mmHg),给予多巴胺静脉泵入后血压恢复至正常水平。2012年3月26日患者尿量多,考虑因脑细胞严重损伤导致下丘脑-神经垂体受损引起抗利尿激素分泌减少,进而影响远端肾小管及集合管对水分重吸收而大量排尿,经给予小剂量垂体后叶素静脉泵入后尿量逐渐恢复至2 700 ml/24 h左右。2012年3月28日行窒息通气实验和冷刺激实验,均为阳性,提示脑干严重损伤。住院期间患者转氨酶逐渐降低。2012年4月2日家属要求放弃继续治疗,主动出院并签字。医院尊重患者家属意见,患者于2012年4月2日放弃治疗、自动出院。

纵观整个治疗过程,千佛山医院认为其对患者的诊断明确,治疗方案选择合理,抢救及时到位,符合诊疗规范和常规,充分全面履行了医疗告知义务,相关工作人员对患者高度负责,尽到了应尽的诊疗护理义务,没有任何过错可言。患者终因脑干严重不可逆损伤致病情难以控制,家属主动放弃抢救,其院外死亡后果与医方的医疗之间不存在因果关系,故请求法院驳回患方的起诉。

法院审理期间,患方撤回了对千佛山医院的起诉。

2. 司法鉴定意见

诉讼期间,经患方申请,受法院委托,青岛正源司法鉴定所于2013年2月18日出具了青正司鉴(2012)法临鉴补字第251301号**司法鉴定意见书**。该鉴定书内容摘录如下:……根据提供的资料,参阅有关文献,并咨询产科、麻醉科专家意见,经我所鉴定人讨论,现对山东省高唐某医院对被鉴定人王某某的医疗行为是否存在过错;如有过错与王某某的死亡后果之间是否存在因果关系及责任程度综合分析评定如下：

（1）关于分娩助产。被鉴定人王某某系42岁高龄第二胎产妇，因停经$9^+$月于高唐某医院经阴道分娩，共计7 h 5 min，从宫缩到宫口开全为第一期，历时6 h 30 min，从宫口开全至胎头吸引术＋腹压下分娩一男婴为第二期，历时30 min，从胎儿娩出至胎盘产出为第三期，历时5 min，会阴呈第一度破裂，用可吸收线缝合，阴道、子宫颈无破裂，失血量约200 mL，分娩助产过程观察细致，操作规范，未见失误。

（2）关于子宫切除。被鉴定人产后$1^+$h出血量约1 500 mL，符合产后大出血的诊断，具备行子宫切除术的适应证。术前经治医院对麻醉和手术可能发生的意外、并发症和不良后果告知家属并签字，履行了告知义务。因阴道流血不止，为挽救生命，心肺复苏术后行子宫全切除术是必要的。手术记录显示术中操作规范，未见失误。

（3）关于产后出血。产后出血好发因素多为子宫收缩乏力，胎盘、胎膜残留，产道裂伤和凝血机制障碍。被鉴定人产前无凝血机制障碍，产时阴道、子宫颈无破裂，会阴呈第一度破裂已缝合。胎盘、胎膜娩出完整。被鉴定人王某某产后子宫收缩乏力，多次给予缩宫素静滴及米索前列醇口服，同时行腹部子宫按摩，子宫收缩一度好转，但按压子宫仍见大量阴道流血，说明产后子宫收缩乏力是造成产后大出血的主要原因。

（4）麻醉方式的选择和心搏骤停。麻醉方式的选择往往根据病情和手术的需要而定，对全身状况较好的患者，子宫切除术大都采取椎管内麻醉，近年来采用腰硬联合麻醉较为普遍。但产后大出血、失血性休克、严重的低血容量是蛛网膜下腔麻醉(腰麻)和硬膜外麻醉的禁忌证。由于产后大出血导致低血容量，机体常通过全身血管收缩来代偿，以维持正常的血压。一旦给予蛛网膜下隙麻醉，交感神经阻滞作用可使血管扩张，迅速导致严重的低血压；对严重低血容量的患者，在蛛网膜下隙麻醉(腰麻)后，可能发生血压骤降甚至心搏骤停(现代麻醉学第三版，庄心良等，人民卫生出版社)。资料显示，被鉴定人产后大出血，一小时内出血达1 500 mL，血压下降至80/40 mmHg，心率110bpm，脉搏微弱，并且仍出血不止，1.5 h后实施腰硬联合麻醉。由于术前准备不足，未建立快速静脉输液通道，未给予快速输注生理盐水等晶体液，亦未给予输注RBC、血浆和白蛋白，仅给予706代血浆(羟甲淀粉)500 mL，其余给予10％GS静滴，输液量明显不足，严重的低血容量存在。失血性休克、严重低血容量为腰麻和硬膜外麻醉的禁忌证，被鉴定人实施腰硬联合麻醉后即刻出现血压剧降和心搏骤停，表明心搏骤停的发生与腰硬联合

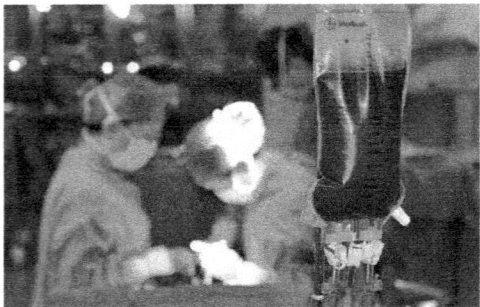

产后大出血多需要大量输血并进行子宫切除术

麻醉存在直接因果关系,为被鉴定人发生心搏骤停的主要因素。

(5)心肺复苏抢救与治疗。心肺复苏抢救过程基本符合诊疗常规,心肺复苏成功。但由于心肺复苏时间较长,心搏骤停20 min,多脏器处于低灌注,其中中枢神经系统对缺氧耐受性最差,脑细胞损伤严重,高唐某医院履行职责,积极给予治疗,心肺复苏术后合并脑/循环/呼吸/凝血系统/肾脏等多脏器功能障碍未见医方失误。

该鉴定意见书最后的鉴定意见为:山东省高唐某医院对被鉴定人王某某的医疗行为存在过失,过失与其死亡后果之间存在直接因果关系,参与度以70%～80%为宜。

4. 司法判决及主要依据

济南市历下区人民法院审理后认为:王某某系42岁高龄产妇,经阴道分娩一男婴,产后大出血,子宫收缩不良是导致产后出血的主要原因。产后大出血,失血性休克行子宫全切除术具有适应证。但对产后大出血、失血性休克应选择全身麻醉,高唐某医院为其实施腰硬联合麻醉存在不当,为过失行为。此过失行为与被鉴定人发生心搏骤停之间有直接因果关系,为被鉴定人发生心搏骤停及其后发生死亡的主要因素。

鉴于产后大出血是产科最严重的并发症,也是导致产妇死亡的主要原因。其病情比较复杂,治疗难度较大。再加上麻醉和手术的风险性和结果的不确定性,尤其是在产后出血、失血性休克时即使采取全身麻醉方式,由于麻醉前并未禁食,在麻醉插管和用药时,也有呕吐和食物反流窒息而发生麻醉意外的可能。术前医院将可能出现的麻醉、手术意外、并发症和不良后果已告知家属并签字,履行了告知义务。而对于心肺复苏后的治疗,尽管心搏骤停20 min,心肺复苏时间较长,各脏器损伤严重,但高唐某医院履行职责、积极治疗,并将该患者及时转往了千佛山医院。

综合分析高唐某医院对王某某的医疗行为存在过失,过失与王某某的死亡后果之间存在直接因果关系,参与度法院酌定为75%。据此,一审济南市历下区人民法院于2013年4月9日**做出判决**[(2012)历民初字第635号]:

(1)被告山东省高唐某医院赔偿患方医疗费90 000.02元、护理费450元、交通费 1 000 元、住宿费 525 元、住院伙食补助费 270 元、精神损害抚慰金 50 000 元、丧葬费 16 063 元、被扶养人生活费 45 738 元、死亡赔偿金 141 690 元、鉴定费 9 000 元。共计 354 781.02 元。

（2）案件受理费人民币 13 820 元，由患方负担 8 292 元，医方山东省高唐某医院负担 5 528 元。

## 三、司法判决的医学思考

### 1. 麻醉的地位总是与责任相匹配

俗话说：责任越大，担当越多，地位也越高。在过去的很长一段时间内，国内麻醉学科的临床地位明显偏低。麻醉界的前辈和有识之士为此可谓是费尽心力，他们一边大力发展麻醉学科，一边奔走疾呼为麻醉正名，也终于在 1989 年获得了国家层面的承认和肯定，即国家卫生部颁布的具有划时代意义的 12 号文件，明确麻醉学科属于二级学科、临床一级学科。此后经过近 30 年突飞猛进的发展，我国麻醉学科已逐渐与世界接轨。但相对于学科和专业的快速进步，国内麻醉行业的地位和麻醉医生的待遇并没有得到同步提升。调查显示，近七成麻醉医生对执业环境不满意，并且没有职业自豪感和成就感。不少医院管理者至今还分不清楚麻醉科是属于临床科室还是医技科室，甚至目前国内仍存在少数三级甲等医院的麻醉科被列为医技科室的现象。不过令人欣慰的是，越是综合实力强大的医院，越认可麻醉学科的重要性。因为麻醉学科是医院保障医疗安全的关键学科，是医院提高工作效率的枢纽学科，也是医院协调各科室之间关系的中心学科。如海军医科大学附属长海医院更是在 2017 年 1 月将麻醉学科升级为麻醉学部，旨在彰显其麻醉学科的重要性和品牌效应。但客观地说，麻醉学科的临床地位问题，并不能仅仅依靠麻醉界有识之士的全力争取，同时还有赖于每一位麻醉医生的自身努力。所谓"麻醉兴旺，匹夫有责"，在每一天的日常麻醉工作中，每一位麻醉医生的担当越多，承担起的责任就越大，整个麻醉学科的重要性和社会地位自然也会水涨船高了。

就本案例来说，产后大出血本是一种致命性的妊娠并发症，也是当前全球致孕产妇死亡的首要原因。其来势凶猛，孕产妇可在短时间内大量失血，并迅速导致休克甚至死亡。产后大出血的救治至今仍是全球性的医学难题之一，全球几乎所有产后出血的临床诊治指南都强调产后出血抢救时的多学科团队协作，这是提高抢救效率、降低孕产妇病死率的重要措施。而麻醉医生作为管理产后出血、输血的专家,是这个团队的关键成员,也理应发挥其良好的复苏技能、出血管理和危重病监测治疗的特长,包括休克诊断、早期液体复苏、麻醉方式的选择、血液管理、血细胞回收与监测等,并在产后大出血的救治中发挥更大的职能作用,承担起更多的责任。但可惜的是,本案例中的麻醉医生不但没有成为救治的主力并负起责任担当,反而因麻醉方式选择错误而致患者病情迅速加重和死亡,有限的专业技术水平也决定了其很难在这种危重救治过程中担当大任。当然,这中间可能存在一些主客观因素,导致当事的麻醉医生出现了误判。正如法院判决中指出的那样,由于麻醉和手术的风险性和结果的不确定性,尤其是在产后出血、失血性休克时即使采取"所谓正确"的全身麻醉方式,由于麻醉前并未禁食,在麻醉插管和用药时,也有发生致命的误吸风险。当事麻醉医生可能是在权衡两种麻醉方式的利弊后,最终选择了"临床禁忌"的椎管内麻醉方式。但无论如何,这中间还是暴露出当事麻醉医生临床经验的不足,具体表现在对出血量的低估、抗休克措施不力、麻醉风险预估不足等方面。就现阶段的技术设备而言,急诊饱胃并非是全身麻醉的禁忌证,采用相应的防备措施后,其诱导插管的麻醉风险还是可以接受和可控的。而本案例的产后大出血产妇,当时血压仅 80/40 mmHg,心率 110 次/min,脉搏微弱,并且仍出血不止,在此休克情况下没有先予快速的输血、输液并辅用血管活性药物,就漠视风险、贸然实施椎管内麻醉,由此产生的严重后果,麻醉医生确实是难辞其咎。

### 2. 麻醉的风险总是与技能缺失伴行

本案例当事麻醉医生的技能缺失是显而易见的。在临床实际工作中,当前已有的各种麻醉方式,真正禁忌使用的其实很少,大多只是强调权衡利弊、灵活应用,以期达到最优麻醉处理的目的,而因麻醉方式选择错误而引发医疗纠纷的案例真的很少见,但本案例恰恰就触犯了很少的这几项麻醉禁忌。

休克是椎管内麻醉的禁忌证之一,这在机制上是不难理解的。众所周知,正常情况下椎管内麻醉时由于单纯交感神经阻滞而引起的血压下降幅度比较有限,可能仅出现直立性低血压。其原因是局麻药通过阻滞胸腰段(T1～L2)交感神经血管收缩纤维,引起血管扩张和循环动力学改变,其程度与交感神经节前纤维被阻滞的平面高低相一致。表现为外周血管张力、心率、心排血量及血压均有一定程度的下降。一般阻滞平面在 T5 以下时,循环功能可借上半身未阻滞区域的血管收缩来代偿,并使血压降低幅度维持在 20% 以内。即使阻滞平面过高而出现血压明显下降,也很容易通过加快补液或应用血管活性药物来加以纠正。但休克状况下机体的重要代偿机制之一就是交感神经系统高度兴奋,而椎管内麻醉可抑制交感兴奋使代偿功能丧失,导致回心血量迅速减少,这一现象在腰麻时特别明显。

Sancetta 的早期研究发现：腰麻平面在 T4 以下时，右心房压力下降约 36%；而当平面高于 T4 时，右心房压力下降约 53%。此时如果存在体液的丢失，这些影响作用会更显著。如血液丢失>10 ml/kg 情况下实施腰麻，中心静脉压（CVP）将减少 66% 左右。因此休克情况下采用椎管内麻醉将进一步使回心血量锐减并加重休克！同时回心血量的减少还可导致迷走神经张力的增强，从而引发严重的心动过缓。迷走神经过度兴奋是导致椎管内麻醉心动过缓/心搏骤停的另一重要原因，鉴于前负荷下降对迷走神经反射起着重要作用，故维持前负荷正常是预防心搏骤停的重要先决条件。因此，对于休克合并血管迷走神经过分活跃的患者，一旦给予实施椎管内麻醉，则可迅速出现严重的低血压甚至心搏骤停，这种情况仅见于清醒的患者而很少见于接受全麻的患者。所以本案例选择全身麻醉是比较合适的。另外，全身麻醉还有助于控制气道和增加氧供，提高机体对休克的耐受力。

　　本案例患者术前失血高达 1 500 ml 以上，产后大失血已到了休克失代偿期，麻醉前患者亦出现了神情淡漠、唇色苍白、脉搏细速等休克征象，只是其血压暂时还维持在稍偏低或接近正常水平，但可能正是血压这一表象迷惑了当事麻醉医生，让其并不认为这已是"休克"状态，仍无所顾忌地实施临床禁忌的椎管内麻醉。殊不知由于孕产妇围产期病理生理的特殊性，致使其对出血的耐受性和代偿力增强，通常 1 000 ml 以内的产后出血量，基本不会引起孕产妇生命体征的明显改变。再加上产后出血的隐匿性致孕产妇的出血量经常被低估，也常常让临床医生发现不及时或失血量被低估而未能加以纠正。但"拐点"明显是孕产妇失血性休克发展的一个最重要特征，孕产妇可从代偿期突然演变到失代偿状态，并迅速发展为休克、多器官功能衰竭和死亡。正所谓"溪云初起日沉阁，山雨欲来风满楼"，没有相关的产后出血临床知识和实践经验，麻醉医生是不会有预感和预判的，也不可能掌握麻醉的"精髓"、恰到好处地运用各类麻醉技能并帮助患者安全舒适地度过围术期。

　　值得注意的是，本案例除了司法判决认定的休克状态下选择错误的椎管内麻醉方式外，产后大失血患者往往还存在凝血功能障碍，即使是经过充分的输血补液后休克状态得到了改善，但凝血功能的纠正往往比较困难。因此对其实施椎管内麻醉（特别是硬膜外置管）也需要慎重，以免出现椎管内出血和截瘫等严重并发症。

　　3. 麻醉学科的发展总是离不开麻醉医生的自身努力

　　经历了 150 多年的沧桑巨变，麻醉学已发展成为一门具有扎实基础理论和丰富临床实践经验的现代医学新兴学科。我国的麻醉学科总体上也在近 30 年里获得了快速的发展并逐渐与国际接轨，但限于国情，国内不同地域的麻醉学科发展水平良莠不齐、差异巨大。有不少麻醉科实力雄厚，技术水准跻身世界一流；但也有很多麻醉科,多年来停滞不前,仍处于早期的落后状态,这里面的原因自然是跟麻醉医生的自身因素分不开的。在科技高速发展的今天,特别是正值国内麻醉学科的剧变时代,作为麻醉医生,也应跟上时代的节奏,凭借强劲的钻研精神和持续的学习能力,跻身麻醉学科的时代潮流,如逐渐向围术期医生转变,并成为围术期医学的主导者,而绝不能仅仅安逸于掌握几种麻醉操作技术和肤浅的临床知识。

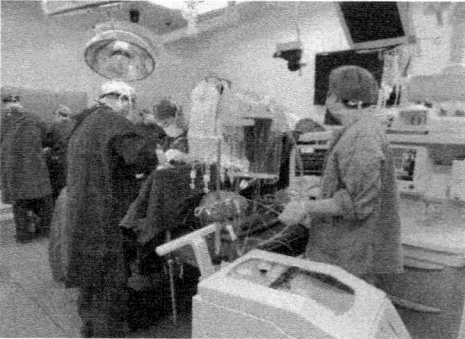

回收式自体输血在产后大出血中的应用

都说麻醉医生是幕后英雄,但实际上,临床的很多危难情况下都是麻醉医生大显身手的好时机。绝大多数的手术室内抢救(如术中心搏骤停、大出血等),麻醉医生都应该是"总指挥官",这也是最能考验麻醉医师综合水平、应急能力以及协调指挥能力的关键场合。类似于本案例的产后大出血情况,但凡有点经验的麻醉医生都会闻声色变、精神高度紧张。因为这种致命性的产科出血,需要一个高效的多学科应急团队通力合作和处理,麻醉的实施只是整个救治过程的一个环节而已。麻醉医生应尽快组织和实施救治,建立多条静脉通路,开展液体复苏和输血治疗(包括回收式自体输血),并结合血管活性药物的应用,尽快恢复血容量,维持有效循环功能、凝血功能以及内环境稳定。在出血没有得到充分控制前,实施损伤控制复苏。同时还要密切关注手术进程和生命监护,尤其是出血速度、目前出血量、产科医生的止血效果、后续出血量、出凝血功能等。其实,从妇产科果断决定给患者行急诊子宫切除术的这一举动,也可以推测出患者当时产后出血的严重性和紧迫性。可惜当事的麻醉医生并没有意识到问题的严重性,也没有采取积极的救治措施和组织更多的救援力量。

从本案例的医疗纠纷可以看出,麻醉医生在临床工作中不仅要有过硬的临床技术,还需要有准确的病情判断、处理问题的正确临床思维以及组织协调等综合临床处理能力。麻醉医师只有做好了自身建设,麻醉的地位和学科发展才能有根本性的突破和提升。

(裴晴晴　严海雅)

# 第十七回

# 椎管血肿难避免　处置欠缺担主责

"不确定性"始终是椎管内麻醉的最大挑战,作为一项盲探操作麻醉技术,其在实际穿刺过程中确实存在误伤血管神经的可能,如有报道显示硬膜外穿刺置管的血管损伤率可高达 2.8%～11.5%。但让人欣慰的是,这种损伤一般十分轻微,也不会造成明显的不良反应或后遗症。因而,目前椎管内麻醉技术在国内临床实践中的应用仍比较广泛。

但事实上,椎管内麻醉确实可产生严重的并发症,如硬膜外血肿、脊髓损伤、全脊髓麻醉等,虽然这些并发症的发生率极低,但其后果十分严重,对麻醉医生和患者来说都是灾难性的。特别是硬膜外血肿并发症,即便是你严格掌握了适应证并遵从操作规范,但临床实践中仍是难以完全避免其发生。也正是由于对硬膜外麻醉这些严重并发症的担忧,

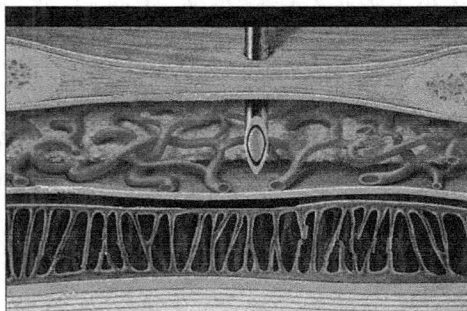

硬膜外腔分布有丰富的静脉丛

同时也得益于全麻技术及药物的进步,导致目前欧美国家对椎管内麻醉技术的实施大都持比较谨慎的态度。国内现阶段的椎管内麻醉应用比例也在逐年下降,有些发生过椎管内麻醉严重并发症的科室甚至有因噎废食的倾向。但实际上,椎管内麻醉技术的性价比还是相当之高,只要严格遵守操作规范,注意围术期观察,并且在出现并发症后进行及时的诊疗,即使最后导致了截瘫等严重后果,麻醉医生也可有效规避法律风险或只承担次要责任。反之,如果围术期的麻醉环节存在缺陷或过错,则无疑就要承担主要职责了。以下就是一例椎管内麻醉后出现硬膜外血肿和截瘫而致高额索赔的医疗损害纠纷案例。

## 一、基本案情

患者李某某,男,36 岁。2011 年 10 月 2 日,患者感右下腹疼痛,并有阵发性加剧,次日上午以"急性阑尾炎"入住甲高镇某医院。患者既往体健,无烟酒等特殊嗜好,否认家族性及遗传性疾病史。入院后体格检查除记载急性痛苦病容外无其他任何异常征象,其中脊柱、双下肢无水肿,四肢关节无畸形,活动好,各生理反射存在。入院后完善相关检查检验,并于 2011 年 10 月 3 日 10:12 在持续硬膜外麻醉下行阑尾切除术。手术记录显示手术顺利,术中麻醉平稳,患者情况稳定,术后安返病房。手术结束于 11:40。麻醉文书 2011 年 10 月 3 日 11:40 记载:急诊入手术室,一般情况好,神志清醒,精神稳定,建立静脉通道后取右侧卧位行椎管内麻醉,T12/L1 间隙直入法穿刺顺利,置管深度 3.5 cm,麻醉平面 T8 以下。术中麻醉效果良,生命体征尚平稳,稍有牵拉反应。术毕,麻醉平面 T7 以下。当日 12:00 病程记录显示:患者诉伤口疼及胃部不适,医嘱予盐酸哌替啶 75 mg 肌内注射、胃复安(甲氧氯普胺)注射液 10 mg 肌内注射,0.5 h 后疼痛缓解。当日下午 18:30 患者述小腹胀痛不能解小便,予热敷、腹部按摩效果不佳,导尿后引出淡黄色尿液 624 ml,小腹部胀痛消失。次日 2011 年 10 月 4 日 6:30 病程记载:患者诉切口轻度疼痛,但能忍受,无腹痛、腹胀、恶心呕吐等不适,另诉肛门尚未排气。嘱下床活动,发现下肢无力,感觉减退,嘱家属扶着下床,患者不能站立。2011 年 10 月 4 日 7:00 病程记载:患者双下肢感觉减退,与麻醉医生联系说可能是一过性原因,嘱继续观察。同时请上级医生查看患者,指示用营养神经药物治疗,必要时转上级医院检查。2011 年 10 月 4 日 8:00 病程记载:继续观察,必要时转上级医院行 CT 检查,也取得家属及患者本人的同意,目前以抗炎、补充能量及营养神经等治疗。2011 年 10 月 4 日 18:30 病程记载:见双下肢感觉仍无好转,请来麻醉医生及上级医生与家属沟通,马上转奉节县医院检查。出院记录记载:10 月 5 日 6:40 查房见患者生命体征平稳,精神尚可,诉双下肢活动障碍进行性加重,不能站立。随后患者被送往奉节县医院行 CT 检查,考虑硬膜外血肿可能。患者于当日(2011 年 10 月 5 日)被转入三峡医院接受进一步治疗,医疗费由甲高镇某医院支付。

李某某转入三峡医院行 MRI 检查示:T8~T12 椎管后侧纵行长梭形混杂信号影,长 13 cm,厚度约 0.9 cm,并邻近脊髓受压前移伴脊髓内条片状长 T1 长 T2 信号,提示椎管内髓外出血? 血管畸形? 占位? 伴脊髓损伤。三峡医院随即对李某某行急诊全麻下"T10~T12 椎体水平椎管内硬膜外血肿清除术、椎骨缺损修补术"，术后予神经修复、激素抗炎、脱水、抗感染等药物治疗，但下肢感觉改善不明显。2012 年 1 月 7 日患者出现右大腿肿胀，三峡医院诊断为"深静脉血栓"，并予溶栓、抗凝、扩血管等对症治疗。但效果不佳，右大腿仍肿胀明显，遂于 2012 年 6 月 1 日在局麻下行下腔静脉滤网置入术，但术后右侧大腿仍持续肿胀和加重。其间，甲高镇某医院与三峡医院因是否需下腔静脉滤网置入术和术后病情发生纠纷，三峡医院认为依据该院的技术和设备已无法治疗，甲高镇某医院认为李某某现在的病情是因三峡医院采取的治疗措施不当所致。为此，甲高镇某医院不再支付医疗费，三峡医院也随即暂停治疗近 39 天（从 2012 年 7 月 5 日至 8 月 13 日），后经重庆市卫生局多方协调，甲高镇某医院支付了医疗费，并同意将患者从三峡医院转入重庆医科大学第一附属医院继续治疗。三峡医院出院诊断：①出血性疾病；②右大腿血肿；③T10～T12 椎硬脊膜外血肿清除术后；④T10～T12 椎硬脊膜外血管畸形？⑤右下肢深静脉血栓形成；⑥下腔静脉滤网置入术后；⑦尿路感染。

　　2012 年 11 月 20 日，患者李某某委托重庆市渝万司法鉴定所作伤残等级、康复治疗费、护理依赖、医疗依赖、义肢安装评估和鉴定。该所于 2012 年 11 月 23 日做出渝万司法鉴定所(2012)渝万鉴字第 393 号《司法鉴定意见书》，认定：被鉴定人李某某因外伤致完全性截瘫伴大小便失禁的伤残等级为一级；阴茎勃起功能严重障碍的伤残等级为 6 级。随后李某某以甲高镇某医院、三峡医院在诊疗过程中存在明显的过错并导致李某某严重伤残为由，向重庆市万州区人民法院提起诉讼，认为甲高镇某医院、三峡医院应对李某某的损失承担完全责任，并请求由甲高镇某医院、三峡医院连带赔偿李某某前述损失共计 2 539 728.09 元（已剔除甲高镇某医院支付的生活补助费和医疗费）。

## 二、诉讼及司法判决

### 1. 一审判决及主要依据

　　诉讼期间，患方对甲高镇某医院病历中的《麻醉同意书》签字有质疑并申请鉴定，**笔迹鉴定**[渝东司鉴中心(2013)文书鉴字第 05 号]结论为：倾向性否定送检的落款日期为 2011 年 10 月 3 日的甲高镇某医院《麻醉同意书》复印件下方签字处"李某某(家属 1)"三字与李某某(家属 1)本人所写的实验样本同一；否定送检的落款日期为 2011 年 10 月 3 日的甲高镇某医院《麻醉同意书》复印件下方签字处"李某某(家属 1)"三字与钱某某、李某某(家属 2)、王某所写的实验样本同一。经质证和释明，甲高镇某医院未申请重新鉴定，可认定《麻醉同意书》未经李某某和其家属签字。

同时,重庆市万州区人民法院依法委托作过错鉴定,重庆西南司法鉴定所于2013 年 9 月 20 日做出西南司法鉴定所(2013)临鉴字第 26 号《司法鉴定意见书》,认定:

(1)奉节县甲高镇某医院存在麻醉风险告知缺陷,未按照规范对术后麻醉平面进行跟踪观察,对李某某"双下肢感觉减退"未给予足够重视,未尽到谨慎注意义务,存在延误治疗之过错,应认定系李某某目前截瘫及诸如下肢深静脉血栓等截瘫并发症的主要因素。

(2)未查见重庆三峡医院在对李某某的治疗过程中存在明显过错。

该《司法鉴定意见书》分析道:

(1)重庆市奉节县甲高镇某医院诊断行为分析。根据送鉴材料中有关"……脐周疼痛,呈持续性疼痛,阵发性加剧伴轻度畏寒、发热及恶心呕吐,数小时后转移并固定于右下腹,右下腹麦氏点压痛,反跳痛,无肌紧张。白细胞 $16.6 \times 10^9/L$,中性粒细胞百分比 87.8%"等临床表现的描述,被鉴定人李某某"急性阑尾炎"诊断成立,并且有急诊行"阑尾切除术"的指征,选择"硬膜外麻醉"方式恰当,符合医疗常规。《外科学》关于硬膜外阻滞麻醉并发症的记载"硬膜外血肿是硬膜外麻醉并发截瘫的首要原因。直接原因是穿刺针或置入导管损伤硬膜外腔内的静脉丛。若确诊后及早(8 h 内)行椎板切开减压术,清除血肿,症状多可缓解或恢复。如手术延迟至 12 h 常可致永久性截瘫"。

被鉴定人李某某 T10~T12 椎体水平椎管内硬膜外血肿情况属实,与"阑尾切除术"麻醉平面基本一致,应考虑为硬膜外麻醉穿刺的并发症,且《麻醉同意书》予以告知,但由于笔迹鉴定[渝东司鉴中心(2013)文书鉴字第 05 号]倾向性否定该《麻醉同意书》上被告亲人"李某某(家属 1)"的签名为本人所写,因此不能排除医方存在告知缺陷。

《医疗护理技术操作常规》关于"椎管内麻醉后护理"的规定:"患者回病室后,值班护士应了解麻醉平面是否已消失,并测量血压、脉搏及呼吸,如有较显著的变化,应立即报告有关医师"以及"麻醉常规"章节关于"术后随访"的规定:"麻醉医师一般应在术后 1~3d 内随访,了解麻醉后恢复情况,最后写出麻醉总结,如有术后并发症应参加有关讨论和协助处理"。《外科学》关于常用局麻药的作用时效:"利多卡因作用时效 60~120 min"。结合送鉴材料中有关"2011 年 10 月 3 日12:30……患者自诉伤口疼痛难忍……"等记载,可以推断被鉴定人此时麻醉效果已逐渐消失,符合利多卡因的作用时效规律。但送鉴材料中未查见任何对麻醉平面的跟踪观察记录，以至于在术后 19 h 被鉴定人自诉"双下肢感觉减退"时未能给予足够重视，没有进行鉴别诊断，仅给予"抗炎、对症"处理，应视为未尽到谨慎注意义务，存在延误治疗的过错。

查见送鉴材料中名为"李某"的《医师执业证书》，执业地点为"奉节县某乡卫生院"，执业类别为"中医"。其是否违反《执业医师法》第二十一条第（一）款"在注册的执业范围内，进行医学检查、疾病调查、医学处置、出具相应的医学证明文件，选择合理的医疗、预防、保健方案"之规定，但不属本次鉴定范围。

（2）重庆三峡医院诊疗行为分析。被鉴定人李某某"T10～T12 椎体硬脊膜外血肿"诊断成立，具有行"T10～T12 椎体水平椎管内硬膜外血肿清除术、椎骨缺损修补术"的手术指征。术后予以抗炎、对症等治疗符合医疗常规。2012 年 1 月 7 日被鉴定人出现右大腿肿胀，彩超示"右侧股静脉内'云雾影'，血流速度减慢"，考虑"深静脉血栓"并给予溶栓、抗凝、扩血管等对症治疗符合常规；而被鉴定人截瘫后长期卧床是下肢深静脉血栓的易发因素，即下肢深静脉血栓应视为截瘫的并发症。被鉴定人李某某在医方二（指重庆三峡医院）住院治疗期间曾多次出现右大腿肿胀，但据现有材料，不能明确其形成原因，既不能排除系被鉴定人自身的"出血性疾病"，也不能排除系上述治疗深静脉血栓的常规抗凝溶栓药物的不良反应。综上所述，未查见重庆三峡医院在对李某某的治疗过程中存在明显过错。

（3）因果关系分析。根据送鉴病历，被鉴定人李某某发现双下肢"无感觉，不能站立"（2011 年 10 月 4 日 06：30）到行硬膜外血肿清除术的间隔时间已超过 24 h，故被鉴定人永久截瘫系其硬膜外血肿未及时清除所造成。

奉节县甲高镇某医院存在麻醉风险告知缺陷，并且未按照规范对术后麻醉平面进行跟踪观察，以至于对被鉴定人"双下肢感觉减退"未给予足够重视，未尽到谨慎注意义务，存在延误硬膜外血肿治疗之过错，系李某某目前截瘫的重要因素之一。但硬膜外麻醉作为下腹部手术的常规麻醉方式，客观上存在穿刺出血的风险，硬膜外血肿的发生属现有医学条件下难以完全避免的并发症；加之本例麻醉异常状况发生后转诊上级医院路途遥远，可能导致治疗时间延误，故本例被鉴定人硬膜外血肿未及时清除也存在一些非医方所能掌控的一些客观因素。综上所述，以认定奉节县甲高镇某医院系被鉴定人李某某目前截瘫及诸如下肢深静脉血栓等截瘫并发症的主要因素为宜。

重庆市万州区人民法院审理后认为，医疗机构应对患者采取符合法律法规、符合诊疗护理规范、符合诊疗常规以及诊疗原则的诊疗行为，如其诊疗行为不符合前述要求造成患者的损害，即应承担相应的侵权责任。根据病历和《司法鉴定意见书》不难看出，甲高镇某医院在接受就诊后根据李某某的临床表现诊断李某某患"急性阑尾炎"成立，并有急诊行"阑尾切除术"的指征，选择"硬膜外麻醉"的方式恰当，符合医疗常规，也符合接诊业务范围。但甲高镇某医院未履行充分告知义务，《麻醉同意书》并无李某某或其家属及关系人签字，存在告知缺陷。而根据《医疗护理技术操作常规》，椎管内麻醉患者回病室后，值班护士应了解麻醉平面是否已消失，并测量血压、脉搏及呼吸，如有较显著变化，应立即报告有关医师。但手术当日李某某自诉伤口疼痛难忍，说明麻醉效果已逐渐消失，但病历资料显示没有任何对麻醉平面的跟踪观察记录，违反了医护人员应尽到的职责和义务。并且在术后 19 h 李某某仍自诉"双下肢感觉减退"时，医护人员仍未引起足够重视，未做鉴别诊断，违反了诊疗法律法规、诊疗常规及技术规范的规定，也违反了谨慎注意义务。

从甲高镇某医院举证看，当事麻醉医生李某并无麻醉医师资质，其执业范围也不在甲高镇某医院，超越执业类别违反了《中华人民共和国执业医师法》的规定。违反法律法规及医疗规范、常规的行为构成过错，超越法律规定的行为同样存在过错。硬膜外血肿是硬膜外麻醉并发截瘫的首要原因，直接原因是穿刺针或置入导管损伤硬膜外腔内的静脉丛。同时经三峡医院后来确诊李某某"T10～T12 椎体水平椎管内硬膜外血肿"与"阑尾切除术"的麻醉平面基本一致，截瘫及其他并发症如静脉血栓形成系硬膜外麻醉穿刺置管后造成的并发症。由于李某超范围和超执业类别执业，因此不排除其医疗技术差等原因造成李某某的损伤后果。

硬膜外血肿导致的截瘫并发症如能在 8 h 内确诊并行椎板切开减压术，清除血肿，症状多可缓解或恢复，如手术延迟至 12 h 常可致永久性截瘫。然而查阅病程记录和护理记录显示，从发现损害结果到采取转院措施延误了近 17 h。医方甲高镇某医院的错误医疗行为导致李某某未被及时转院违反转诊义务，并造成患方截瘫的损害结果。甲高镇某医院的错误行为与李某某的损害结果存在因果联系。

然而硬膜外麻醉是下腹部手术的常规方式，客观上存在穿刺出血风险，硬膜外血肿的发生是目前医学条件下和医疗实践中难以完全避免的并发症。综合评析可认定甲高镇某医院的错误诊疗行为系造成李某某截瘫及其他并发症的主要因素，对由此造成的损失酌定由甲高镇某医院承担 75%。因甲高镇某医院病历中《麻醉同意书》上并非患者及家属或关系人签名，鉴定引起的鉴定费应由甲高镇某医院承担。

之后李某某反复肿胀、深静脉血栓均系手术导致截瘫的并发症，并非三峡医院的医疗行为错误所致。李某某在重庆医科大学第一附属医院治疗一年多也未见明显好转。因此，三峡医院的医疗行为在目前证据下看不出有什么过错，三峡医院的医疗行为与李某某的损害结果不存在因果关系,李某某主张三峡医院赔偿不符合侵权责任的 4 个要件,法院不予支持。

据此,重庆市万州区人民法院做出判决[(2012)万法民初字第 09108 号]如下:

(1) 前述李某某的损失共计 1 767 979.71 元由甲高镇某医院赔偿 1 339 484.78 元,甲高镇某医院垫付的费用计 594 387.39 元抵作赔偿款后,由甲高镇某医院于本判决发生法律效力之日起 5 日内再支付给李某某 745 097.39 元。

(2) 案件受理费 13 099 元,由甲高镇某医院负担 9 600 元,由李某某自行负担 3 499 元。

2. 二审判决及主要依据

一审宣判后,李某某不服判决,向重庆市第二中级人民法院提起上诉,上诉请求:依法改判医方赔偿患方 2 364 758.75 元,诉讼费由医方负担。

事实与理由:

(1) 一审未判决医方承担全部责任错误,西南司法鉴定所鉴定意见书不能作为定案依据,麻醉未取得患者书面同意,造成损害后果,依法应承担赔偿责任。

(2) 后期康复费、后期护理费、更换尿袋等材料和治疗费、矫形器具费、营养费计算时间错误。患方因本次事故致残,后期康复、护理、矫形器具、营养等应伴随终生,计算 5 年错误。

医方甲高镇某医院答辩称:各方当事人均认可西南司法鉴定所的鉴定意见,鉴定机构是当事人同意选定的,鉴定结论合法可信;后期费用的计算正确,请求二审法院维持原判。

医方三峡医院答辩称:一审判决中关于三峡医院的事实清楚,适用法律正确,请予维持。

二审期间,医方甲高镇某医院提交了新证据,李某某的护士资格证,注册日期为 2010 年 01 月 21 日至 2015 年 01 月 21 日,执业地点是奉节县大树镇某某卫生院,欲证明该院工作人员有资质。上诉人质证认为真实性无异议,但李某某的注册地点与工作地点不一致,违反了护士管理条例规定。被上诉人辩称李某某毕业后在大树镇某某卫生院工作,后调到甲高镇某医院工作,符合法律规定。法院认为该证据符合法律规定的真实性、关联性、合法性原则,予以采信。二审查明的其他事实与一审经审理查明的一致,重庆市第二中级人民法院对一审案件事实予以确认。

重庆市第二中级人民法院审理后认为:

(1) 关于责任承担问题。根据一审查明的事实和西南司法鉴定所鉴定意见书(西南司法鉴定所「2013」临鉴字第 26 号)分析认定,2011 年 10 月 3 日 8 时李某某因腹痛入住甲高镇某医院,10 月 3 日 10:12 在持续硬膜外麻醉下行阑尾切除术,但《麻醉同意书》并无李某某或其家属及关系人签字,甲高镇某医院违反了告知义务,李某某的病历资料没有任何对麻醉平面的跟踪观察记录,违反了医护人员应尽到的职责和义务,从发现李某某麻醉损害后果到采取转院措施延误了将近 17 h,甲高镇某医院的错误行为导致了上诉人李某某截瘫及并发症的损害后果。然而硬膜外麻醉作为下腹部手术的常规麻醉方式,客观上存在穿刺出血的风险,硬膜外血肿的发生属现有医学条件下难以完全避免的并发症,甲高镇某医院的医疗过失行为系李某某损害后果的主要因素。一审法院依据鉴定结论、甲高镇某医院的客观医疗条件及医学风险性的存在,确定其承担 75% 的赔偿责任并无不当;上诉人称西南司法鉴定所的鉴定结论不能作为定案依据,也并未申请重新鉴定。但一审法院委托西南司法鉴定所对甲高镇某医院及三峡中心医院对李某某的医疗行为是否存在过错及有无因果关系进行鉴定,是经过双方当事人同意,共同依法选定的,鉴定程序合法,上诉人未提供相应的证据证明自己的主张,此项上诉理由依法不能成立。

(2) 关于后期康复费、后期护理费、更换尿袋等计算时间问题。上诉人于 2012 年 11 月 20 日自行委托重庆市渝万司法鉴定所对伤残等级、康复治疗费、护理依赖、医疗依赖、义肢安装评估进行鉴定,被上诉人甲高镇某医院未书面申请重新鉴定,一审法院依法予以采信。渝万司法鉴定所(2012)渝万鉴字第 393 号《司法鉴定意见书》认定康复治疗费、护理依赖、医疗依赖的期限和费用不能确定,矫形器具费的年限在 4 年左右。渝万司法鉴定所在给一审法院关于上述期限和费用不确定问题的征询函答复中明确,被鉴定人李某某属脊髓性原因等所致后遗症,目前尚无特殊方法可以短期内治愈,康复治疗可能较长,可能有一些不确定性因素出现,有可能出现完全治愈奇迹,也有可能出现不良并发症,鉴定机构只能根据一般情况作一个相对准确的数值评估。一审法院依据鉴定机构的意见及各方当事人的具体情况确定上述费用暂定计算 5 年并无不当,5 年期满后上诉人可根据自身情况和需要另行主张。

综上所述,重庆市第二中级人民法院于 2014 年 5 月 19 日作出**终审判决**[(2014)渝二中法民终字第 00591 号]如下:驳回上诉,维持原判。二审案件受理费 8 498 元,由上诉人李某某负担(免收)。

## 三、司法判决的医学思考

### 1. 基层医院的麻醉医生困境
本案是一例发生在基层医院的巨额麻醉纠纷索赔案例,可想而知,该案例会对当事麻醉医生及其所在医院造成多大的影响。在我国，越往基层也往往是法制越薄弱的地方，一旦发生医疗纠纷，医方常常会面临更大的困境和压力。黑龙江省讷河市中医院麻醉医生陈某在发生医疗纠纷后因压力过大而自杀，就折现出这种残酷的现实情况。2017年2月9日黑龙江省讷河市中医院在为一名53岁男性行腹股沟疝手术时，因局部麻醉效果不理想，而临时变更

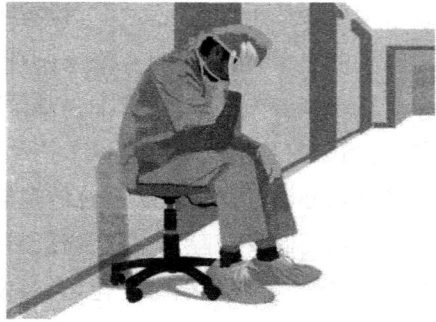
陷入医疗纠纷的麻醉医生身心疲惫

为全身麻醉，不料该患者意外死亡。随后几天内，患方百余人在医院设灵堂、烧纸、摆花圈，同时在市政府及公园大街上拉条幅，连续多天围攻医院及当事麻醉医师陈某，医闹的场景不仅没有得到及时制止，当地相关部门领导还找陈某进行长时间谈话，最后该院50岁的麻醉医师陈某因不堪压力，而于2017年2月15日在家中注射麻醉药品自杀身亡。

　　麻醉作为临床医学领域的一个高风险行业，无论在哪一级医院，麻醉风险都客观存在。但对于基层医院来说，还面临着医院管理层对麻醉工作的重要性认识不足，麻醉专业人员素质不高，人员编制不足，麻醉设备简陋，麻醉医生正规化培训不足，知识更新速度偏慢等问题。这些问题严重阻碍基层小型医院麻醉学科的发展，也给医疗安全埋下隐患，因而基层医院的麻醉风险通常要比大医院大得多。

　　据2011年4月28日发布的2010年全国第六次人口普查数据，我国现有农村人口约67 414万人，占全国总人口的50.32%，而基层医疗人员仅占了全国医疗人才资源的37.15%，可见农村卫生工作中的医疗从业人员所占比例明显偏小，人员编制不足现象突出。同时我国基层医疗卫生队伍还普遍存在年龄老化、学历偏低、技术培训滞后、人才队伍建设制度不健全等特点。基层医疗机构的不少麻醉从业人员多为兼职人员，而并非是麻醉专业出身，也缺少外出学习或进修培训机会，这一方面是因人员少、无法轮换，另一方面也是考虑到经济损失而不愿外出学习；同时，基层医疗机构的麻醉质控意识淡薄、制度缺失、麻醉文书不规范、存档率低。在许多基层卫生院，基本上没有麻醉意外或突发事件报告制度。这些因素的存在也直接导致基层医疗机构的麻醉人员面临更多的医疗隐患和风险。本案例的麻醉医生也同样处于这样的困境，除了其自身没有受过正规培训，麻醉风险和质控意识淡薄，麻醉文书不规范，术后出现并发症后仍不加重视等主观原因外，基层卫生院缺乏CT等诊疗设备，不能对出现的椎管内血肿并发症及时进行确诊和手术也是导

致诊治延误的重要客观原因。说实在，在诊断未明确前，要让其在第一时间果断作出转院的决策，也未免有点强人所难的感觉。

从政策层面上讲，只有加强基层医院的投入和建设，提高医务人员的培训和待遇，包括目前普遍提倡的对口帮扶和援建等工作，才是解决基层医疗单位现实困境的最有效办法。而对基层医院的麻醉医生来说，在现实困境没有得到根本解决前，更是要提高麻醉风险意识和责任心，严格遵循医疗原则，规范技术操作规程，克服经验主义，严密观察病情变化，及时发现并果断处理并发症，也只有这样才能最大限度地降低医疗风险、保障医疗安全。

基层医院麻醉科的发展之路

2. 椎管内麻醉的医学思考

我国是世界上当之无愧的椎管内麻醉大国，并且这一麻醉技术至今仍在产科、下腹部以及下肢手术中普遍应用。遗憾的是，尽管椎管内麻醉技术在临床的应用已有一百多年的历史，但这种技术方法至今仍缺乏全面、科学、严谨的认识，由此导致麻醉医生对可能出现的并发症及由此面临的医疗纠纷缺少强有力的避责反驳依据，因而欧美国家始终对这一技术持谨慎的态度。

众所周知，椎管内麻醉相关并发症包括：与穿刺置管相关损伤、局麻药毒性与中毒、神经缺血、椎管内出血与感染以及原有脊神经相关性疾病麻醉后加重等。2004 年瑞典学者 Vibek Moen 等人报告 1990—1999 年瑞典共实施蛛网膜下隙阻滞麻醉 126 000 例，硬膜外麻醉阻滞 450 000 例，发生麻醉相关并发症 127 例，其中硬膜外血肿 33 例，马尾综合征 32 例，脊膜炎 29 例，硬膜外脓肿 13 例，其他 20 例，其中 85 例产生永久性损伤，硬膜外血肿的发病率为 1/30 000～1/20 000。可见椎管内麻醉并发症还是以硬膜外血肿和神经损害最为常见，并且多半造成永久性损伤。而就椎管内麻醉严重并发症之一的硬膜外血肿来说，因硬膜外腔间隙有丰富的静脉丛且静脉丛缺乏静脉瓣，故穿刺或置管时容易导致静脉血管的损伤，故而硬膜外麻醉过程中出血并不少见。但通常硬膜外腔内血管损伤除引起少量出血外，多能自愈，并不产生严重后果。只有当出血较多形成血肿压迫脊髓时，才会导致截瘫严重并发症。而血肿压迫对脊髓引起的损害还与压力大小、压迫速度及受压部位有关。国外 Tarlov 曾将一个橡皮球置于未麻醉狗的硬膜外腔，分别进行快速（类似硬膜外血肿）与慢速（类似硬膜外脓肿）压迫实验，结果发现快速压迫时，所有的运动及感觉功能均立即丧失。快速压迫持续 5 min 以上则功能不可恢复。而如果压迫是缓慢进行，则神经功能尚可恢复。进一步的研究发现，血肿压迫造成的瘫痪除直接压迫脊髓外，更主要是由于脊髓血管受压闭塞所致。所以硬膜外血肿造成的快速压迫，可使受压节段白质与灰质的功能迅速中断，出现急性横断性脊髓综合征，即感觉缺失与上、下运动神经元严重功能障碍。这就给我们带来一个棘手的抉择或法律思考问题。因为已有的权威麻醉著作均强调一旦发现椎管内血肿形成，必须积极诊断（MRI 检查）并及时处理（8～12 h 内清除血肿），以避免导致严重的不良后果。但如果硬膜外血肿造成的快速压迫，在短时间内已导致不可恢复的急性横断性脊髓综合征，那是否还有必要大动干戈地行血肿清除手术，或是像本案例一样甚至在延迟到 17 h 后仍实施血肿清除术？血肿清除术的具体时机及效果至今都缺乏确切的循证医学证据支持，但为了规避法律的风险，临床实践中往往都会像本案例一样不顾时机、积极地实施血肿清除术，而随之产生的损害则可能进一步扩大，并产生本案例一样的巨额医疗费用。但由此产生的所有后果则仍须由当事的麻醉医生及所在单位来承担，这显然有失公允。

对麻醉医生更为不利的是，罕见的椎管内血肿的出现还可能是一种耦合事件，即椎管内麻醉也会耦合出现自发性的硬膜外出血，如合并有椎管内血管畸形。自发性的硬膜外出血病例国内外都有报道，其具体机制尚不明确，大多可能与用力过猛、特殊动作、血管异常及抗凝治疗等有明显关系。但如果这种自发性出血发生在脊麻或硬膜外麻醉之后，常很容易被误认为麻醉穿刺置管操作所致。毫无疑问，这黑锅也只有让倒霉的麻醉医生来背了。

3. 椎管内麻醉的未来发展方向

目前，更安全的全身麻醉或者复合精准的神经阻滞技术已被用来替代椎管内麻醉完成下腹部或下肢手术，但也只能说是部分替代罢了。确切的麻醉效果和良好的性价比，使得椎管内麻醉技术仍具有独特优势，并占有不可替代的一席之地。

即便是存在难以预料的硬膜外血肿风险,椎管内麻醉技术甚至也没有被禁止在抗凝患者中实施,而只是要求严格按操作指南进行,由此也可见椎管内麻醉的优势及其难以替代性。

当然,如何有效避免或及时诊治椎管内麻醉的并发症,将是我们今后的重要研究课题,也是决定这一麻醉技术不至于没落或被淘汰的关键因素。包括更多的循证医学证据、穿刺导管材料的改进甚至硬膜外腔内窥镜的临床应用等研究,都有助于重新评估和应用椎管内麻醉这一技术,并进一步减少相关的并发症。

（吴友华　严海雅）

## 第十八回

# 术中突发大出血　救治不力代价大

手术室是一个没有硝烟的"战场"。是的，这里没有硝烟，但这里有的是惊心动魄的"血战"。对于每天奋战在无影灯下的医务人员来说，都早已习惯了这种"浴血奋战"的工作环境：封闭的手术室里，到处弥漫着血腥味；明亮的无影灯下，满视野染血的纱布。在这里，外科医生、麻醉医生、手术室护士搭档成一个战斗小分队，大家协同作战、各司其职、配合默契。但一提起手术，人们首先想到的是妙手回春的外科医生，一刀一钳游刃有余，一针一线巧手缝合，而把手术团队的其他成员都给忽视掉了。在经过惊心动魄的"浴血奋战"后，患者家属感激涕零地拉住的往往是外科医生的手，鲜花和掌声都留在了幕前。而麻醉医生和手术室护士更像是默默无闻的幕后配角，很少有患者及家属知道他们的名字，甚至都没看清楚他们被口罩遮掩了的面容。但实际上，他们和外科医生只是分工不同罢了，谁都是无可替代的。

好在业内人士都知道麻醉医生的重要性。医学界流传着这样一句话：手术医生治病，麻醉医生管命。麻醉医师其实就是手术室这个没有硝烟的"战场"上的总指挥，在惊心动魄的"血战"过程中，是他们解决了各种各样的突发状况和难以预知的风险，并调动一切资源全力保障手术的顺利进行。说实在，也正是由于麻醉这项工作经常暗礁涌流、险象环生，才使得这个职业颇具挑战性和职业魅力。但高风险的职业特征，也使得麻醉医生稍有不慎就有可能被从幕后推到幕前的风口浪尖上，并成为纠纷的主角。以下就是一例因骨科术中大出血后处理失当而引发医疗纠纷的典型案例。

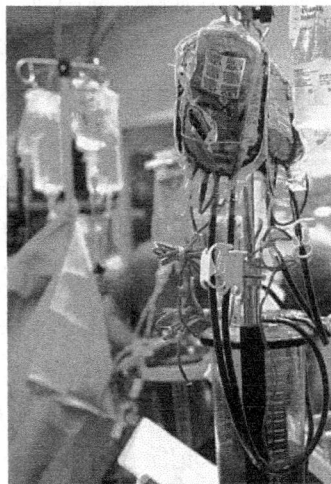

**手术室是一个没有硝烟的"战场"**

## 一、基本案情

患者吴某某,女,50 岁,重庆市武隆区人。2013 年 3 月 10 日,承包人毛某某以重庆刃楗公司的名义,组织实施烟厂技改工程施工作业,并雇请吴某某等人从事劳务工作。当日下午,吴某某第一天在工地做工时即被倒塌的钢筋柱砸伤,并被紧急送往涪陵某某医院住院治疗。入院诊断:①外伤性蛛网膜下隙出血;②额骨骨折;③颅底骨折;④额部头皮破裂;⑤左肺挫伤;⑥左侧胫骨骨折;⑦L1 椎体爆裂性骨折伴椎管狭窄;⑧腰髓损伤? ⑨L1 右侧及 L2 双侧横突骨折;⑩左侧股骨近端粉碎性骨折;⑪右侧尺桡骨骨折;⑫垂体病变? ⑬多处皮肤软组织伤。

吴某某在涪陵某某医院神经外科治疗 5 天后,于 2013 年 3 月 15 日转入该院骨科治疗,入科诊断:①L1 椎体爆裂性骨折伴椎管狭窄、脊髓不完全损伤;②T11 左侧、L1 右侧及 L2 双侧横突骨折;③左侧股骨近端粉碎性骨折;④右侧尺桡骨骨折;⑤右侧胫骨骨折;⑥外伤性蛛网膜下隙出血;⑦额骨骨折;⑧颅底骨折;⑨额部头皮裂伤;⑩左肺挫伤;⑪左侧第 10、11 肋骨骨折;⑫失血性贫血;⑬双侧胸腔积液伴肺不张;⑭腰椎间盘突出;⑮L1~L2 椎间盘平面脊髓后旁硬脊膜外血肿? ⑯多处皮肤软组织伤。

2013 年 4 月 9 日,经过术前讨论和准备后,涪陵某某医院对吴某某实施全麻下行左股骨粗隆下骨折切开复位、锁定钢板螺钉内固定术。术中吴某某在输血过程中出现全身皮肤丘疹,血压下降至 80/40 mmHg 左右,术后即被送 ICU 治疗,转科诊断为:失血性休克;失血性贫血;左侧股骨近端粉碎性骨折术后;L1 椎体爆裂性骨折伴椎管狭窄、脊髓不完全损伤;T11 左侧、L1 右侧及 L2 双侧横突骨折;右侧尺桡骨骨折;右侧胫骨骨折;外伤性蛛网膜下隙出血;额骨骨折;颅底骨折;额部头皮裂伤;左肺挫伤;左侧第 10、11 肋骨骨折;双侧胸腔积液伴肺不张;腰椎间盘突出;L1~L2 椎间盘平面脊髓后旁硬脊膜外血肿? 多处皮肤软组织伤;低钠血症;凝血功能障碍。吴某某经 ICU 治疗恢复后被转回骨科。

2013 年 4 月 23 日,涪陵某某医院经术前讨论和准备,对吴某某在全麻下行 L1 椎体爆裂骨折并椎管狭窄经前路椎管减压、T12、L2 椎体间植骨并钛网融合、前路钉棒内固定系统内固定术。吴某某在术中输血过程中出现全身皮肤丘疹,血压下降至 60/40 mmHg 左右,心率低于 60 次/min,术中失血量 5 000 ml。当日 14:45 的医院术后记录显示:"……准备安置引流管时,麻醉医师通知病情不稳,要求终止手术并改变体位进行抢救,遂予以多张纱布填塞术野后,平卧患者,由麻醉科进行抢救,病情稍平稳后,再适当侧卧,见术野渗血较多,患者病情危重,遂直接用数十张吸收性明胶海绵压迫止血,并用5张纱垫压迫止血,直接关闭切口。"吴某某术后被送ICU治疗,转科诊断为:失血性休克;失血性贫血;左侧股骨近端粉碎性骨折术后;L1椎体爆裂性骨折伴椎管狭窄、脊髓不完全损伤;T11左侧、L1右侧及L2双侧横突骨折;右侧尺桡骨骨折;右侧胫骨骨折;外伤性蛛网膜下隙出血;额骨骨折;颅底骨折;额部头皮裂伤;左肺挫伤;左侧第10、11肋骨骨折;双侧胸腔积液伴肺不张;腰椎间盘突出;L1~L2椎间盘平面脊髓后旁硬脊膜外血肿?多处皮肤软组织伤;低钠血症;凝血功能障碍;缺血缺氧性脑病;心搏骤停初期复苏术后。

## 二、诉讼及司法判决

### 1. 司法鉴定意见及患方诉求

吴某某术后一直未能清醒。应患方申请,2015年7月30日,西南政法大学司法鉴定中心作出西政司法鉴定中心[2015]鉴字第1825号**司法鉴定意见书**,载明:

(1)医方医疗行为的评估:①本例患者入院后医方诊断成立。因伤情复杂,经近一个月医疗,病情相对稳定后拟行左股骨骨折切开复位内固定术及腰椎"钉棒内固定"符合医疗规范。术中因输血时出现全身皮疹,血压下降,医方暂停腰椎手术合理,经抢救治疗后患者生命体征平稳。②4月23日术前,患者双下肢肌力约3级,L1椎体爆裂性骨折伴椎管狭窄,骨折块突入椎管压迫硬脊膜,手术指征明确,术式合理;术前检验,WBC $8.15 \times 10^9$/L,N 78.2%,HGB 103 g/L,PLT $390 \times 10^9$/L;凝血象正常,具备手术条件,于4月23日再实施腰椎手术,应认为无明确手术禁忌证。③据4月23日术中麻醉记录,12:03术中急性大出血,12:09引流失血量超过1 000 ml,医方直至12:32~13:08输血400 ml,应认为输血治疗存在延误;至12:25引流失血量2 500 ml,其间出现血压下降至55/45 mmHg,心率150次/min,医方应予及时停止手术,积极治疗失血性休克。据此认为:手术医师和麻醉医师之间沟通不够。就麻醉医师而言,观察到引流出"超过1 000 ml"血液时,应及时要求手术医师关注出血问题,必要时要求暂停手术;于手术医师而言,应随时对出血情况及风险有一清醒的认识。在预防和纠正失血性休克前提下再决定继续手术。④4月23日术后的医疗行为应认为是积极的。

(2)因果关系分析:本案患者吴某某因术中大失血,心搏骤停初期复苏术后,神志一直处于意识障碍状态,应认为患者目前病情系急性大出血致失血性休克引起大脑组织缺血缺氧所致。关于因果关系认定,分析如下:①医方术中处理失当,应认为其过失行为与患者目前后果存在因果关系。②4 月 9 日和 4 月 23 日术中，医方行输血过程中均出现输血过敏反应，为施救成功增加了难度，可进一步加重患者大脑组织缺血缺氧病情，应认为存在患者自身体质因素。③患者伤情复杂、严重，无法及早进行椎管减压，据病历记录和影像资料，患者在伤后 25 天，双下肢肌力约 3 级，提示肌力恢复的可能性极小。原发伤的预期后果：其自身亦可达到高等级残（工伤残 3 或 5 级，交通事故残 3 或 4 级）；双下肢截瘫亦构成部分护理依赖。

综上所述，涪陵某某医院在吴某某的诊疗过程中存在过错，其过错与患者目前后果存在因果关系，同时存在患者伤情严重和自身体质因素。综合伤、医、患多方因素及本案实际，其因果关系以做如下表达较为合理：医方过错因素是导致患者目前伤残后果的次要因素，患者护理依赖程度系医患双方共同参与因素导致，医方过错因素是 2013 年 4 月 23 日以后的医疗费用的主要因素。"

（3）鉴定意见：① 涪陵某某医院在吴某某的诊疗过程中存在过错。② 因果关系认定见分析说明相关内容。

应患方申请，2015 年 8 月 28 日，西南政法大学司法鉴定中心作出西政司法鉴定中心[2015]鉴字第 1825 - 1 号**司法鉴定意见书**，载明：

（1）伤残等级：被鉴定人吴某某因伤致外伤性蛛网膜下隙出血、颅底骨折、L1 椎体爆裂性骨折伴椎管狭窄和腰髓损伤、左侧股骨近端粉碎性骨折等，经 4 月 23 日手术治疗后，诊断缺血缺氧性脑病成立，现四肢主动活动功能丧失，伤残等级符合中华人民共和国国家标准 GB/18667—2002《道路交通事故受伤人员伤残评定》Ⅰ级 4.1.1.c 条之规定，属于(1)级残。

（2）鉴定意见：①被鉴定人吴某某目前属于一个Ⅰ(1)级残；②被鉴定人吴某某的后续医费评定为 16 000 元；③被鉴定人吴某某目前无康复理疗费；④被鉴定人吴某某营养期限评定为 360 日，营养费参照当地标准；⑤吴某某 2013 年 4 月 23 日之前的医疗费系外伤因素承担；2013 年 4 月 23 日以后的医疗费用，医方承担主要责任；⑥被鉴定人吴某某目前为完全护理依赖，护理人数为两人；⑦被鉴定人吴某某的残疾辅助器具费用见分析说明。

患方为此支付了鉴定费 8 000 元，刃楗公司承包人毛某某支付了鉴定费 6 500 元。

患方与重庆刃楗公司承包人毛某某和涪陵某某医院多次协商赔偿事宜，均未能达成赔偿协议，遂于 2014 年 8 月 18 日诉至重庆市涪陵区人民法院，称吴某某在做工时被工地倒塌的钢筋柱砸伤后，送至涪陵某某医院急诊治疗。吴某某接受手术前能打电话与人正常交流，手术后至今一直处于植物人状态。涪陵某某医院在对吴某某诊疗过程中存在重大过错，导致吴某某长期处于植物人状态。请求法院判令刃楗公司承包人毛某某和涪陵某某医院赔偿吴某某医疗费 893 196 元、误工费 266 400 元（300 元/日×888 日）、护理费 2 284 800 元（鉴定前医疗护理费 300 元/日×888 日×2 人＋鉴定后康复护理费 120 元/日×365 日×20 年×2 人）、交通食宿费 1 万元，住院伙食补助费 44 400 元（50 元/日×888 日）、营养费 5 万元、残疾赔偿金 504 320 元（25 216 元/年×20 年×100％）、后续治疗费 16 000 元、后续护理用药费 43 万元、残疾辅助器具费 83 500 元（电动坐垫 800 元×5 个＋轮椅 1 500 元×5 张＋尿不湿和纸尿裤 1 个/日×10 元/个×30 日×12 个月×20 年）、精神损害抚慰金 10 万元、鉴定费 8 000 元、证人出庭作证时的误工费及路费 1 600 元（100 元/人×4 人×4 次）、吴某某家属为此支出的各项费用 18 121 元、先予执行担保费 3 000 元，上述各项费用共计 4 713 337 元；由刃楗公司承包人毛某某承担 20％的赔偿责任，涪陵某某医院承担 80％的赔偿责任。

　　2. 一审判决及主要依据

　　一审期间，刃楗公司承包人毛某某辩称：吴某某目前的一级伤残是涪陵某某医院在医疗过程中处理失当造成的，医院应承担吴某某一级伤残的赔偿责任。吴某某因重物砸伤住院治疗，刃楗公司承包人毛某某只应承担该物理性伤害造成的医疗费、护理费、伤残等级费等费用。腰椎骨折手术属于常规手术，正常情况下都能治愈，治愈后根据中华人民共和国国家标准（GB18557—2002）《道路交通事故受伤人员伤残评定》第 4.9.3 脊柱损伤致：b. 胸椎或腰椎 1 椎体粉碎性骨折，伤残等级应评定为九级。故某某公司承包人毛某某只应承担 4 月 23 日 1:43 之前的医疗费用及因 9 级伤残造成的伤残费用。而吴某某缺血缺氧性脑病致 1 级伤残是一个因果关系，与吴某某是否因重物砸伤无关，医方有过错，损害后果完全由医疗过错行为造成，应由医方承担 1 级伤残的赔偿责任。因吴某某缺血缺氧性脑病而无法再进行腰椎手术造成的重物伤残的伤残等级与某某公司承包人毛某某无关，应由医方来承担。

　　涪陵某某医院辩称：

　　（1）医院对吴某某的医疗行为符合医疗规范，不承担赔偿责任。理由：①吴某某因严重受伤，其入院先后经过神经外科、骨科等科室住院治疗。②吴某某在住院期间，医院给予其良好的治疗，进行手术前，医院已预计到术中大量出血的可能，并充分做好术前准备工作，针对术中吴某某大出血的情况，也做了大量工作以维持患者的生命体征。③虽然医院尽到了良好的手术治疗工作，但吴某某因自身疾病导致术后恢复较差，故吴某某因此造成的伤害与医院的治疗没有关系。

(2) 吴某某的损害应由某某公司承包人毛某某承担。吴某某在刃楗公司承包的工地工作时被重物砸伤，应由用人单位承担。

(3) 吴某某主张的赔偿金额过高，并且鉴定意见中无误工费的鉴定，不应承担误工费的赔偿；吴某某的护理费请求不符合法律规定。

(4) 对于赔偿责任划分，吴某某主张涪陵某某医院承担 80%的赔偿责任没有法律依据，请求法院依法判决。

一审重庆市涪陵区人民法院审理后认为：公民享有生命健康权。吴某某在务工时因重物砸伤接受医院治疗后呈植物人状态，责任人应当承担民事赔偿责任。

关于吴某某因提供劳务过程中被重物砸伤后在接受手术治疗中出现至今呈植物人状态的人身损害结果，其因果关系如何评价的问题。吴某某在某某公司承建的工地务工时被钢筋柱砸伤后送至涪陵某某医院的多科室治疗，并在手术治疗中因大失血、心搏骤停初期复苏术后，神志一直处意识障碍状态。司法鉴定意见认为，涪陵某某医院在 2013 年 4 月 9 日、23 日的手术过程中处理失当，并且由于吴某某自身体质因素在输血过程中均出现输血过敏反应，为施救成功增加了难度，吴某某目前病情系急性大出血致失血性休克引起大脑组织缺血缺氧所致。吴某某伤情复杂、严重，无法及早进行椎管减压，据病历记录和影像资料，患者在伤后 25 天，双下肢肌力约 3 级，提示肌力恢复的可能性极小。原发伤的预期后果：其自身亦可达到高等级残(“工伤”残 3 或 5 级，“交通事故”残 3 或 4 级)；双下肢截瘫亦构成部分护理依赖。

根据鉴定意见对吴某某现呈植物人状态因果关系的分析可知，吴某某作为刃楗公司承包人毛某某雇佣的劳务者在从事雇佣活动中被砸伤受到人身损害，后又作为涪陵某某医院的患者在接受手术医疗中因处理不当受到医疗损害，这两个损害原因偶然结合导致吴某某的人身损害结果。从侵权责任法原理看，属于部分因果关系的无意思联络的数人侵权行为。对本案中因果链的判断要依据实际发生的结果，根据一般经验是否是行为的正常和可预见性的结果标准进行。吴某某在刃楗公司承包人毛某某处提供劳务时受到人身损害是涪陵某某医院对吴某某进行手术治疗的前提，涪陵某某医院在手术中处理失当，造成吴某某人身损害结果加重。涪陵某某医院的医疗过错，并不必然致使吴某某因提供劳务过程中受到人身损害得以中断，吴某某因此遭受的损害后果依然客观存在，吴某某在刃楗公司承包人毛某某提供劳务受到人身损害与其在涪陵某某医院受到医疗损害，这两个原因力的间接结合，才导致吴某某成植物人状态的人身损害结果，应属二人以上分别实施侵权行为造成同一损害的情形。

本案吴某某的人身损害结果并非医疗过错单独一个原因造成的结果,而是由刃楗公司承包人毛某某的侵权行为与涪陵某某医院的侵权行为两个原因造成的一个结果。吴某某的人身损害赔偿责任应由两者依法按责予以赔偿。根据《中华人民共和国侵权责任法》第十二条"二人以上分别实施侵权行为造成同一损害,能够确定责任大小的,各自承担相应的责任;难以确定责任大小的,平均承担赔偿责任"之规定,因吴某某在提供劳务过程中人身受到损害和在接受医疗过程中因医疗过错行为受到医疗损害,刃楗公司承包人毛某某的侵权行为与涪陵某某医院的侵权行为,两者间接结合导致吴某某的人身损害结果,故应对吴某某的损害赔偿承担按份责任。但因双方均未提供证据证明各自原因力的大小,无法区分吴某某损害结果发生或扩大的责任大小。法院据此认为,刃楗公司承包人毛某某、涪陵某某医院承担同等的赔偿责任(50%),较为适宜。

综上,重庆市涪陵区人民法院于 2015 年 12 月 31 日作出(2014)涪法民初字第 04508 号**民事判决**。判决如下:

(1)重庆刃楗公司承包人毛某某和涪陵某某医院于本判决生效后 10 日内,各自支付吴某某医疗费、误工费、护理费、交通费、住院伙食补助费、营养费、残疾赔偿金、后续医疗费、精神损害抚慰金、残疾辅助器具费、鉴定费、证人因履行出庭作证支出费用等费用 1 045 981.475 元。其中重庆刃楗公司承包人毛某某扣减已付医疗费 521 000 元、鉴定费 6 500 元,还应支付 518 481.475 元。涪陵某某医院扣减已先予执行 300 000 元,还应支付 745 981.475 元。

(2)案件受理费共计 49 400 元,由吴某某负担 20 400 元,重庆刃楗公司承包人毛建权负担 14 500 元,涪陵某某集团总医院负担 14 500 元。

3. 二审判决及主要依据

上诉人吴某某不服一审判决,向重庆市第三中级人民法院提出上诉称:赔偿项目中对护理费、残疾辅助器具费赔偿年限为 5 年不当,应按 20 年进行计算。原审责任划分有误,涪陵某某医院应承担主要责任,刃楗公司承包人毛某某应承担次要责任,吴某某手术后属 1 级伤残,是因涪陵某某医院治疗过程中出现非常严重的错误造成。

上诉人刃楗公司承包人毛某某也不服一审判决,向重庆市第三中级人民法院提出上诉称:

(1)一审法院对认定事实因果关系分析错误,吴某某因重物砸伤住院只是医院进行腰椎手术的条件,而不是造成缺血缺氧性脑病致 1 级伤残的原因,是因为涪陵某某医院手术不当大出血所致，其原因力只有一个。

（2）司法鉴定书存在错误，没有明确的事宜，要求重新鉴定。

（3）刃楗公司承包人毛某某只应承担吴某某因腰椎骨折的赔偿责任，但缺血缺氧性脑病所产生的医疗、护理、误工、伤残等费用应由涪陵某某医院承担。

被上诉人涪陵某某医院答辩称：一审认定事实清楚，适用法律正确，请求驳回上诉，维持原判。理由：司法鉴定是法院主持下双方共同选定，鉴定意见公平公正；一审确定护理费、残疾器具根据 5 年计算公平，并且不剥夺吴某某继续主张的权利；其余赔偿项目合理。

二审重庆市第三中级人民法院审理后查明，2013 年 3 月 10 日至 2015 年 12 月 7 日，吴某某的医疗费为 893 196 元。刃楗公司承包人毛某某为吴某某已支付涪陵某某医院医疗费 521 000 元，吴某某还欠涪陵某某医院医疗费 372 196 元。二审审理查明的其他事实与一审相同。

二审法院根据上诉人的上诉请求和被上诉人的答辩意见归纳本案的争议焦点为：①吴某某因受伤住院及医疗过错产生的经济损失，涪陵某某医院、刃楗公司承包人毛某某之间责任如何划分；②是否应重新鉴定；③吴某某受伤产生的各项损失赔偿是否合理。

二审法院认为：

本案焦点之一，对于吴某某的损害后果，吴某某与刃楗公司承包人毛某某、涪陵某某医院均未提供证据证明各自原因力的大小，无法区分吴某某损害结果发生或扩大的责任大小，根据《中华人民共和国侵权责任法》第十二条的规定，各行为人平均承担赔偿责任。因此，一审法院对吴某某的人身损害赔偿，确定涪陵某某医院承担 50% 的赔偿责任，刃楗公司承包人毛某某承担 50% 的赔偿责任并无不妥。

本案焦点之二，作出鉴定的机构西南政法大学司法鉴定中心具有法医病理、法医临床、法医物证等司法鉴定资质；司法鉴定人员戴某某、王某某、雷某某亦具有法医病理、法医临床、法医物证的鉴定资质；送检资料齐全，鉴定意见的形式要件完备，鉴定程序符合法律规定；鉴定的过程和方法符合法医专业的规范要求，鉴定意见明确，并且与本案有关联性。刃楗公司承包人毛某某也没有提出该鉴定违法的相关证据，因而对其重新鉴定的申请不予支持。

本案焦点之三，二审查明吴某某受伤产生的医疗费等经济损失共计 2 097 995.95 元。

综上，重庆市第三中级人民法院于 2016 年 6 月 6 日**做出判决**[（2016）渝 03 民终 1245 号]如下：

（1）撤销重庆市涪陵区人民法院（2014）涪法民初字 04508 号民事判决。

（2）上诉人吴某某受伤产生的医疗费等经济损失共计 2 097 995.95 元。由上诉人重庆刃楗公司毛某某于本判决生效后十五日内赔偿吴某某 1 048 997.98 元，扣减已付医疗费 521 000 元、鉴定费 6 500 元，还应支付 521 497.98 元；被上诉人重庆市涪陵某某医院于本判决生效后 15 日内赔偿吴某某 1 048 998.97 元，扣减已先予执行 295 600 元，还应支付 753 398.97 元。法院同时明确告知，鉴于吴某某还在住院治疗，待吴某某出院后，可就 2015 年 12 月 7 日之后的医疗费向涪陵某某医院、刃楗公司承包人毛某某主张权利。

（3）一审案件受理费 45 000 元，由上诉人吴某某负担 18 000 元，被上诉人重庆刃楗公司承包人毛某某负担 13 500 元、被上诉人重庆市涪陵某某医院负担 13 500 元；二审案件受理费 34 200 元，由上诉人吴某某负担 20 400 元（鉴于吴某某系 1 级伤残，本院决定予以免交），重庆刃楗公司承包人毛某某负担 13 800 元。

## 三、司法判决的医学思考

1. 麻醉医生术中大出血救治的输血难题

麻醉是一种高风险的特殊医疗技术和职业。在外科医师进行手术时，麻醉医生需要随时调节麻醉深度，负责处理因接受麻醉和手术而引起的一切病情变化，并维护患者基本生理功能的稳定，如血压、心跳、呼吸、尿量、体温等。因此，他们需要对病理、生理、药理以及许多内外科诊疗知识都有所掌握，才能从容应对手术中可能出现的各种突发情况，如术中大出血、心肌梗死、严重过敏反应等危象，这些情况都需要麻醉医生做出及时正确的紧急处理，方能让患者起死回生。本案出现的术中大出血也是手术室内最常见的突发情况，有时候出血之突然、出血之快、出血之猛，都可以让人猝不及防到来不及反应的程度。此时训练有素的麻醉医生会即刻展开抢救，通过快速输液、应用血管收缩药、止血药等维持生命体征稳定，同时还会快速启动输血程序，为手术医生进行有效的止血操作赢得宝贵的时间。虽然临床上有明确的输血指征，但实际上在急性大出血时，如按临床输血指征来判断，往往会出现本案这样的输血延误现象。因此很多时候需要进行预判，但预判本身就很难，不确定因素太多，也没有明确的指

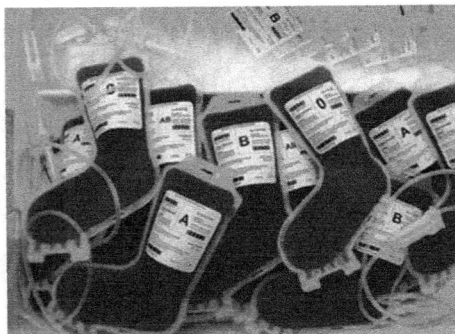

术中大出血救治的输血难题

标可以参考,这非常考验麻醉医生的经验和水平。

本案例中涪陵某某医院经术前讨论和准备后,对吴某某在全麻下实施 L1 椎体爆裂骨折并椎管狭窄经前路椎管减压,T12、L2 椎体间植骨并钛网融合,前路钉棒内固定系统内固定术。对这种比较大的骨科手术,术前进行充分的准备和讨论是必需的,而准备和讨论的重要内容之一就是术中的失血和输血问题。由于患者术前就存在轻度贫血,对这类比较大的手术,备血自然是必不可少的,关键是备血多少的问题。这要取决于手术方式及术者的水平,同时也受患者本身的体质和凝血功能以及医院血库的供血能力等因素的影响。本案例术中失血量多达 5 000 ml,相当于患者本人的全身血容量,可以想象当时手术室内的场景,手术台上创口出血不止,吸引瓶内鲜血满满,手术台下染血纱布成堆……用"浴血奋战"来形容这次手术,应该是不为过的。但按照手术记录以及术后诊断来看,这次手术是不成功的,不仅没有完成既定的手术方案,术中还出现了休克和心搏骤停,虽然经过复苏抢救后,生命体征基本恢复,但还是造成了患者缺血缺氧性脑病的严重后果。司法鉴定和法院均认为医方在术中的救治存在过错,主要表现在输血治疗存在延误,没有及时停止手术。为此,医方要承担 50% 的责任,高达 100 多万的赔偿(还不包括后续的医疗费用),真可谓是前功尽弃。但客观地说,这个判罚应该还算是比较公平的,因为司法鉴定和法院也充分考虑了前一次手术和本次手术中医方行输血治疗期间均出现输血过敏反应的事实,认为这一事实确实为施救成功增加了难度,并可进一步加重患者大脑组织缺血缺氧性损伤病情。由此认定患者自身体质因素也是造成最后伤残的重要影响因素,并否决患方要求医方承担主要责任的申请。本案例对医方来说,教训不可谓不深刻。患者刚入院时,病情严重,生命垂危,经过持续不断的积极救治,病情逐渐趋于稳定。而本次手术也不可谓不积极,只是术中突发大出血让医务人员猝不及防、应对处理不及,不仅让之前所有的努力都付之东流,还要继续承担后续的巨额医疗费用。可以说在本次的手术室"浴血奋战"中,医务人员被打了一个措手不及的败仗,也可以说是因不够积极主动而延误战机和失利。

从医学角度分析,这次手术的难度和出血量显然是超出了预期,应该算是术中的意外大出血。根据麻醉记录,术中 12:03 发生急性大出血,12:09 引流失血量已超过 1 000 ml,至 12:25 不到半小时时间内引流失血量高达 2 500 ml,其间已出现明显可辨的出血性休克征象(血压下降至 55/45 mmHg,心率 150 次/min),但直至 12:32~13:08 才予以输血 400 ml,确实如司法鉴定所说的输血治疗存在延误现象。不过从临床实践角度来看,除非是术前已经预料到大出血的可能并做了充分准备(开通多路静脉通道、自体血回输、大量输血 MTP 方案等),否则从发现大出血、开始联系血库、派人去拿血(好多医院的手术室和血库都不在同一大楼内),到拿血回来复温、再输血给患者……这一流程正常走下来,能在 1 h 之内输入 400 ml 血,应该说还算可以了,基本不存在明显的延误或耽搁环节。预先提早拿血确实可以解决输血延误问题,但那样的话有可能惹上因未发生预期的大出血而面临血液无法退回血库和违反输血原则的麻烦,麻醉医生经常会处于这种左右为难的尴尬处境。并且由于当前国内普遍存在血荒现象,各地中心血站和医院血库的供血都不能完全满足临床的需求,因而对临床用血的管控都十分严格。大出血发生之前的预先提血往往因未达到输血指征而遭血库拒绝,甚至连临时紧急的大量用血也经常得不到血库的及时支持和响应,这时候任凭你麻醉医生心急如焚、不停催促,但救命的血液就是来得慢、来得少,相信多数麻醉医生都经历过这种急切、狂躁、焦虑、无助、挫败的感受。

2. 麻醉医生术中叫停手术的艰难抉择

本案的司法鉴定和法院判决中认定医方存在过错的一个重要依据是:手术医师和麻醉医师之间沟通不够。就麻醉医师而言,观察到引流出"超过 1 000 ml"血液时,应及时要求手术医师关注出血问题,必要时要求暂停手术;于手术医师而言,应随时对出血情况及风险有一清醒的认识,在预防和纠正失血性休克前提下再决定继续手术。确实,这是比较专业和客观的评判。通常认为,手术医生、麻醉医生以及手术室护士是一个手术团队,理应默契配合、通力协作。但实际上对麻醉医生来说,要在术中叫停手术并非是个容易作出的决定。理论上来说,麻醉医生是完全有权决定暂停或中止手术的,一些重要功能部位(如心脏、深部脑功能区等)或反射活跃区域(如胆心反射、阑尾牵拉反应等)的手术操作有可能会急剧影响机体的循环、呼吸功能,麻醉医生即应当机立断进行对症处理或暂时叫停手术操作。而对于术中出现大出血、急性心肌梗死、恶性心律失常等突发情况时,大都是由麻醉医生和手术医生共同协商来做出是否暂停或中止手术的医疗决策。但鉴于国内麻醉医生的地位明显低于外科医生,因此主刀医生普遍占有更多的话语权和决策权。而面对外科医生的强权、质疑、或不信任,许多麻醉医生在多数时候会选择忍让、妥协、或请高年资麻醉医生出面交涉。因为只有高年资、经验丰富的麻醉医生才能根据其所了解的外科医生水平、大出血的可能原因以及既往的类似情况和处理结果等信息进行综合分析后,作出比较明智、权威、适宜的抉择,也较容易取得外科医生的理解、信任和配合。就如本案一样,突发大出血时,当事的骨科医生必定已是高度紧张,并在急切查找出血部位和实施止血操作,此时被麻醉医生叫停手术和受到干扰,可能会让其产生"不爽"的感觉,甚至被激发恼怒的情绪,因为外科医生总是习惯于采用积极的止血操作来彻底解决大出血问题,并且也确实有较多的成功可能性。而对于麻醉医生来说,贸然叫停手术不仅会干扰外科医生的紧急止血操作,同时还面临中断手术后因创面压迫止血效果不佳而渗血、出血仍严重,并导致决策失误或延误止血的风险,这也势必会加剧外科医生和麻醉医生之间的矛盾或积怨。

虽然,我们常说:"麻醉医生不要让步于一个生命的危险",但在国内的现实社会环境里,麻醉医生有着太多的无奈和无助,强硬的立场只会让自己逐渐趋于孤立和被动,而妥协的态度则会让自己增加风险和担责。国内麻醉医生的社会地位、职业收入以及培养模式等,早已决定了其在手术团队中的这种尴尬处境。在欧美国家,麻醉医生很受重视和尊重,其培养模式也和其他临床医生基本相同。因而,麻醉医生的综合素质很高、临床知识很全面,并且由于其承担着患者生命的救治与维护,待遇也是相当之高。然而在中国,麻醉医生普遍不受重视,连很多医务工作者,都不知道麻醉医生的价值,更别说广大民众了。由于麻醉医生的地位偏低,工作偏累、收入偏低,这带来的一个严重后果就是,越来越少的优秀医学生愿意选择麻醉专业,麻醉医生的综合素质难以提高。同时在中国,麻醉医生的现有培养模式也和其他临床医生不同,本科阶段就已将麻醉专业分化出来,但带来的却是麻醉医生综合医疗素质不全面不理想的效果。1986 年徐州医学院麻醉本科试创办时的要求是,在保持临床医学专业课程体系基础上,增加麻醉学课程。但发展到现在,许多学校已大幅删减临床专业内容,而加入了更多麻醉专业知识,使得麻醉本科的专业特点逐渐演变并趋于"短、平、快"的专科教育模式,麻醉医生的临床知识和素质也偏于狭窄。为有效遏制这一倒退现象,2015 年麻醉学教育研究会工作报告中,正式通报 2020 年将麻醉本科从教育部招生规划中取消。

不过,国内的麻醉学科还是在最近的 30 多年时间内获得了飞速的发展。与此同时,随着生活水平的提高,人们对就医的舒适度要求和对麻醉医生重要性的认同度越来越高。团队合作也在临床实践中被反复强调,因此,对于术中是否需要暂停或中止手术,麻醉医生和手术医生应该互相理解、积极协商、共同应对。

3. 麻醉医生术中大出血后果的责任承担

手术中出现了问题,自然就要有责任的认定或划分,如果没有医调会或司法介入,这一过程大都在医院内部解决。其间,本是手术团队队友的麻醉医生和外科医生自然也转变成了控辩双方。对于类似本案例的因术中大出血而致心搏骤停的严重情况,外科医生通常会认为:外科手术出血很正常,造成休克和心搏骤停是麻醉医生在术中监测和抗休克不力导致的,因而责任完全在麻醉医生。而麻醉医生会反驳说:术中出血是术者技术不行、止血不力,是手术者直接造成的并发症和意外情况，也是术前与患者谈话时重点强调的手术风险之一；麻醉医生的抗休克措施只是一种辅助救治技术，并不能完全替代根本性的外科止血手段，因而责任完全在外科医生。一般在事后医院内部确定责任时，双方都会各抒己见，甚至为此争吵不休。这样的场景在临床上还真不少见，双方都会指责对方的缺陷和漏洞，互相推诿责任。

其实双方都只提到了对方的职责所在，却避开了自己的那一部分。那么，在一台手术中，外科医生和麻醉医生的责任分别是什么呢？围手术期中，外科医生应该做好患者的术前评估，拟定好手术方案，评估出血量并做好备血等工作；术中细致手术，避免不必要的出血和损伤，及时止血，尽快完成手术。《新英格兰杂志》曾经刊登了一篇关于大量失血的预防和治疗的综述，其中提道：手术是大量失血（即丢失总血容量的20％甚至更多）最常见的原因，尤其是心血管手术、肝移植及肝切除术，包括髋或膝关节置换、脊柱手术在内的大型骨科手术等，都容易出现大量出血。因此，外科医生有责任将大量失血的概率降到最低。一旦出现术中大出血，也该及时止血，迅速完成手术。止血困难时应及时采用填塞压迫止血、动脉栓塞、体外循环等手段。而麻醉医生在术前应做好访视工作，评估患者能否耐受手术，做好麻醉前用药和备药；术中对患者严密监护，关注手术野的情况，稳定患者的呼吸和循环，保证其苏醒良好，并做好术后随访工作。当术中发生大出血时，麻醉医生有责任保证患者的循环稳定。《2014版中国麻醉学指南与专家共识》中提到关于围手术期的液体治疗和输血等相关内容，也指出麻醉医生的职责包括：液体治疗及监测、输血的术前评估、术中密切观察手术失血量、重要脏器灌注或氧供检测、凝血功能监测等。当术中发生大出血时，麻醉医生有责任保证患者的循环稳定。当术中出现失血性休克的时候，无论是否是医源性的损伤，都应该先保障患者的生命安全，及时止血，补充血容量。由此可见，外科医生和麻醉医生的围术期责任是有较明确划分的，所以至少对医院内部而言，应该对这样的医疗问题进行回顾调查和详细分析，比如术前是否备血，备了多少、麻醉医生术中麻醉的管理是否得当、手术是否正确、具体的出血部位和原因（哪根血管的出血或是广泛渗血）、手术医师是否全力抢救出血、抢救方式是否得当……对这些问题进行有理有据的逐一剖析，这才是面对问题的正确处理方式。

所以说，外科医生和麻醉医生从责任上讲是完全可以分割的两大块，但从义务上说却又是不可分割的整体，双方在对患者救治上，是不能互相推诿的，否则就谈不上"仁心仁术"了。并且过多地追究责任，只会让本来恶劣的关系变得更加紧张和僵化，让两者之间更趋于对立。事实上，麻醉医生与手术医生的工作和谐程度，对双方在手术期间的工作状态和专注度都会产生一定的影响。互相之间的不理解、不信任均会不可避免地增加彼此的抵触情绪和精神压力,导致双方都难以保持最佳的工作状态,也不可能达到共赢的局面,最终损害的还是患者的利益。

麻醉医生和外科医生互相尊重、互相配合是共赢之道

作为手术团队的一分子,大家都应该互相信任、支持和鼓励,因为最后的目标都是一致的,就是希望手术安全、患者康复。麻醉医生更是要发挥其知识面广、观察力强、经验丰富、处置果断的特长,对术中大出血这种突发事件做出快速及时的反应,并调动医院的相关部门和资源进行全力救治。一味地对抗没有未来,相互的协作才能共赢。

（吴　祥　曹云飞）

# 附录

# 相关法律文件

## 附录1　医疗事故处理条例

《医疗事故处理条例》经 2002 年 2 月 20 日国务院第 55 次常务会议通过,自 2002 年 9 月 1 日起施行。

### 第一章　总则

第一条　为了正确处理医疗事故,保护患者和医疗机构及其医务人员的合法权益,维护医疗秩序,保障医疗安全,促进医学科学的发展,制定本条例。

第二条　本条例所称医疗事故,是指医疗机构及其医务人员在医疗活动中,违反医疗卫生管理法律、行政法规、部门规章和诊疗护理规范、常规,过失造成患者人身损害的事故。

第三条　处理医疗事故,应当遵循公开、公平、公正、及时、便民的原则,坚持实事求是的科学态度,做到事实清楚、定性准确、责任明确、处理恰当。

第四条　根据对患者人身造成的损害程度,医疗事故分为四级:

一级医疗事故:造成患者死亡、重度残疾的;

二级医疗事故:造成患者中度残疾、器官组织损伤导致严重功能障碍的;

三级医疗事故:造成患者轻度残疾、器官组织损伤导致一般功能障碍的;

四级医疗事故:造成患者明显人身损害的其他后果的。

具体分级标准由国务院卫生行政部门制定。

### 第二章　医疗事故的预防与处置

第五条　医疗机构及其医务人员在医疗活动中,必须严格遵守医疗卫生管理法律、行政法规、部门规章和诊疗护理规范、常规,恪守医疗服务职业道德。

第六条　医疗机构应当对其医务人员进行医疗卫生管理法律、行政法规、部门规章和诊疗护理规范、常规的培训和医疗服务职业道德教育。

第七条　医疗机构应当设置医疗服务质量监控部门或者配备专(兼)职人员,具体负责监督本医疗机构的医务人员的医疗服务工作,检查医务人员执业情况,接受患者对医疗服务的投诉,向其提供咨询服务。

第八条　医疗机构应当按照国务院卫生行政部门规定的要求,书写并妥善保管病历资料。

因抢救急危患者,未能及时书写病历的,有关医务人员应当在抢救结束后6小时内据实补记,并加以注明。

第九条　严禁涂改、伪造、隐匿、销毁或者抢夺病历资料。

第十条　患者有权复印或者复制其门诊病历、住院志、体温单、医嘱单、化验单(检验报告)、医学影像检查资料、特殊检查同意书、手术同意书、手术及麻醉记录单、病理资料、护理记录以及国务院卫生行政部门规定的其他病历资料。

患者依照前款规定要求复印或者复制病历资料的,医疗机构应当提供复印或者复制服务并在复印或者复制的病历资料上加盖证明印记。复印或者复制病历资料时,应当有患者在场。

医疗机构应患者的要求,为其复印或者复制病历资料,可以按照规定收取工本费。具体收费标准由省、自治区、直辖市人民政府价格主管部门会同同级卫生行政部门规定。

第十一条　在医疗活动中,医疗机构及其医务人员应当将患者的病情、医疗措施、医疗风险等如实告知患者,及时解答其咨询;但是,应当避免对患者产生不利后果。

第十二条　医疗机构应当制定防范、处理医疗事故的预案,预防医疗事故的发生,减轻医疗事故的损害。

第十三条　医务人员在医疗活动中发生或者发现医疗事故、可能引起医疗事故的医疗过失行为或者发生医疗事故争议的,应当立即向所在科室负责人报告,科室负责人应当及时向本医疗机构负责医疗服务质量监控的部门或者专(兼)职人员报告;负责医疗服务质量监控的部门或者专(兼)职人员接到报告后,应当立即进行调查、核实,将有关情况如实向本医疗机构的负责人报告,并向患者通报、解释。

第十四条 发生医疗事故的,医疗机构应当按照规定向所在地卫生行政部门报告。

发生下列重大医疗过失行为的,医疗机构应当在 12 小时内向所在地卫生行政部门报告:

(一)导致患者死亡或者可能为二级以上的医疗事故;

(二)导致 3 人以上人身损害后果;

(三)国务院卫生行政部门和省、自治区、直辖市人民政府卫生行政部门规定的其他情形。

第十五条 发生或者发现医疗过失行为,医疗机构及其医务人员应当立即采取有效措施,避免或者减轻对患者身体健康的损害,防止损害扩大。

第十六条 发生医疗事故争议时,死亡病例讨论记录、疑难病例讨论记录、上级医师查房记录、会诊意见、病程记录应当在医患双方在场的情况下封存和启封。封存的病历资料可以是复印件,由医疗机构保管。

第十七条 疑似输液、输血、注射、药物等引起不良后果的,医患双方应当共同对现场实物进行封存和启封,封存的现场实物由医疗机构保管;需要检验的,应当由双方共同指定的、依法具有检验资格的检验机构进行检验;双方无法共同指定时,由卫生行政部门指定。

疑似输血引起不良后果,需要对血液进行封存保留的,医疗机构应当通知提供该血液的采供血机构派员到场。

第十八条 患者死亡,医患双方当事人不能确定死因或者对死因有异议的,应当在患者死亡后 48 小时内进行尸检;具备尸体冻存条件的,可以延长至 7 日。尸检应当经死者近亲属同意并签字。

尸检应当由按照国家有关规定取得相应资格的机构和病理解剖专业技术人员进行。承担尸检任务的机构和病理解剖专业技术人员有进行尸检的义务。

医疗事故争议双方当事人可以请法医病理学人员参加尸检,也可以委派代表观察尸检过程。拒绝或者拖延尸检,超过规定时间,影响对死因判定的,由拒绝或者拖延的一方承担责任。

第十九条 患者在医疗机构内死亡的,尸体应当立即移放太平间。死者尸体存放时间一般不得超过 2 周。逾期不处理的尸体,经医疗机构所在地卫生行政部门批准,并报经同级公安部门备案后,由医疗机构按照规定进行处理。

## 第三章 医疗事故的技术鉴定

第二十条 卫生行政部门接到医疗机构关于重大医疗过失行为的报告或者医

疗事故争议当事人要求处理医疗事故争议的申请后,对需要进行医疗事故技术鉴定的,应当交由负责医疗事故技术鉴定工作的医学会组织鉴定;医患双方协商解决医疗事故争议,需要进行医疗事故技术鉴定的,由双方当事人共同委托负责医疗事故技术鉴定工作的医学会组织鉴定。

第二十一条　设区的市级地方医学会和省、自治区、直辖市直接管辖的县(市)地方医学会负责组织首次医疗事故技术鉴定工作。省、自治区、直辖市地方医学会负责组织再次鉴定工作。

必要时,中华医学会可以组织疑难、复杂并在全国有重大影响的医疗事故争议的技术鉴定工作。

第二十二条　当事人对首次医疗事故技术鉴定结论不服的,可以自收到首次鉴定结论之日起15日内向医疗机构所在地卫生行政部门提出再次鉴定的申请。

第二十三条　负责组织医疗事故技术鉴定工作的医学会应当建立专家库。

专家库由具备下列条件的医疗卫生专业技术人员组成:

(一) 有良好的业务素质和执业品德;

(二) 受聘于医疗卫生机构或者医学教学、科研机构并担任相应专业高级技术职务3年以上。

符合前款第(一)项规定条件并具备高级技术任职资格的法医可以受聘进入专家库。

负责组织医疗事故技术鉴定工作的医学会依照本条例规定聘请医疗卫生专业技术人员和法医进入专家库,可以不受行政区域的限制。

第二十四条　医疗事故技术鉴定,由负责组织医疗事故技术鉴定工作的医学会组织专家鉴定组进行。

参加医疗事故技术鉴定的相关专业的专家,由医患双方在医学会主持下从专家库中随机抽取。在特殊情况下,医学会根据医疗事故技术鉴定工作的需要,可以组织医患双方在其他医学会建立的专家库中随机抽取相关专业的专家参加鉴定或者函件咨询。

符合本条例第二十三条规定条件的医疗卫生专业技术人员和法医有义务受聘进入专家库,并承担医疗事故技术鉴定工作。

第二十五条　专家鉴定组进行医疗事故技术鉴定,实行合议制。专家鉴定组人数为单数,涉及的主要学科的专家一般不得少于鉴定组成员的二分之一;涉及死因、伤残等级鉴定的,并应当从专家库中随机抽取法医参加专家鉴定组。

第二十六条　专家鉴定组成员有下列情形之一的,应当回避,当事人也可以以口头或者书面的方式申请其回避：

（一）是医疗事故争议当事人或者当事人的近亲属的；

（二）与医疗事故争议有利害关系的；

（三）与医疗事故争议当事人有其他关系，可能影响公正鉴定的。

第二十七条　专家鉴定组依照医疗卫生管理法律、行政法规、部门规章和诊疗护理规范、常规，运用医学科学原理和专业知识，独立进行医疗事故技术鉴定，对医疗事故进行鉴别和判定，为处理医疗事故争议提供医学依据。

任何单位或者个人不得干扰医疗事故技术鉴定工作，不得威胁、利诱、辱骂、殴打专家鉴定组成员。

专家鉴定组成员不得接受双方当事人的财物或者其他利益。

第二十八条　负责组织医疗事故技术鉴定工作的医学会应当自受理医疗事故技术鉴定之日起5日内通知医疗事故争议双方当事人提交进行医疗事故技术鉴定所需的材料。

当事人应当自收到医学会的通知之日起10日内提交有关医疗事故技术鉴定的材料、书面陈述及答辩。医疗机构提交的有关医疗事故技术鉴定的材料应当包括下列内容：

（一）住院患者的病程记录、死亡病例讨论记录、疑难病例讨论记录、会诊意见、上级医师查房记录等病历资料原件；

（二）住院患者的住院志、体温单、医嘱单、化验单（检验报告）、医学影像检查资料、特殊检查同意书、手术同意书、手术及麻醉记录单、病理资料、护理记录等病历资料原件；

（三）抢救急危患者，在规定时间内补记的病历资料原件；

（四）封存保留的输液、注射用物品和血液、药物等实物，或者依法具有检验资格的检验机构对这些物品、实物作出的检验报告；

（五）与医疗事故技术鉴定有关的其他材料。

在医疗机构建有病历档案的门诊、急诊患者，其病历资料由医疗机构提供；没有在医疗机构建立病历档案的，由患者提供。

医患双方应当依照本条例的规定提交相关材料。医疗机构无正当理由未依照本条例的规定如实提供相关材料，导致医疗事故技术鉴定不能进行的，应当承担责任。

第二十九条　负责组织医疗事故技术鉴定工作的医学会应当自接到当事人提交的有关医疗事故技术鉴定的材料、书面陈述及答辩之日起45日内组织鉴定并出具医疗事故技术鉴定书。

负责组织医疗事故技术鉴定工作的医学会可以向双方当事人调查取证。

第三十条 专家鉴定组应当认真审查双方当事人提交的材料,听取双方当事人的陈述及答辩并进行核实。

双方当事人应当按照本条例的规定如实提交进行医疗事故技术鉴定所需要的材料,并积极配合调查。当事人任何一方不予配合,影响医疗事故技术鉴定的,由不予配合的一方承担责任。

第三十一条 专家鉴定组应当在事实清楚、证据确凿的基础上,综合分析患者的病情和个体差异,作出鉴定结论,并制作医疗事故技术鉴定书。鉴定结论以专家鉴定组成员的过半数通过。鉴定过程应当如实记载。

医疗事故技术鉴定书应当包括下列主要内容:

(一)双方当事人的基本情况及要求;

(二)当事人提交的材料和负责组织医疗事故技术鉴定工作的医学会的调查材料;

(三)对鉴定过程的说明;

(四)医疗行为是否违反医疗卫生管理法律、行政法规、部门规章和诊疗护理规范、常规;

(五)医疗过失行为与人身损害后果之间是否存在因果关系;

(六)医疗过失行为在医疗事故损害后果中的责任程度;

(七)医疗事故等级;

(八)对医疗事故患者的医疗护理医学建议。

第三十二条 医疗事故技术鉴定办法由国务院卫生行政部门制定。

第三十三条 有下列情形之一的,不属于医疗事故:

(一)在紧急情况下为抢救垂危患者生命而采取紧急医学措施造成不良后果的;

(二)在医疗活动中由于患者病情异常或者患者体质特殊而发生医疗意外的;

(三)在现有医学科学技术条件下,发生无法预料或者不能防范的不良后果的;

(四)无过错输血感染造成不良后果的;

(五)因患方原因延误诊疗导致不良后果的;

(六)因不可抗力造成不良后果的。

第三十四条 医疗事故技术鉴定,可以收取鉴定费用。经鉴定,属于医疗事故的,鉴定费用由医疗机构支付;不属于医疗事故的,鉴定费用由提出医疗事故处理申请的一方支付。鉴定费用标准由省、自治区、直辖市人民政府价格主管部门会同同级财政部门、卫生行政部门规定。

### 第四章　医疗事故的行政处理与监督

第三十五条　卫生行政部门应当依照本条例和有关法律、行政法规、部门规章的规定,对发生医疗事故的医疗机构和医务人员作出行政处理。

第三十六条　卫生行政部门接到医疗机构关于重大医疗过失行为的报告后,除责令医疗机构及时采取必要的医疗救治措施,防止损害后果扩大外,应当组织调查,判定是否属于医疗事故;对不能判定是否属于医疗事故的,应当依照本条例的有关规定交由负责医疗事故技术鉴定工作的医学会组织鉴定。

第三十七条　发生医疗事故争议,当事人申请卫生行政部门处理的,应当提出书面申请。申请书应当载明申请人的基本情况、有关事实、具体请求及理由等。

当事人自知道或者应当知道其身体健康受到损害之日起 1 年内,可以向卫生行政部门提出医疗事故争议处理申请。

第三十八条　发生医疗事故争议,当事人申请卫生行政部门处理的,由医疗机构所在地的县级人民政府卫生行政部门受理。医疗机构所在地是直辖市的,由医疗机构所在地的区、县人民政府卫生行政部门受理。

有下列情形之一的,县级人民政府卫生行政部门应当自接到医疗机构的报告或者当事人提出医疗事故争议处理申请之日起 7 日内移送上一级人民政府卫生行政部门处理:

(一)患者死亡;

(二)可能为二级以上的医疗事故;

(三)国务院卫生行政部门和省、自治区、直辖市人民政府卫生行政部门规定的其他情形。

第三十九条　卫生行政部门应当自收到医疗事故争议处理申请之日起 10 日内进行审查,作出是否受理的决定。对符合本条例规定,予以受理,需要进行医疗事故技术鉴定的,应当自作出受理决定之日起 5 日内将有关材料交由负责医疗事故技术鉴定工作的医学会组织鉴定并书面通知申请人;对不符合本条例规定,不予受理的,应当书面通知申请人并说明理由。

当事人对首次医疗事故技术鉴定结论有异议,申请再次鉴定的,卫生行政部门应当自收到申请之日起 7 日内交由省、自治区、直辖市地方医学会组织再次鉴定。

第四十条　当事人既向卫生行政部门提出医疗事故争议处理申请,又向人民法院提起诉讼的,卫生行政部门不予受理;卫生行政部门已经受理的,应当终止处理。

第四十一条　卫生行政部门收到负责组织医疗事故技术鉴定工作的医学会出具的医疗事故技术鉴定书后,应当对参加鉴定的人员资格和专业类别、鉴定程序进行审核;必要时,可以组织调查,听取医疗事故争议双方当事人的意见。

第四十二条　卫生行政部门经审核,对符合本条例规定作出的医疗事故技术鉴定结论,应当作为对发生医疗事故的医疗机构和医务人员作出行政处理以及进行医疗事故赔偿调解的依据;经审核,发现医疗事故技术鉴定不符合本条例规定的,应当要求重新鉴定。

第四十三条　医疗事故争议由双方当事人自行协商解决的,医疗机构应当自协商解决之日起7日内向所在地卫生行政部门作出书面报告,并附具协议书。

第四十四条　医疗事故争议经人民法院调解或者判决解决的,医疗机构应当自收到生效的人民法院的调解书或者判决书之日起7日内向所在地卫生行政部门作出书面报告,并附具调解书或者判决书。

第四十五条　县级以上地方人民政府卫生行政部门应当按照规定逐级将当地发生的医疗事故以及依法对发生医疗事故的医疗机构和医务人员作出行政处理的情况,上报国务院卫生行政部门。

## 第五章　医疗事故的赔偿

第四十六条　发生医疗事故的赔偿等民事责任争议,医患双方可以协商解决;不愿意协商或者协商不成的,当事人可以向卫生行政部门提出调解申请,也可以直接向人民法院提起民事诉讼。

第四十七条　双方当事人协商解决医疗事故的赔偿等民事责任争议的,应当制作协议书。协议书应当载明双方当事人的基本情况和医疗事故的原因、双方当事人共同认定的医疗事故等级以及协商确定的赔偿数额等,并由双方当事人在协议书上签名。

第四十八条　已确定为医疗事故的,卫生行政部门应医疗事故争议双方当事人请求,可以进行医疗事故赔偿调解。调解时,应当遵循当事人双方自愿原则,并应当依据本条例的规定计算赔偿数额。

经调解,双方当事人就赔偿数额达成协议的,制作调解书,双方当事人应当履行;调解不成或者经调解达成协议后一方反悔的,卫生行政部门不再调解。

第四十九条　医疗事故赔偿,应当考虑下列因素,确定具体赔偿数额:

(一)医疗事故等级;

(二)医疗过失行为在医疗事故损害后果中的责任程度;

(三)医疗事故损害后果与患者原有疾病状况之间的关系。

不属于医疗事故的,医疗机构不承担赔偿责任。

第五十条　医疗事故赔偿,按照下列项目和标准计算:

(一)医疗费:按照医疗事故对患者造成的人身损害进行治疗所发生的医疗费用计算,凭据支付,但不包括原发病医疗费用。结案后确实需要继续治疗的,按照基本医疗费用支付。

(二)误工费:患者有固定收入的,按照本人因误工减少的固定收入计算,对收入高于医疗事故发生地上一年度职工年平均工资3倍以上的,按照3倍计算;无固定收入的,按照医疗事故发生地上一年度职工年平均工资计算。

(三)住院伙食补助费:按照医疗事故发生地国家机关一般工作人员的出差伙食补助标准计算。

(四)陪护费:患者住院期间需要专人陪护的,按照医疗事故发生地上一年度职工年平均工资计算。

(五)残疾生活补助费:根据伤残等级,按照医疗事故发生地居民年平均生活费计算,自定残之月起最长赔偿30年;但是,60周岁以上的,不超过15年;70周岁以上的,不超过5年。

(六)残疾用具费:因残疾需要配置补偿功能器具的,凭医疗机构证明,按照普及型器具的费用计算。

(七)丧葬费:按照医疗事故发生地规定的丧葬费补助标准计算。

(八)被扶养人生活费:以死者生前或者残疾者丧失劳动能力前实际扶养且没有劳动能力的人为限,按照其户籍所在地或者居所地居民最低生活保障标准计算。对不满16周岁的,扶养到16周岁。对年满16周岁但无劳动能力的,扶养20年;但是,60周岁以上的,不超过15年;70周岁以上的,不超过5年。

(九)交通费:按照患者实际必需的交通费用计算,凭据支付。

(十)住宿费:按照医疗事故发生地国家机关一般工作人员的出差住宿补助标准计算,凭据支付。

(十一)精神损害抚慰金:按照医疗事故发生地居民年平均生活费计算。造成患者死亡的,赔偿年限最长不超过6年;造成患者残疾的,赔偿年限最长不超过3年。

第五十一条　参加医疗事故处理的患者近亲属所需交通费、误工费、住宿费，参照本条例第五十条的有关规定计算，计算费用的人数不超过2人。

医疗事故造成患者死亡的，参加丧葬活动的患者的配偶和直系亲属所需交通费、误工费、住宿费，参照本条例第五十条的有关规定计算，计算费用的人数不超过2人。

第五十二条　医疗事故赔偿费用，实行一次性结算，由承担医疗事故责任的医疗机构支付。

## 第六章　罚则

第五十三条　卫生行政部门的工作人员在处理医疗事故过程中违反本条例的规定，利用职务上的便利收受他人财物或者其他利益，滥用职权，玩忽职守，或者发现违法行为不予查处，造成严重后果的，依照刑法关于受贿罪、滥用职权罪、玩忽职守罪或者其他有关罪的规定，依法追究刑事责任；尚不够刑事处罚的，依法给予降级或者撤职的行政处分。

第五十四条　卫生行政部门违反本条例的规定，有下列情形之一的，由上级卫生行政部门给予警告并责令限期改正；情节严重的，对负有责任的主管人员和其他直接责任人员依法给予行政处分：

（一）接到医疗机构关于重大医疗过失行为的报告后，未及时组织调查的；

（二）接到医疗事故争议处理申请后，未在规定时间内审查或者移送上一级人民政府卫生行政部门处理的；

（三）未将应当进行医疗事故技术鉴定的重大医疗过失行为或者医疗事故争议移交医学会组织鉴定的；

（四）未按照规定逐级将当地发生的医疗事故以及依法对发生医疗事故的医疗机构和医务人员的行政处理情况上报的；

（五）未依照本条例规定审核医疗事故技术鉴定书的。

第五十五条　医疗机构发生医疗事故的，由卫生行政部门根据医疗事故等级和情节，给予警告；情节严重的，责令限期停业整顿直至由原发证部门吊销执业许可证，对负有责任的医务人员依照刑法关于医疗事故罪的规定，依法追究刑事责任；尚不够刑事处罚的，依法给予行政处分或者纪律处分。

对发生医疗事故的有关医务人员，除依照前款处罚外，卫生行政部门并可以责令暂停6个月以上1年以下执业活动；情节严重的，吊销其执业证书。

第五十六条　医疗机构违反本条例的规定，有下列情形之一的，由卫生行政部

门责令改正;情节严重的,对负有责任的主管人员和其他直接责任人员依法给予行政处分或者纪律处分:

（一）未如实告知患者病情、医疗措施和医疗风险的;

（二）没有正当理由,拒绝为患者提供复印或者复制病历资料服务的;

（三）未按照国务院卫生行政部门规定的要求书写和妥善保管病历资料的;

（四）未在规定时间内补记抢救工作病历内容的;

（五）未按照本条例的规定封存、保管和启封病历资料和实物的;

（六）未设置医疗服务质量监控部门或者配备专（兼）职人员的;

（七）未制定有关医疗事故防范和处理预案的;

（八）未在规定时间内向卫生行政部门报告重大医疗过失行为的;

（九）未按照本条例的规定向卫生行政部门报告医疗事故的;

（十）未按照规定进行尸检和保存、处理尸体的。

第五十七条　参加医疗事故技术鉴定工作的人员违反本条例的规定,接受申请鉴定双方或者一方当事人的财物或者其他利益,出具虚假医疗事故技术鉴定书,造成严重后果的,依照刑法关于受贿罪的规定,依法追究刑事责任;尚不够刑事处罚的,由原发证部门吊销其执业证书或者资格证书。

第五十八条　医疗机构或者其他有关机构违反本条例的规定,有下列情形之一的,由卫生行政部门责令改正,给予警告;对负有责任的主管人员和其他直接责任人员依法给予行政处分或者纪律处分;情节严重的,由原发证部门吊销其执业证书或者资格证书:

（一）承担尸检任务的机构没有正当理由,拒绝进行尸检的;

（二）涂改、伪造、隐匿、销毁病历资料的。

第五十九条　以医疗事故为由,寻衅滋事、抢夺病历资料,扰乱医疗机构正常医疗秩序和医疗事故技术鉴定工作,依照刑法关于扰乱社会秩序罪的规定,依法追究刑事责任;尚不够刑事处罚的,依法给予治安管理处罚。

## 第七章　附则

第六十条　本条例所称医疗机构,是指依照《医疗机构管理条例》的规定取得《医疗机构执业许可证》的机构。

县级以上城市从事计划生育技术服务的机构依照《计划生育技术服务管理条例》的规定开展与计划生育有关的临床医疗服务,发生的计划生育技术服务事故,依照本条例的有关规定处理;但是,其中不属于医疗机构的县级以上城市从事计划生育技术服务的机构发生的计划生育技术服务事故，由计划生育行政部门行使依照本条例有关规定由卫生行政部门承担的受理、交由负责医疗事故技术鉴定工作的医学会组织鉴定和赔偿调解的职能；对发生计划生育技术服务事故的该机构及其有关责任人员，依法进行处理。

第六十一条　非法行医，造成患者人身损害，不属于医疗事故，触犯刑律的，依法追究刑事责任；有关赔偿，由受害人直接向人民法院提起诉讼。

第六十二条　军队医疗机构的医疗事故处理办法，由中国人民解放军卫生主管部门会同国务院卫生行政部门依据本条例制定。

第六十三条　本条例自 2002 年 9 月 1 日起施行。1987 年 6 月 29 日国务院发布的《医疗事故处理办法》同时废止。本条例施行前已经处理结案的医疗事故争议，不再重新处理。

**《最高人民法院关于参照〈医疗事故处理条例〉审理医疗纠纷民事案件的通知》**
**（2003 年 1 月 6 日最高人民法院文件法〔2003〕20 号发布自公布之日起施行）**

各省、自治区、直辖市高级人民法院，解放军军事法院，新疆维吾尔自治区高级人民法院生产建设兵团分院：

2002 年 4 月 4 日国务院公布了《医疗事故处理条例》（以下简称条例），自 2002 年 9 月 1 日起施行。条例对于妥善解决医疗纠纷，保护医患双方的合法权益，维护医疗秩序具有重要意义。现就人民法院参照条例审理医疗纠纷民事案件的有关问题通知如下：

一、条例施行后发生的医疗事故引起的医疗赔偿纠纷，诉到法院的，参照条例的有关规定办理；因医疗事故以外的原因引起的其他医疗赔偿纠纷，适用民法通则的规定。

人民法院在条例施行前已经按照民法通则、原《医疗事故处理办法》等法律、法规审理的民事案件，依法进行再审的，不适用条例的规定。

二、人民法院在民事审判中，根据当事人的申请或者依职权决定进行医疗事故司法鉴定的，交由条例所规定的医学会组织鉴定。因医疗事故以外的原因引起的其他医疗赔偿纠纷需要进行司法鉴定的，按照《人民法院对外委托司法鉴定管理规定》组织鉴定。

人民法院对司法鉴定申请和司法鉴定结论的审查按照《最高人民法院关于民事诉讼证据的若干规定》的有关规定处理。

三、条例施行后，人民法院审理因医疗事故引起的医疗赔偿纠纷民事案件，在确定医疗事故赔偿责任时,参照条例第四十九条、第五十条、第五十一条和第五十二条的规定办理。

人民法院在审理涉及医疗事故民事案件中遇到的其他重大问题,请及时呈报我院。

## 附录 2　中华人民共和国侵权责任法(节选)

《中华人民共和国侵权责任法》由中华人民共和国第十一届全国人民代表大会常务委员会第十二次会议于 2009 年 12 月 26 日通过,自 2010 年 7 月 1 日起施行。

### 第七章　医疗损害责任

第五十四条　患者在诊疗活动中受到损害,医疗机构及其医务人员有过错的,由医疗机构承担赔偿责任。

第五十五条　医务人员在诊疗活动中应当向患者说明病情和医疗措施。需要实施手术、特殊检查、特殊治疗的,医务人员应当及时向患者说明医疗风险、替代医疗方案等情况,并取得其书面同意;不宜向患者说明的,应当向患者的近亲属说明,并取得其书面同意。

医务人员未尽到前款义务,造成患者损害的,医疗机构应当承担赔偿责任。

第五十六条　因抢救生命垂危的患者等紧急情况,不能取得患者或者其近亲属意见的,经医疗机构负责人或者授权的负责人批准,可以立即实施相应的医疗措施。

第五十七条　医务人员在诊疗活动中未尽到与当时的医疗水平相应的诊疗义务,造成患者损害的,医疗机构应当承担赔偿责任。

第五十八条　患者有损害,因下列情形之一的,推定医疗机构有过错:

(一)违反法律、行政法规、规章以及其他有关诊疗规范的规定;

(二)隐匿或者拒绝提供与纠纷有关的病历资料;

(三)伪造、篡改或者销毁病历资料。

第五十九条　因药品、消毒药剂、医疗器械的缺陷,或者输入不合格的血液造成患者损害的,患者可以向生产者或者血液提供机构请求赔偿,也可以向医疗机构请求赔偿。患者向医疗机构请求赔偿的,医疗机构赔偿后,有权向负有责任的生产者或者血液提供机构追偿。

第六十条　患者有损害,因下列情形之一的,医疗机构不承担赔偿责任:

（一）患者或者其近亲属不配合医疗机构进行符合诊疗规范的诊疗；

（二）医务人员在抢救生命垂危的患者等紧急情况下已经尽到合理诊疗义务；

（三）限于当时的医疗水平难以诊疗。

前款第一项情形中，医疗机构及其医务人员也有过错的，应当承担相应的赔偿责任。

第六十一条　医疗机构及其医务人员应当按照规定填写并妥善保管住院志、医嘱单、检验报告、手术及麻醉记录、病理资料、护理记录、医疗费用等病历资料。

患者要求查阅、复制前款规定的病历资料的，医疗机构应当提供。

第六十二条　医疗机构及其医务人员应当对患者的隐私保密。泄露患者隐私或者未经患者同意公开其病历资料，造成患者损害的，应当承担侵权责任。

第六十三条　医疗机构及其医务人员不得违反诊疗规范实施不必要的检查。

第六十四条　医疗机构及其医务人员的合法权益受法律保护。干扰医疗秩序，妨害医务人员工作、生活的，应当依法承担法律责任。

## 第八章　环境污染责任

第六十五条　因污染环境造成损害的，污染者应当承担侵权责任。

第六十六条　因污染环境发生纠纷，污染者应当就法律规定的不承担责任或者减轻责任的情形及其行为与损害之间不存在因果关系承担举证责任。

第六十七条　两个以上污染者污染环境，污染者承担责任的大小，根据污染物的种类、排放量等因素确定。

第六十八条　因第三人的过错污染环境造成损害的，被侵权人可以向污染者请求赔偿，也可以向第三人请求赔偿。污染者赔偿后，有权向第三人追偿。

## 第九章　高度危险责任

第六十九条　从事高度危险作业造成他人损害的，应当承担侵权责任。

第七十条　民用核设施发生核事故造成他人损害的，民用核设施的经营者应当承担侵权责任，但能够证明损害是因战争等情形或者受害人故意造成的，不承担责任。

第七十一条　民用航空器造成他人损害的，民用航空器的经营者应当承担侵权责任，但能够证明损害是因受害人故意造成的，不承担责任。

第七十二条　占有或者使用易燃、易爆、剧毒、放射性等高度危险物造成他人损害的，占有人或者使用人应当承担侵权责任，但能够证明损害是因受害人故意或者不可抗力造成的,不承担责任。被侵权人对损害的发生有重大过失的,可以减轻占有人或者使用人的责任。

第七十三条　从事高空、高压、地下挖掘活动或者使用高速轨道运输工具造成他人损害的,经营者应当承担侵权责任,但能够证明损害是因受害人故意或者不可抗力造成的,不承担责任。被侵权人对损害的发生有过失的,可以减轻经营者的责任。

第七十四条　遗失、抛弃高度危险物造成他人损害的,由所有人承担侵权责任。所有人将高度危险物交由他人管理的,由管理人承担侵权责任;所有人有过错的,与管理人承担连带责任。

第七十五条　非法占有高度危险物造成他人损害的,由非法占有人承担侵权责任。所有人、管理人不能证明对防止他人非法占有尽到高度注意义务的,与非法占有人承担连带责任。

第七十六条　未经许可进入高度危险活动区域或者高度危险物存放区域受到损害,管理人已经采取安全措施并尽到警示义务的,可以减轻或者不承担责任。

第七十七条　承担高度危险责任,法律规定赔偿限额的,依照其规定。

## 附录3　病历书写基本规范

中华人民共和国卫生部颁发　卫医政发〔2010〕11 号,2010 年 1 月 22 日实施

### 第一章　基本要求
第一条　病历是指医务人员在医疗活动过程中形成的文字、符号、图表、影像、切片等资料的总和,包括门(急)诊病历和住院病历。

第二条　病历书写是指医务人员通过问诊、查体、辅助检查、诊断、治疗、护理等医疗活动获得有关资料,并进行归纳、分析、整理形成医疗活动记录的行为。

第三条　病历书写应当客观、真实、准确、及时、完整、规范。

第四条　病历书写应当使用蓝黑墨水、碳素墨水,需复写的病历资料可以使用蓝或黑色油水的圆珠笔。计算机打印的病历应当符合病历保存的要求。

第五条　病历书写应当使用中文,通用的外文缩写和无正式中文译名的症状、体征、疾病名称等可以使用外文。

第六条　病历书写应规范使用医学术语,文字工整,字迹清晰,表述准确,语句通顺,标点正确。

第七条　病历书写过程中出现错字时,应当用双线划在错字上,保留原记录清楚、可辨,并注明修改时间,修改人签名。不得采用刮、粘、涂等方法掩盖或去除原来的字迹。上级医务人员有审查修改下级医务人员书写的病历的责任。

第八条　病历应当按照规定的内容书写,并由相应医务人员签名。实习医务人员、试用期医务人员书写的病历,应当经过本医疗机构注册的医务人员审阅、修改并签名。进修医务人员由医疗机构根据其胜任本专业工作实际情况认定后书写病历。

第九条　病历书写一律使用阿拉伯数字书写日期和时间,采用 24 小时制记录。

第十条　对需取得患者书面同意方可进行的医疗活动,应当由患者本人签署知情同意书。患者不具备完全民事行为能力时,应当由其法定代理人签字;患者因病无法签字时,应当由其授权的人员签字;为抢救患者,在法定代理人或被授权人无法及时签字的情况下,可由医疗机构负责人或者授权的负责人签字。

因实施保护性医疗措施不宜向患者说明情况的,应当将有关情况告知患者近亲属,由患者近亲属签署知情同意书,并及时记录。患者无近亲属的或者患者近亲属无法签署同意书的,由患者的法定代理人或者关系人签署同意书。

## 第二章　门(急)诊病历书写内容及要求

第十一条　门(急)诊病历内容包括门(急)诊病历首页[门(急)诊手册封面]、病历记录、化验单(检验报告)、医学影像检查资料等。

第十二条　门(急)诊病历首页内容应当包括患者姓名、性别、出生年月日、民族、婚姻状况、职业、工作单位、住址、药物过敏史等项目。门诊手册封面内容应当包括患者姓名、性别、年龄、工作单位或住址、药物过敏史等项目。

第十三条　门(急)诊病历记录分为初诊病历记录和复诊病历记录。

初诊病历记录书写内容应当包括就诊时间、科别、主诉、现病史、既往史,阳性体征、必要的阴性体征和辅助检查结果,诊断及治疗意见和医师签名等。

复诊病历记录书写内容应当包括就诊时间、科别、主诉、病史、必要的体格检查和辅助检查结果、诊断、治疗处理意见和医师签名等。

急诊病历书写就诊时间应当具体到分钟。

第十四条　门(急)诊病历记录应当由接诊医师在患者就诊时及时完成。

第十五条　急诊留观记录是急诊患者因病情需要留院观察期间的记录,重点记录观察期间病情变化和诊疗措施,记录简明扼要,并注明患者去向。抢救危重患者时,应当书写抢救记录。门(急)诊抢救记录书写内容及要求按照住院病历抢救记录书写内容及要求执行。

### 第三章　住院病历书写内容及要求

第十六条　住院病历内容包括住院病案首页、入院记录、病程记录、手术同意书、麻醉同意书、输血治疗知情同意书、特殊检查(特殊治疗)同意书、病危(重)通知书、医嘱单、辅助检查报告单、体温单、医学影像检查资料、病理资料等。

第十七条　入院记录是指患者入院后,由经治医师通过问诊、查体、辅助检查获得有关资料,并对这些资料归纳分析书写而成的记录。可分为入院记录、再次或多次入院记录、24 小时内入出院记录、24 小时内入院死亡记录。

入院记录、再次或多次入院记录应当于患者入院后 24 小时内完成;24 小时内入出院记录应当于患者出院后 24 小时内完成,24 小时内入院死亡记录应当于患者死亡后 24 小时内完成。

第十八条　入院记录的要求及内容。

(一)患者一般情况包括姓名、性别、年龄、民族、婚姻状况、出生地、职业、入院时间、记录时间、病史陈述者。

(二)主诉是指促使患者就诊的主要症状(或体征)及持续时间。

(三)现病史是指患者本次疾病的发生、演变、诊疗等方面的详细情况,应当按时间顺序书写。内容包括发病情况、主要症状特点及其发展变化情况、伴随症状、发病后诊疗经过及结果、睡眠和饮食等一般情况的变化,以及与鉴别诊断有关的阳性或阴性资料等。

1. 发病情况:记录发病的时间、地点、起病缓急、前驱症状、可能的原因或诱因。

2. 主要症状特点及其发展变化情况:按发生的先后顺序描述主要症状的部位、性质、持续时间、程度、缓解或加剧因素,以及演变发展情况。

3. 伴随症状:记录伴随症状,描述伴随症状与主要症状之间的相互关系。

4. 发病以来诊治经过及结果:记录患者发病后到入院前,在院内、外接受检查与治疗的详细经过及效果。对患者提供的药名、诊断和手术名称需加引号("")以示区别。

5. 发病以来一般情况:简要记录患者发病后的精神状态、睡眠、食欲、大小便、体重等情况。与本次疾病虽无紧密关系、但仍需治疗的其他疾病情况,可在现病史后另起一段予以记录。

（四）既往史是指患者过去的健康和疾病情况。内容包括既往一般健康状况、疾病史、传染病史、预防接种史、手术外伤史、输血史、食物或药物过敏史等。

（五）个人史，婚育史、月经史，家族史。

1. 个人史：记录出生地及长期居留地，生活习惯及有无烟、酒、药物等嗜好，职业与工作条件及有无工业毒物、粉尘、放射性物质接触史，有无冶游史。

2. 婚育史、月经史：婚姻状况、结婚年龄、配偶健康状况、有无子女等。女性患者记录初潮年龄、行经期天数、间隔天数、末次月经时间（或闭经年龄），月经量、痛经及生育等情况。

3. 家族史：父母、兄弟、姐妹健康状况，有无与患者类似疾病，有无家族遗传倾向的疾病。

（六）体格检查应当按照系统循序进行书写。内容包括体温、脉搏、呼吸、血压，一般情况，皮肤，黏膜，全身浅表淋巴结，头部及其器官，颈部、胸部（胸廓、肺部、心脏、血管），腹部（肝、脾等），直肠肛门，外生殖器，脊柱，四肢，神经系统等。

（七）专科情况应当根据专科需要记录专科特殊情况。

（八）辅助检查指入院前所作的与本次疾病相关的主要检查及其结果。应分类按检查时间顺序记录检查结果，如系在其他医疗机构所作检查，应当写明该机构名称及检查号。

（九）初步诊断是指经治医师根据患者入院时情况，综合分析所作出的诊断。如初步诊断为多项时，应当主次分明。对待查病例应列出可能性较大的诊断。

（十）书写入院记录的医师签名。

第十九条　再次或多次入院记录，是指患者因同一种疾病再次或多次住入同一医疗机构时书写的记录。要求及内容基本同入院记录。主诉是记录患者本次入院的主要症状（或体征）及持续时间；现病史中要求首先对本次住院前历次有关住院诊疗经过进行小结，然后再书写本次入院的现病史。

第二十条　患者入院不足24小时出院的，可以书写24小时内入出院记录。内容包括患者姓名、性别、年龄、职业、入院时间、出院时间、主诉、入院情况、入院诊断、诊疗经过、出院情况、出院诊断、出院医嘱，医师签名等。

第二十一条　患者入院不足24小时死亡的，可以书写24小时内入院死亡记录。内容包括患者姓名、性别、年龄、职业、入院时间、死亡时间、主诉、入院情况、入院诊断、诊疗经过（抢救经过）、死亡原因、死亡诊断，医师签名等。

第二十二条　病程记录是指继入院记录之后，对患者病情和诊疗过程所进行的连续性记录。内容包括患者的病情变化情况、重要的辅助检查结果及临床意义、上级医师查房意见、会诊意见、医师分析讨论意见、所采取的诊疗措施及效果、医嘱更改及理由、向患者及其近亲属告知的重要事项等。

病程记录的要求及内容：

（一）首次病程记录是指患者入院后由经治医师或值班医师书写的第一次病程记录，应当在患者入院8小时内完成。首次病程记录的内容包括病例特点、拟诊讨论（诊断依据及鉴别诊断）、诊疗计划等。

1. 病例特点：应当在对病史、体格检查和辅助检查进行全面分析、归纳和整理后写出本病例特征，包括阳性发现和具有鉴别诊断意义的阴性症状和体征等。

2. 拟诊讨论（诊断依据及鉴别诊断）：根据病例特点，提出初步诊断和诊断依据；对诊断不明的写出鉴别诊断并进行分析；并对下一步诊治措施进行分析。

3. 诊疗计划：提出具体的检查及治疗措施安排。

（二）日常病程记录是指对患者住院期间诊疗过程的经常性、连续性记录。由经治医师书写，也可以由实习医务人员或试用期医务人员书写，但应有经治医师签名。书写日常病程记录时，首先标明记录时间，另起一行记录具体内容。对病危患者应当根据病情变化随时书写病程记录，每天至少1次，记录时间应当具体到分钟。对病重患者，至少2天记录一次病程记录。对病情稳定的患者，至少3天记录一次病程记录。

（三）上级医师查房记录是指上级医师查房时对患者病情、诊断、鉴别诊断、当前治疗措施疗效的分析及下一步诊疗意见等的记录。

主治医师首次查房记录应当于患者入院48小时内完成。内容包括查房医师的姓名、专业技术职务、补充的病史和体征、诊断依据与鉴别诊断的分析及诊疗计划等。

主治医师日常查房记录间隔时间视病情和诊疗情况确定，内容包括查房医师的姓名、专业技术职务、对病情的分析和诊疗意见等。

科主任或具有副主任医师以上专业技术职务任职资格医师查房的记录，内容包括查房医师的姓名、专业技术职务、对病情的分析和诊疗意见等。

（四）疑难病例讨论记录是指由科主任或具有副主任医师以上专业技术任职资格的医师主持、召集有关医务人员对确诊困难或疗效不确切病例讨论的记录。内容包括讨论日期、主持人、参加人员姓名及专业技术职务、具体讨论意见及主持人小结意见等。

（五）交（接）班记录是指患者经治医师发生变更之际，交班医师和接班医师分别对患者病情及诊疗情况进行简要总结的记录。交班记录应当在交班前由交班医师书写完成；接班记录应当由接班医师于接班后 24 小时内完成。交（接）班记录的内容包括入院日期、交班或接班日期、患者姓名、性别、年龄、主诉、入院情况、入院诊断、诊疗经过、目前情况、目前诊断、交班注意事项或接班诊疗计划、医师签名等。

（六）转科记录是指患者住院期间需要转科时，经转入科室医师会诊并同意接收后，由转出科室和转入科室医师分别书写的记录。包括转出记录和转入记录。转出记录由转出科室医师在患者转出科室前书写完成（紧急情况除外）；转入记录由转入科室医师于患者转入后 24 小时内完成。转科记录内容包括入院日期、转出或转入日期，转出、转入科室，患者姓名、性别、年龄、主诉、入院情况、入院诊断、诊疗经过、目前情况、目前诊断、转科目的及注意事项或转入诊疗计划、医师签名等。

（七）阶段小结是指患者住院时间较长，由经治医师每月所作病情及诊疗情况总结。阶段小结的内容包括入院日期、小结日期，患者姓名、性别、年龄、主诉、入院情况、入院诊断、诊疗经过、目前情况、目前诊断、诊疗计划、医师签名等。

交（接）班记录、转科记录可代替阶段小结。

（八）抢救记录是指患者病情危重，采取抢救措施时作的记录。因抢救急危患者，未能及时书写病历的，有关医务人员应当在抢救结束后 6 小时内据实补记，并加以注明。内容包括病情变化情况、抢救时间及措施、参加抢救的医务人员姓名及专业技术职称等。记录抢救时间应当具体到分钟。

（九）有创诊疗操作记录是指在临床诊疗活动过程中进行的各种诊断、治疗性操作（如胸腔穿刺、腹腔穿刺等）的记录。应当在操作完成后即刻书写。内容包括操作名称、操作时间、操作步骤、结果及患者一般情况，记录过程是否顺利、有无不良反应，术后注意事项及是否向患者说明，操作医师签名。

（十）会诊记录（含会诊意见）是指患者在住院期间需要其他科室或者其他医疗机构协助诊疗时，分别由申请医师和会诊医师书写的记录。会诊记录应另页书写。内容包括申请会诊记录和会诊意见记录。申请会诊记录应当简要载明患者病情及诊疗情况、申请会诊的理由和目的，申请会诊医师签名等。常规会诊意见记录应当由会诊医师在会诊申请发出后 48 小时内完成，急会诊时会诊医师应当在会诊申请发出后 10 分钟内到场，并在会诊结束后即刻完成会诊记录。会诊记录内容包括会诊意见、会诊医师所在的科别或者医疗机构名称、会诊时间及会诊医师签名等。申请会诊医师应在病程记录中记录会诊意见执行情况。

（十一）术前小结是指在患者手术前，由经治医师对患者病情所作的总结。内容包括简要病情、术前诊断、手术指征、拟施手术名称和方式、拟施麻醉方式、注意事项，并记录手术者术前查看患者相关情况等。

（十二）术前讨论记录是指因患者病情较重或手术难度较大，手术前在上级医师主持下，对拟实施手术方式和术中可能出现的问题及应对措施所作的讨论。讨论内容包括术前准备情况、手术指征、手术方案、可能出现的意外及防范措施、参加讨论者的姓名及专业技术职务、具体讨论意见及主持人小结意见、讨论日期、记录者的签名等。

（十三）麻醉术前访视记录是指在麻醉实施前，由麻醉医师对患者拟施麻醉进行风险评估的记录。麻醉术前访视可另立单页，也可在病程中记录。内容包括姓名、性别、年龄、科别、病案号，患者一般情况、简要病史、与麻醉相关的辅助检查结果、拟行手术方式、拟行麻醉方式、麻醉适应证及麻醉中需注意的问题、术前麻醉医嘱、麻醉医师签字并填写日期。

（十四）麻醉记录是指麻醉医师在麻醉实施中书写的麻醉经过及处理措施的记录。麻醉记录应当另页书写，内容包括患者一般情况、术前特殊情况、麻醉前用药、术前诊断、术中诊断、手术方式及日期、麻醉方式、麻醉诱导及各项操作开始及结束时间、麻醉期间用药名称、方式及剂量、麻醉期间特殊或突发情况及处理、手术起止时间、麻醉医师签名等。

（十五）手术记录是指手术者书写的反映手术一般情况、手术经过、术中发现及处理等情况的特殊记录，应当在术后24小时内完成。特殊情况下由第一助手书写时，应有手术者签名。手术记录应当另页书写，内容包括一般项目（患者姓名、性别、科别、病房、床位号、住院病历号或病案号）、手术日期、术前诊断、术中诊断、手术名称、手术者及助手姓名、麻醉方法、手术经过、术中出现的情况及处理等。

（十六）手术安全核查记录是指由手术医师、麻醉医师和巡回护士三方，在麻醉实施前、手术开始前和病人离室前，共同对病人身份、手术部位、手术方式、麻醉及手术风险、手术使用物品清点等内容进行核对的记录，输血的病人还应对血型、用血量进行核对。应有手术医师、麻醉医师和巡回护士三方核对、确认并签字。

（十七）手术清点记录是指巡回护士对手术患者术中所用血液、器械、敷料等的记录，应当在手术结束后即时完成。手术清点记录应当另页书写，内容包括患者姓名、住院病历号（或病案号）、手术日期、手术名称、术中所用各种器械和敷料数量的清点核对、巡回护士和手术器械护士签名等。

（十八）术后首次病程记录是指参加手术的医师在患者术后即时完成的病程记录。内容包括手术时间、术中诊断、麻醉方式、手术方式、手术简要经过、术后处理措施、术后应当特别注意观察的事项等。

（十九）麻醉术后访视记录是指麻醉实施后，由麻醉医师对术后患者麻醉恢复情况进行访视的记录。麻醉术后访视可另立单页，也可在病程中记录。内容包括姓名、性别、年龄、科别、病案号、患者一般情况、麻醉恢复情况、清醒时间、术后医嘱、是否拔除气管插管等，如有特殊情况应详细记录，麻醉医师签字并填写日期。

（二十）出院记录是指经治医师对患者此次住院期间诊疗情况的总结，应当在患者出院后 24 小时内完成。内容主要包括入院日期、出院日期、入院情况、入院诊断、诊疗经过、出院诊断、出院情况、出院医嘱、医师签名等。

（二十一）死亡记录是指经治医师对死亡患者住院期间诊疗和抢救经过的记录，应当在患者死亡后 24 小时内完成。内容包括入院日期、死亡时间、入院情况、入院诊断、诊疗经过（重点记录病情演变、抢救经过）、死亡原因、死亡诊断等。记录死亡时间应当具体到分钟。

（二十二）死亡病例讨论记录是指在患者死亡一周内，由科主任或具有副主任医师以上专业技术职务任职资格的医师主持，对死亡病例进行讨论、分析的记录。内容包括讨论日期、主持人及参加人员姓名、专业技术职务、具体讨论意见及主持人小结意见、记录者的签名等。

（二十三）病重（病危）患者护理记录是指护士根据医嘱和病情对病重（病危）患者住院期间护理过程的客观记录。病重（病危）患者护理记录应当根据相应专科的护理特点书写。内容包括患者姓名、科别、住院病历号（或病案号）、床位号、页码、记录日期和时间、出入液量、体温、脉搏、呼吸、血压等病情观察、护理措施和效果、护士签名等。记录时间应当具体到分钟。

第二十三条　手术同意书是指手术前，经治医师向患者告知拟施手术的相关情况，并由患者签署是否同意手术的医学文书。内容包括术前诊断、手术名称、术中或术后可能出现的并发症、手术风险、患者签署意见并签名、经治医师和术者签名等。

第二十四条　麻醉同意书是指麻醉前，麻醉医师向患者告知拟施麻醉的相关情况，并由患者签署是否同意麻醉意见的医学文书。内容包括患者姓名、性别、年龄、病案号、科别、术前诊断、拟行手术方式、拟行麻醉方式，患者基础疾病及可能对麻醉产生影响的特殊情况，麻醉中拟行的有创操作和监测，麻醉风险、可能发生的并发症及意外情况，患者签署意见并签名、麻醉医师签名并填写日期。

第二十五条　输血治疗知情同意书是指输血前，经治医师向患者告知输血的相关情况，并由患者签署是否同意输血的医学文书。输血治疗知情同意书内容包括患者姓名、性别、年龄、科别、病案号、诊断、输血指征、拟输血成分、输血前有关检查结果、输血风险及可能产生的不良后果、患者签署意见并签名、医师签名并填写日期。

第二十六条　特殊检查、特殊治疗同意书是指在实施特殊检查、特殊治疗前，经治医师向患者告知特殊检查、特殊治疗的相关情况，并由患者签署是否同意检查、治疗的医学文书。内容包括特殊检查、特殊治疗项目名称、目的、可能出现的并发症及风险、患者签名、医师签名等。

第二十七条　病危（重）通知书是指因患者病情危、重时，由经治医师或值班医师向患者家属告知病情，并由患方签名的医疗文书。内容包括患者姓名、性别、年龄、科别，目前诊断及病情危重情况，患方签名、医师签名并填写日期。一式两份，一份交患方保存，另一份归病历中保存。

第二十八条　医嘱是指医师在医疗活动中下达的医学指令。医嘱单分为长期医嘱单和临时医嘱单。

长期医嘱单内容包括患者姓名、科别、住院病历号（或病案号）、页码、起始日期和时间、长期医嘱内容、停止日期和时间、医师签名、执行时间、执行护士签名。临时医嘱单内容包括医嘱时间、临时医嘱内容、医师签名、执行时间、执行护士签名等。

医嘱内容及起始、停止时间应当由医师书写。医嘱内容应当准确、清楚，每项医嘱应当只包含一个内容，并注明下达时间，应当具体到分钟。医嘱不得涂改。需要取消时，应当使用红色墨水标注"取消"字样并签名。

一般情况下，医师不得下达口头医嘱。因抢救急危患者需要下达口头医嘱时，护士应当复诵一遍。抢救结束后，医师应当即刻据实补记医嘱。

第二十九条　辅助检查报告单是指患者住院期间所做各项检验、检查结果的记录。内容包括患者姓名、性别、年龄、住院病历号（或病案号）、检查项目、检查结果、报告日期、报告人员签名或者印章等。

第三十条　体温单为表格式，以护士填写为主。内容包括患者姓名、科室、床号、入院日期、住院病历号（或病案号）、日期、手术后天数、体温、脉搏、呼吸、血压、大便次数、出入液量、体重、住院周数等。

## 第四章　打印病历内容及要求

第三十一条　打印病历是指应用字处理软件编辑生成并打印的病历（如 Word 文档、WPS 文档等）。打印病历应当按照本规定的内容录入并及时打印，由相应医务人员手写签名。

第三十二条　医疗机构打印病历应当统一纸张、字体、字号及排版格式。打印字迹应清楚易认,符合病历保存期限和复印的要求。

第三十三条　打印病历编辑过程中应当按照权限要求进行修改,已完成录入打印并签名的病历不得修改。

## 第五章　其他

第三十四条　住院病案首页按照《卫生部关于修订下发住院病案首页的通知》(卫医发〔2001〕286 号)的规定书写。

第三十五条　特殊检查、特殊治疗按照《医疗机构管理条例实施细则》(1994年卫生部令第 35 号)有关规定执行。

第三十六条　中医病历书写基本规范由国家中医药管理局另行制定。

第三十七条　电子病历基本规范由卫生部另行制定。

第三十八条　本规范自 2010 年 3 月 1 日起施行。我部于 2002 年颁布的《病历书写基本规范(试行)》(卫医发〔2002〕190 号)同时废止。

## 附录 4　2017 电子病历应用管理规范(试行)

国家卫生计生委办公厅和国家中医药管理局办公室颁发　〔国卫办医发〔2017〕8 号〕,自 2017 年 2 月 15 日实施。

## 第一章　总则

第一条　为规范医疗机构电子病历(含中医电子病历,下同)应用管理,满足临床工作需要,保障医疗质量和医疗安全,保证医患双方合法权益,根据《中华人民共和国执业医师法》《中华人民共和国电子签名法》《医疗机构管理条例》等法律法规,制定本规范。

第二条　实施电子病历的医疗机构,其电子病历的建立、记录、修改、使用、保存和管理等适用本规范。

第三条　电子病历是指医务人员在医疗活动过程中,使用信息系统生成的文字、符号、图表、图形、数字、影像等数字化信息,并能实现存储、管理、传输和重现的医疗记录,是病历的一种记录形式,包括门(急)诊病历和住院病历。

第四条　电子病历系统是指医疗机构内部支持电子病历信息的采集、存储、访问和在线帮助,并围绕提高医疗质量、保障医疗安全、提高医疗效率而提供信息处理和智能化服务功能的计算机信息系统。

第五条　国家卫生计生委和国家中医药管理局负责指导全国电子病历应用管理工作。地方各级卫生计生行政部门(含中医药管理部门)负责本行政区域内的电子病历应用监督管理工作。

## 第二章　电子病历的基本要求

第六条　医疗机构应用电子病历应当具备以下条件:

(一)具有专门的技术支持部门和人员,负责电子病历相关信息系统建设、运行和维护等工作;具有专门的管理部门和人员,负责电子病历的业务监管等工作;

(二)建立、健全电子病历使用的相关制度和规程;

(三)具备电子病历的安全管理体系和安全保障机制;

(四)具备对电子病历创建、修改、归档等操作的追溯能力;

(五)其他有关法律、法规、规范性文件及省级卫生计生行政部门规定的条件。

第七条　《医疗机构病历管理规定(2013年版》《病历书写基本规范》《中医病历书写基本规范》适用于电子病历管理。

第八条　电子病历使用的术语、编码、模板和数据应当符合相关行业标准和规范的要求,在保障信息安全的前提下,促进电子病历信息有效共享。

第九条　电子病历系统应当为操作人员提供专有的身份标识和识别手段,并设置相应权限。操作人员对本人身份标识的使用负责。

第十条　有条件的医疗机构电子病历系统可以使用电子签名进行身份认证,可靠的电子签名与手写签名或盖章具有同等的法律效力。

第十一条　电子病历系统应当采用权威可靠时间源。

## 第三章　电子病历的书写与存储

第十二条　医疗机构使用电子病历系统进行病历书写,应当遵循客观、真实、准确、及时、完整、规范的原则。

门(急)诊病历书写内容包括门(急)诊病历首页、病历记录、化验报告、医学影像检查资料等。

住院病历书写内容包括住院病案首页、入院记录、病程记录、手术同意书、麻醉同意书、输血治疗知情同意书、特殊检查(特殊治疗)同意书、病危(重)通知单、医嘱单、辅助检查报告单、体温单、医学影像检查报告、病理报告单等。

第十三条　医疗机构应当为患者电子病历赋予唯一患者身份标识,以确保患者基本信息及其医疗记录的真实性、一致性、连续性、完整性。

第十四条　电子病历系统应当对操作人员进行身份识别,并保存历次操作印痕,标记操作时间和操作人员信息,并保证历次操作印痕、标记操作时间和操作人员信息可查询、可追溯。

第十五条　医务人员采用身份标识登录电子病历系统完成书写、审阅、修改等操作并予以确认后,系统应当显示医务人员姓名及完成时间。

第十六条　电子病历系统应当设置医务人员书写、审阅、修改的权限和时限。实习医务人员、试用期医务人员记录的病历,应当由具有本医疗机构执业资格的上级医务人员审阅、修改并予确认。上级医务人员审阅、修改、确认电子病历内容时,电子病历系统应当进行身份识别、保存历次操作痕迹、标记准确的操作时间和操作人信息。

第十七条　电子病历应当设置归档状态,医疗机构应当按照病历管理相关规定,在患者门(急)诊就诊结束或出院后,适时将电子病历转为归档状态。电子病历归档后原则上不得修改,特殊情况下确需修改的,经医疗机构医务部门批准后进行修改并保留修改痕迹。

第十八条　医疗机构因存档等需要可以将电子病历打印后与非电子化的资料合并形成病案保存。具备条件的医疗机构可以对知情同意书、植入材料条形码等非电子化的资料进行数字化采集后纳入电子病历系统管理,原件另行妥善保存。

第十九条　门(急)诊电子病历由医疗机构保管的,保存时间自患者最后一次就诊之日起不少于 15 年;住院电子病历保存时间自患者最后一次出院之日起不少于 30 年。

## 第四章　电子病历的使用

第二十条　电子病历系统应当设置病历查阅权限,并保证医务人员查阅病历的需要,能够及时提供并完整呈现该患者的电子病历资料。呈现的电子病历应当显示患者个人信息、诊疗记录、记录时间及记录人员、上级审核人员的姓名等。

第二十一条　医疗机构应当为申请人提供电子病历的复制服务。医疗机构可以提供电子版或打印版病历。复制的电子病历文档应当可供独立读取,打印的电子病历纸质版应当加盖医疗机构病历管理专用章。

第二十二条　有条件的医疗机构可以为患者提供医学影像检查图像、手术录像、介入操作录像等电子资料复制服务。

#### 第五章　电子病历的封存

第二十三条　依法需要封存电子病历时,应当在医疗机构或者其委托代理人、患者或者其代理人双方共同在场的情况下,对电子病历共同进行确认,并进行复制后封存。封存的电子病历复制件可以是电子版;也可以对打印的纸质版进行复印,并加盖病案管理章后进行封存。

第二十四条　封存的电子病历复制件应当满足以下技术条件及要求:

(一)储存于独立可靠的存储介质,并由医患双方或双方代理人共同签封;

(二)可在原系统内读取,但不可修改;

(三)操作痕迹、操作时间、操作人员信息可查询、可追溯;

(四)其他有关法律、法规、规范性文件和省级卫生计生行政部门规定的条件及要求。

第二十五条　封存后电子病历的原件可以继续使用。电子病历尚未完成,需要封存时,可以对已完成的电子病历先行封存,当医务人员按照规定完成后,再对新完成部分进行封存。

#### 第六章　附则

第二十六条　本规范所称的电子签名,是指《电子签名法》第二条规定的数据电文中以电子形式所含、所附用于识别签名人身份并表明签名人认可其中内容的数据。"可靠的电子签名"是指符合《电子签名法》第十三条有关条件的电子签名。

第二十七条　本规范所称电子病历操作人员包括使用电子病历系统的医务人员,维护、管理电子病历信息系统的技术人员和实施电子病历质量监管的行政管理人员。

第二十八条　本规范所称电子病历书写是指医务人员使用电子病历系统,对通过问诊、查体、辅助检查、诊断、治疗、护理等医疗活动获得的有关资料进行归纳、分析、整理形成医疗活动记录的行为。

第二十九条　省级卫生计生行政部门可根据本规范制定实施细则。

第三十条　《电子病历基本规范(试行)》(卫医政发〔2010〕24号)、《中医电子病历基本规范(试行)》(国中医药发〔2010〕18号)同时废止。

第三十一条　本规范自2017年4月1日起施行。

## 附录 5 医疗纠纷预防和处理条例

中华人民共和国国务院令 第 701 号，自 2018 年 10 月 1 日起施行

### 第一章 总则

第一条 为了预防和妥善处理医疗纠纷，保护医患双方的合法权益，维护医疗秩序，保障医疗安全，制定本条例。

第二条 本条例所称医疗纠纷，是指医患双方因诊疗活动引发的争议。

第三条 国家建立医疗质量安全管理体系，深化医药卫生体制改革，规范诊疗活动，改善医疗服务，提高医疗质量，预防、减少医疗纠纷。

在诊疗活动中，医患双方应当互相尊重，维护自身权益应当遵守有关法律、法规的规定。

第四条 处理医疗纠纷，应当遵循公平、公正、及时的原则，实事求是，依法处理。

第五条 县级以上人民政府应当加强对医疗纠纷预防和处理工作的领导、协调，将其纳入社会治安综合治理体系，建立部门分工协作机制，督促部门依法履行职责。

第六条 卫生主管部门负责指导、监督医疗机构做好医疗纠纷的预防和处理工作，引导医患双方依法解决医疗纠纷。

司法行政部门负责指导医疗纠纷人民调解工作。

公安机关依法维护医疗机构治安秩序，查处、打击侵害患者和医务人员合法权益以及扰乱医疗秩序等违法犯罪行为。

财政、民政、保险监督管理等部门和机构按照各自职责做好医疗纠纷预防和处理的有关工作。

第七条 国家建立完善医疗风险分担机制，发挥保险机制在医疗纠纷处理中的第三方赔付和医疗风险社会化分担的作用，鼓励医疗机构参加医疗责任保险，鼓励患者参加医疗意外保险。

第八条 新闻媒体应当加强医疗卫生法律、法规和医疗卫生常识的宣传，引导公众理性对待医疗风险；报道医疗纠纷，应当遵守有关法律、法规的规定，恪守职业道德，做到真实、客观、公正。

#### 第二章 医疗纠纷预防

**第九条** 医疗机构及其医务人员在诊疗活动中应当以患者为中心，加强人文关怀，严格遵守医疗卫生法律、法规、规章和诊疗相关规范、常规，恪守职业道德。

医疗机构应当对其医务人员进行医疗卫生法律、法规、规章和诊疗相关规范、常规的培训，并加强职业道德教育。

**第十条** 医疗机构应当制定并实施医疗质量安全管理制度，设置医疗服务质量监控部门或者配备专(兼)职人员，加强对诊断、治疗、护理、药事、检查等工作的规范化管理，优化服务流程，提高服务水平。

医疗机构应当加强医疗风险管理，完善医疗风险的识别、评估和防控措施，定期检查措施落实情况，及时消除隐患。

**第十一条** 医疗机构应当按照国务院卫生主管部门制定的医疗技术临床应用管理规定，开展与其技术能力相适应的医疗技术服务，保障临床应用安全，降低医疗风险；采用医疗新技术的，应当开展技术评估和伦理审查，确保安全有效、符合伦理。

**第十二条** 医疗机构应当依照有关法律、法规的规定，严格执行药品、医疗器械、消毒药剂、血液等的进货查验、保管等制度。禁止使用无合格证明文件、过期等不合格的药品、医疗器械、消毒药剂、血液等。

**第十三条** 医务人员在诊疗活动中应当向患者说明病情和医疗措施。需要实施手术，或者开展临床试验等存在一定危险性、可能产生不良后果的特殊检查、特殊治疗的，医务人员应当及时向患者说明医疗风险、替代医疗方案等情况，并取得其书面同意；在患者处于昏迷等无法自主作出决定的状态或者病情不宜向患者说明等情形下，应当向患者的近亲属说明，并取得其书面同意。

紧急情况下不能取得患者或者其近亲属意见的，经医疗机构负责人或者授权的负责人批准，可以立即实施相应的医疗措施。

**第十四条** 开展手术、特殊检查、特殊治疗等具有较高医疗风险的诊疗活动，医疗机构应当提前预备应对方案，主动防范突发风险。

**第十五条** 医疗机构及其医务人员应当按照国务院卫生主管部门的规定，填写并妥善保管病历资料。

因紧急抢救未能及时填写病历的，医务人员应当在抢救结束后 6 小时内据实补记，并加以注明。

任何单位和个人不得篡改、伪造、隐匿、毁灭或者抢夺病历资料。

**第十六条** 患者有权查阅、复制其门诊病历、住院志、体温单、医嘱单、化验单(检验报告)、医学影像检查资料、特殊检查同意书、手术同意书、手术及麻醉记录、病理资料、护理记录、医疗费用以及国务院卫生主管部门规定的其他属于病历的全部资料。

患者要求复制病历资料的,医疗机构应当提供复制服务,并在复制的病历资料上加盖证明印记。复制病历资料时,应当有患者或者其近亲属在场。医疗机构应患者的要求为其复制病历资料,可以收取工本费,收费标准应当公开。

患者死亡的,其近亲属可以依照本条例的规定,查阅、复制病历资料。

第十七条　医疗机构应当建立健全医患沟通机制,对患者在诊疗过程中提出的咨询、意见和建议,应当耐心解释、说明,并按照规定进行处理;对患者就诊疗行为提出的疑问,应当及时予以核实、自查,并指定有关人员与患者或者其近亲属沟通,如实说明情况。

第十八条　医疗机构应当建立健全投诉接待制度,设置统一的投诉管理部门或者配备专(兼)职人员,在医疗机构显著位置公布医疗纠纷解决途径、程序和联系方式等,方便患者投诉或者咨询。

第十九条　卫生主管部门应当督促医疗机构落实医疗质量安全管理制度,组织开展医疗质量安全评估,分析医疗质量安全信息,针对发现的风险制定防范措施。

第二十条　患者应当遵守医疗秩序和医疗机构有关就诊、治疗、检查的规定,如实提供与病情有关的信息,配合医务人员开展诊疗活动。

第二十一条　各级人民政府应当加强健康促进与教育工作,普及健康科学知识,提高公众对疾病治疗等医学科学知识的认知水平。

## 第三章　医疗纠纷处理

第二十二条　发生医疗纠纷,医患双方可以通过下列途径解决:

(一)双方自愿协商;

(二)申请人民调解;

(三)申请行政调解;

(四)向人民法院提起诉讼;

(五)法律、法规规定的其他途径。

第二十三条　发生医疗纠纷,医疗机构应当告知患者或者其近亲属下列事项:

(一)解决医疗纠纷的合法途径;

(二)有关病历资料、现场实物封存和启封的规定;

（三）有关病历资料查阅、复制的规定。

患者死亡的，还应当告知其近亲属有关尸检的规定。

第二十四条 发生医疗纠纷需要封存、启封病历资料的，应当在医患双方在场的情况下进行。封存的病历资料可以是原件，也可以是复制件，由医疗机构保管。病历尚未完成需要封存的，对已完成病历先行封存；病历按照规定完成后，再对后续完成部分进行封存。医疗机构应当对封存的病历开列封存清单，由医患双方签字或者盖章，各执一份。

病历资料封存后医疗纠纷已经解决，或者患者在病历资料封存满3年未再提出解决医疗纠纷要求的，医疗机构可以自行启封。

第二十五条 疑似输液、输血、注射、用药等引起不良后果的，医患双方应当共同对现场实物进行封存、启封，封存的现场实物由医疗机构保管。需要检验的，应当由双方共同委托依法具有检验资格的检验机构进行检验；双方无法共同委托的，由医疗机构所在地县级人民政府卫生主管部门指定。

疑似输血引起不良后果，需要对血液进行封存保留的，医疗机构应当通知提供该血液的血站派员到场。

现场实物封存后医疗纠纷已经解决，或者患者在现场实物封存满3年未再提出解决医疗纠纷要求的，医疗机构可以自行启封。

第二十六条 患者死亡，医患双方对死因有异议的，应当在患者死亡后48小时内进行尸检；具备尸体冻存条件的，可以延长至7日。尸检应当经死者近亲属同意并签字，拒绝签字的，视为死者近亲属不同意进行尸检。不同意或者拖延尸检，超过规定时间，影响对死因判定的，由不同意或者拖延的一方承担责任。

尸检应当由按照国家有关规定取得相应资格的机构和专业技术人员进行。

医患双方可以委派代表观察尸检过程。

第二十七条 患者在医疗机构内死亡的，尸体应当立即移放太平间或者指定的场所，死者尸体存放时间一般不得超过14日。逾期不处理的尸体，由医疗机构在向所在地县级人民政府卫生主管部门和公安机关报告后，按照规定处理。

第二十八条 发生重大医疗纠纷的，医疗机构应当按照规定向所在地县级以上地方人民政府卫生主管部门报告。卫生主管部门接到报告后，应当及时了解掌握情况，引导医患双方通过合法途径解决纠纷。

第二十九条 医患双方应当依法维护医疗秩序。任何单位和个人不得实施危害患者和医务人员人身安全、扰乱医疗秩序的行为。

医疗纠纷中发生涉嫌违反治安管理行为或者犯罪行为的，医疗机构应当立即向所在地公安机关报案。公安机关应当及时采取措施，依法处置，维护医疗秩序。

第三十条　医患双方选择协商解决医疗纠纷的，应当在专门场所协商，不得影响正常医疗秩序。医患双方人数较多的，应当推举代表进行协商，每方代表人数不超过 5 人。

协商解决医疗纠纷应当坚持自愿、合法、平等的原则，尊重当事人的权利，尊重客观事实。医患双方应当文明、理性表达意见和要求，不得有违法行为。

协商确定赔付金额应当以事实为依据，防止畸高或者畸低。对分歧较大或者索赔数额较高的医疗纠纷，鼓励医患双方通过人民调解的途径解决。

医患双方经协商达成一致的，应当签署书面和解协议书。

第三十一条　申请医疗纠纷人民调解的，由医患双方共同向医疗纠纷人民调解委员会提出申请；一方申请调解的，医疗纠纷人民调解委员会在征得另一方同意后进行调解。

申请人可以以书面或者口头形式申请调解。书面申请的，申请书应当载明申请人的基本情况、申请调解的争议事项和理由等；口头申请的，医疗纠纷人民调解员应当当场记录申请人的基本情况、申请调解的争议事项和理由等，并经申请人签字确认。

医疗纠纷人民调解委员会获悉医疗机构内发生重大医疗纠纷，可以主动开展工作，引导医患双方申请调解。

当事人已经向人民法院提起诉讼并且已被受理，或者已经申请卫生主管部门调解并且已被受理的，医疗纠纷人民调解委员会不予受理；已经受理的，终止调解。

第三十二条　设立医疗纠纷人民调解委员会，应当遵守《中华人民共和国人民调解法》的规定，并符合本地区实际需要。医疗纠纷人民调解委员会应当自设立之日起 30 个工作日内向所在地县级以上地方人民政府司法行政部门备案。

医疗纠纷人民调解委员会应当根据具体情况，聘任一定数量的具有医学、法学等专业知识且热心调解工作的人员担任专（兼）职医疗纠纷人民调解员。

医疗纠纷人民调解委员会调解医疗纠纷，不得收取费用。医疗纠纷人民调解工作所需经费按照国务院财政、司法行政部门的有关规定执行。

第三十三条　医疗纠纷人民调解委员会调解医疗纠纷时，可以根据需要咨询专家，并可以从本条例第三十五条规定的专家库中选取专家。

第三十四条　医疗纠纷人民调解委员会调解医疗纠纷，需要进行医疗损害鉴定以明确责任的，由医患双方共同委托医学会或者司法鉴定机构进行鉴定，也可以经医患双方同意，由医疗纠纷人民调解委员会委托鉴定。

医学会或者司法鉴定机构接受委托从事医疗损害鉴定,应当由鉴定事项所涉专业的临床医学、法医学等专业人员进行鉴定;医学会或者司法鉴定机构没有相关专业人员的,应当从本条例第三十五条规定的专家库中抽取相关专业专家进行鉴定。

医学会或者司法鉴定机构开展医疗损害鉴定,应当执行规定的标准和程序,尊重科学,恪守职业道德,对出具的医疗损害鉴定意见负责,不得出具虚假鉴定意见。医疗损害鉴定的具体管理办法由国务院卫生、司法行政部门共同制定。

鉴定费预先向医患双方收取,最终按照责任比例承担。

第三十五条　医疗损害鉴定专家库由设区的市级以上人民政府卫生、司法行政部门共同设立。专家库应当包含医学、法学、法医学等领域的专家。聘请专家进入专家库,不受行政区域的限制。

第三十六条　医学会、司法鉴定机构作出的医疗损害鉴定意见应当载明并详细论述下列内容:

(一)是否存在医疗损害以及损害程度;

(二)是否存在医疗过错;

(三)医疗过错与医疗损害是否存在因果关系;

(四)医疗过错在医疗损害中的责任程度。

第三十七条　咨询专家、鉴定人员有下列情形之一的,应当回避,当事人也可以以口头或者书面形式申请其回避:

(一)是医疗纠纷当事人或者当事人的近亲属;

(二)与医疗纠纷有利害关系;

(三)与医疗纠纷当事人有其他关系,可能影响医疗纠纷公正处理。

第三十八条　医疗纠纷人民调解委员会应当自受理之日起 30 个工作日内完成调解。需要鉴定的,鉴定时间不计入调解期限。因特殊情况需要延长调解期限的,医疗纠纷人民调解委员会和医患双方可以约定延长调解期限。超过调解期限未达成调解协议的,视为调解不成。

第三十九条　医患双方经人民调解达成一致的,医疗纠纷人民调解委员会应当制作调解协议书。调解协议书经医患双方签字或者盖章,人民调解员签字并加盖医疗纠纷人民调解委员会印章后生效。

达成调解协议的,医疗纠纷人民调解委员会应当告知医患双方可以依法向人民法院申请司法确认。

第四十条　医患双方申请医疗纠纷行政调解的,应当参照本条例第三十一条第一款、第二款的规定向医疗纠纷发生地县级人民政府卫生主管部门提出申请。

卫生主管部门应当自收到申请之日起5个工作日内作出是否受理的决定。当事人已经向人民法院提起诉讼并且已被受理，或者已经申请医疗纠纷人民调解委员会调解并且已被受理的，卫生主管部门不予受理；已经受理的，终止调解。

卫生主管部门应当自受理之日起30个工作日内完成调解。需要鉴定的，鉴定时间不计入调解期限。超过调解期限未达成调解协议的，视为调解不成。

第四十一条　卫生主管部门调解医疗纠纷需要进行专家咨询的，可以从本条例第三十五条规定的专家库中抽取专家；医患双方认为需要进行医疗损害鉴定以明确责任的，参照本条例第三十四条的规定进行鉴定。

医患双方经卫生主管部门调解达成一致的，应当签署调解协议书。

第四十二条　医疗纠纷人民调解委员会及其人民调解员、卫生主管部门及其工作人员应当对医患双方的个人隐私等事项予以保密。

未经医患双方同意，医疗纠纷人民调解委员会、卫生主管部门不得公开进行调解，也不得公开调解协议的内容。

第四十三条　发生医疗纠纷，当事人协商、调解不成的，可以依法向人民法院提起诉讼。当事人也可以直接向人民法院提起诉讼。

第四十四条　发生医疗纠纷，需要赔偿的，赔付金额依照法律的规定确定。

## 第四章　法律责任

第四十五条　医疗机构篡改、伪造、隐匿、毁灭病历资料的，对直接负责的主管人员和其他直接责任人员，由县级以上人民政府卫生主管部门给予或者责令给予降低岗位等级或者撤职的处分，对有关医务人员责令暂停6个月以上1年以下执业活动；造成严重后果的，对直接负责的主管人员和其他直接责任人员给予或者责令给予开除的处分，对有关医务人员由原发证部门吊销执业证书；构成犯罪的，依法追究刑事责任。

第四十六条　医疗机构将未通过技术评估和伦理审查的医疗新技术应用于临床的，由县级以上人民政府卫生主管部门没收违法所得，并处5万元以上10万元以下罚款，对直接负责的主管人员和其他直接责任人员给予或者责令给予降低岗位等级或者撤职的处分，对有关医务人员责令暂停6个月以上1年以下执业活动；情节严重的，对直接负责的主管人员和其他直接责任人员给予或者责令给予开除的处分，对有关医务人员由原发证部门吊销执业证书；构成犯罪的，依法追究刑事责任。

第四十七条 医疗机构及其医务人员有下列情形之一的,由县级以上人民政府卫生主管部门责令改正,给予警告,并处1万元以上5万元以下罚款;情节严重的,对直接负责的主管人员和其他直接责任人员给予或者责令给予降低岗位等级或者撤职的处分,对有关医务人员可以责令暂停1个月以上6个月以下执业活动;构成犯罪的,依法追究刑事责任:

（一）未按规定制定和实施医疗质量安全管理制度;

（二）未按规定告知患者病情、医疗措施、医疗风险、替代医疗方案等;

（三）开展具有较高医疗风险的诊疗活动,未提前预备应对方案防范突发风险;

（四）未按规定填写、保管病历资料,或者未按规定补记抢救病历;

（五）拒绝为患者提供查阅、复制病历资料服务;

（六）未建立投诉接待制度、设置统一投诉管理部门或者配备专（兼）职人员;

（七）未按规定封存、保管、启封病历资料和现场实物;

（八）未按规定向卫生主管部门报告重大医疗纠纷;

（九）其他未履行本条例规定义务的情形。

第四十八条 医学会、司法鉴定机构出具虚假医疗损害鉴定意见的,由县级以上人民政府卫生、司法行政部门依据职责没收违法所得,并处5万元以上10万元以下罚款,对该医学会、司法鉴定机构和有关鉴定人员责令暂停3个月以上1年以下医疗损害鉴定业务,对直接负责的主管人员和其他直接责任人员给予或者责令给予降低岗位等级或者撤职的处分;情节严重的,该医学会、司法鉴定机构和有关鉴定人员5年内不得从事医疗损害鉴定业务或者撤销登记,对直接负责的主管人员和其他直接责任人员给予或者责令给予开除的处分;构成犯罪的,依法追究刑事责任。

第四十九条 尸检机构出具虚假尸检报告的,由县级以上人民政府卫生、司法行政部门依据职责没收违法所得,并处5万元以上10万元以下罚款,对该尸检机构和有关尸检专业技术人员责令暂停3个月以上1年以下尸检业务,对直接负责的主管人员和其他直接责任人员给予或者责令给予降低岗位等级或者撤职的处分;情节严重的,撤销该尸检机构和有关尸检专业技术人员的尸检资格,对直接负责的主管人员和其他直接责任人员给予或者责令给予开除的处分;构成犯罪的,依法追究刑事责任。

第五十条 医疗纠纷人民调解员有下列行为之一的,由医疗纠纷人民调解委员会给予批评教育、责令改正;情节严重的,依法予以解聘:

（一）偏袒一方当事人;

（二）侮辱当事人；

（三）索取、收受财物或者牟取其他不正当利益；

（四）泄露医患双方个人隐私等事项。

第五十一条　新闻媒体编造、散布虚假医疗纠纷信息的，由有关主管部门依法给予处罚；给公民、法人或者其他组织的合法权益造成损害的，依法承担消除影响、恢复名誉、赔偿损失、赔礼道歉等民事责任。

第五十二条　县级以上人民政府卫生主管部门和其他有关部门及其工作人员在医疗纠纷预防和处理工作中，不履行职责或者滥用职权、玩忽职守、徇私舞弊的，由上级人民政府卫生等有关部门或者监察机关责令改正；依法对直接负责的主管人员和其他直接责任人员给予处分；构成犯罪的，依法追究刑事责任。

第五十三条　医患双方在医疗纠纷处理中，造成人身、财产或者其他损害的，依法承担民事责任；构成违反治安管理行为的，由公安机关依法给予治安管理处罚；构成犯罪的，依法追究刑事责任。

## 第五章　附　则

第五十四条　军队医疗机构的医疗纠纷预防和处理办法，由中央军委机关有关部门会同国务院卫生主管部门依据本条例制定。

第五十五条　对诊疗活动中医疗事故的行政调查处理，依照《医疗事故处理条例》的相关规定执行。

第五十六条　本条例自 2018 年 10 月 1 日起施行。